कैमरा : मेरी तीसरी आंख

[आत्मकथा]

कैमरा
मेरी तीसरी आंख

राधू करमाकर

अनुवाद
विनोद दास

राजकमल प्रकाशन
नयी दिल्ली पटना इलाहाबाद

मूल्य : ₹ 250

पहला संस्करण : 2010

प्रकाशक : राजकमल प्रकाशन प्रा.लि.
1-बी, नेताजी सुभाष मार्ग
नई दिल्ली-110 002

शाखाएँ : अशोक राजपथ, साइंस कॉलेज के सामने, पटना-800 006
पहली मंजिल, दरबारी बिल्डिंग, महात्मा गांधी मार्ग, इलाहाबाद-211 001

वेबसाइट : www.rajkamalprakashan.com
ई-मेल : info@rajkamalprakashan.com

आवरण : राजकमल स्टूडियो

मुद्रक : बी.के. ऑफसेट
नवीन शाहदरा, दिल्ली-110 032

CAMERA : MERI TISARI ANKH
Autobiography by Radhu Karmakar
Translated by Vinod Das

ISBN : 978-81-267-1962-4

फिल्म निर्माण से जुड़े हजारों तकनीशियनों और
फिल्म कर्मियों को समर्पित जो सपने और
फिल्मों को रचते हैं।

आमुख

यह एक अत्यंत प्रतिभाशाली और अपनी प्रशंसा से दूर रहनेवाले शख्स की कहानी उन्हीं की अपनी जबानी है। राधू करमाकर कैमरे के जादूगर थे। वह न तो ख्याति चाहते थे और न ही तरक्की। उनकी जिंदगी का अंतिम उद्देश्य ओरसेन वैलेस की सिटीजन केन जैसी एक संपूर्ण फिल्म बनाना था। वह बेहद धार्मिक व्यक्ति थे। अपने विश्वासों पर दृढ़ रहते थे। हर विषय पर अपनी राय रखने के बावजूद कट्टरवादी नहीं थे। सिनेमा के विद्यार्थी के रूप में वह हमेशा सीखने और प्रयोग करने के लिए आजीवन उत्सुक रहे। 5 अक्टूबर, 1993 को एक सड़क दुर्घटना में वह हमें छोड़कर चले गए और ऐसा जख्म दे गए जो अभी भी हरा है। उनकी मीठी स्मृतियां ही अब हमारा संबल है।

उन्होंने अपना जीवन खुद गढ़ा था। सभी पेशों के बुद्धिजीवियों से बातचीत में उन्हें आनंद मिलता था। हुनर और कला पर अधिकार रखनेवालों को वह महत्त्व देते थे। उन्हें भी वह महत्त्व देते थे जो अपने काम में कुछ नया रचते थे क्योंकि उनका मानना था कि केवल सृजनशील ही जिंदगी को सार्थक बनाते हैं। हैसियत बनाने अथवा भौतिक संपत्ति अथवा जायदाद बनाने के लिए उनके पास समय बहुत कम रहता था। सांसारिक अथवा भौतिक वस्तुओं की वह चिंता नहीं करते थे। सच्चे अर्थों में ज्ञान की खोज करनेवाले वह 'योगी' थे। उनकी दुःखद मृत्यु के बारह वर्षों के बाद उनकी डायरियों और निबंधों पर आधारित उनकी इस आत्मकथा को मैंने अपने बड़े पुत्र की सहायता से पेश करने की कोशिश की है। अस्सी वर्ष की उम्र में मेरी याददाश्त से कुछ छूट जाए तो मुझे

क्षमा करेंगे। सिनेमा के स्वर्णिम युग के फोटोग्राफर के अनुभवों और संवेदनाओं को संभालकर रखने की आवश्यकता है। अतः इस पुस्तक के माध्यम से अपने पति की फिल्मों की दुनिया की हलचलों, विचारों और यादों को बांटते हुए मुझे गहरी खुशी हो रही है।

—वाणी करमाकर
(पत्नी)

अनुक्रम

आमुख 7

भाग-1
फ्लैश बैक (1896-1960)

शुरुआती दौर (1896-1936) 13
भारतीय सिनेमा का स्वर्णिम युग (1936-1960) 21

भाग-2
लाइट्स ऑन (1916-1949)

ग्रामीण बंगाल में बचपन (1916-1930) 35
तंगहाली में संघर्ष (1931-1939) 44
जतीन दास की शागिर्दगी (1939-1945) 51
नितिन बोस के साथ कार्य (1945-1949) 61

भाग-3
स्टार्ट कैमरा (1949-1973)

आर.के. का दौर
निर्माण वर्ष (1929-1947) 69
नर्गिस युग (1947-1956) 72
नर्गिस के बाद का दौर (1957-1988) 85

भाग-4

कट एंड पैक अप (1974-1993)

विचार और विवाद

फिल्मों में सरकार क्या कर रही है 101

भारत में तीसरी आंख के उस्ताद 114

कैमरे का हुनर 127

मीठे गीतों का स्वर्ण युग 137

धुंधला अर्थशास्त्र और सनकी लोग 146

फेड आउट 155

परिशिष्ट

राधू करमाकर की फिल्मों की सूची 163

भाग-1

फ्लैश बैक

(1896-1960)

राधू करमाकर (युवावस्था में)

दृश्य पर एकाग्र

फिल्म 'जिस देश में गंगा बहती है' (निर्देशक की भूमिका में) की शूटिंग का एक दृश्य

कैमरा : मेरी तीसरी आँख

चिंतन की मुद्रा में

दृश्य को समझाते हुए

शुरुआती दौर
(1896-1936)

सिनेमा बीसवीं शताब्दी की सर्वाधिक लोकप्रिय कला है जिसे प्रकाश विज्ञान, रसायन विज्ञान, विद्युत विज्ञान, फोटो तकनीक तथा दृष्टि क्रिया विज्ञान (खोज के अनुसार आंख की रेटिना किसी भी दृश्य की छवि को सेकेंड के दसवें हिस्से तक अंकित कर सकती है) के क्षेत्रों में हुई तरक्की ने संभव बनाया है। बीसवीं शताब्दी के संपूर्ण दौर में मनोरंजन के सबसे जरूरी साधन के रूप में स्थापित करने में बिजली का बल्ब, आर्कलैंप, फोटो सेंसिटिव केमिकल, बॉक्स-कैमरा, ग्लास प्लेट पिक्चर निगेटिवों के स्थान पर जिलेटिन फिल्मों का प्रयोग, प्रोजेक्टर, लेंस ऑप्टिक्स जैसी तमाम खोजों ने सहायता की है। सिनेमा के कई प्रतिस्पर्धी आए जिनकी चमक धुंधली हो गई। लेकिन यह अभी भी लुभाता है। फिल्मी सितारों के लिए लोगों का चुंबकीय आकर्षण बरकरार है। एक पीढ़ी के सितारे दूसरी पीढ़ी के सितारों को आगे बढ़ने का रास्ता दे रहे हैं। सिनेमा ने टी.वी., वीडियो, डीवीडी और सेटेलाइट, केबल जैसे मनोरंजन के तमाम साधन भी पैदा किए हैं। अमेरिका में रोनाल्ड रीगन, भारत में एम.जी.आर., एन.टी.आर., जंयललिता और अनेक संसद सदस्यों के रूप में सिनेमा ने राजनेता दिए हैं। कई पीढ़ियों से, युवा और वृद्ध, दोनों को समान रूप से सिनेमा सेलुलाइड की छोटी पट्टियां अपने आकर्षण में बांधे हुए हैं। दर्शकों पर सिनेमा का सचमुच जादुई प्रभाव है।

सिनेमा ने परंपरागत कला रूपों के कई पक्षों और उपलब्धियों को आत्मसात कर लिया है—मसलन आधुनिक उपन्यास की तरह यह मनुष्य की भौतिक क्रियाओं को उसके अंतर्मन से जोड़ता है, पेटिंग की तरह संयोजन करता है और छाया तथा प्रकाश की अंतर्क्रियाओं को आंकता है। रंगमंच, साहित्य, चित्रकला, संगीत की सभी सौन्दर्यमूलक विशेषताओं और उनकी मौलिकता से सिनेमा आगे निकल गया है। इसका सीधा कारण यह है कि सिनेमा में साहित्य (पटकथा, गीत), चित्रकला (एनीमेटेड कार्टून, बैकड्रॉप्स), चाक्षुष कलाएं और रंगमंच का अनुभव,

(अभिनेता, अभिनेत्रियां) और ध्वनिशास्त्र (संवाद, संगीत) आदि शामिल हैं। आधुनिक तकनीक की उपलब्धियों का सीधा लाभ सिनेमा लेता है।

सिनेमा की अपील पूरी तरह से सार्वभौमिक है। सिनेमा निर्माण के अन्य केंद्रों की उपलब्धियों पर यद्यपि हालीवुड भारी पड़ता है, तथापि भारत में विश्व में सबसे अधिक फिल्में बनती हैं। सिनेमा आसानी से नई तकनीक आत्मसात कर लेता है। इसने अपने कलात्मक क्षेत्र का विस्तार मूक सिनेमा से लेकर सवाक् सिनेमा, रंगीन सिनेमा, 3डी सिनेमा, स्टीरियो साउंड, वाइड स्क्रीन और आई मेक्स तक किया है। सिनेमा के तरह-तरह के आलोचक भी हैं। दरअसल जब अमेरिका में पहली बार सिनेमा में ध्वनि का प्रयोग किया गया था, उन्हीं दिनों 1928 में, चैप्लिन ने 'सुसाइड ऑफ सिनेमा' नामक एक लेख लिखा। उन्होंने उसमें लिखा था कि ध्वनि के प्रयोग से सुरुचिविहीन नाटकीयता के लिए द्वार खुल जाएंगे और सिनेमा की अपनी विशिष्ट प्रकृति इसमें खो जाएगी। आइंसटाइन (मोंताज) डी. डब्ल्यू. ग्रिफिथ (क्लोज अप) और नितिन बोस (पार्श्व गायन) जैसे दिग्गजों के योगदान से विश्व सिनेमा समृद्ध हुआ है। दूसरे देशों की तकनीकी प्रगति का मुकाबला भारत सिर्फ अपने हुनर और नए-नए प्रयोगों से कर पाया है। सिनेमा आज विश्व सभ्यता के बहुमूल्य खजाने का अनिवार्य हिस्सा है। हालीवुड से अत्यधिक प्रभावित होने के बावजूद भारतीय सिनेमा ने अपनी लंबी विकास यात्रा में अपनी पहचान, आत्मा और दर्शकों को बचाए रखा है।

मनोरंजन की जरूरत

अंग्रेजों के शासनकाल में भारत की राजधानी जब कलकत्ता (1911) थी, वहां 1854 में पहली बार अंग्रेजी नाटक मंचित हुआ। इससे प्रेरित होकर नवशिक्षित भारतीयों में अपना रंगमंच बनाने की इच्छा जगी। मंदिरों में होनेवाले नृत्य, गीत आदि आम आदमी के मनोरंजन के साधन थे। इनके अलावा रामायण तथा महाभारत जैसी धार्मिक कृतियों, पारंपरिक लोक नाटकों, हरिकथाओं, धार्मिक गीतों, जात्राओं जैसे पारंपरिक मंच प्रदर्शनों से भी लोग मनोरंजन करते थे। पारसी थियेटर से लोक रंगमंच का जन्म हुआ। पारसी रंगमंच, 19वीं शताब्दी के ब्रिटिश रंगमंच के मॉडल पर आधारित था। इसे पारसी रंगमंच इसलिए कहा जाता था क्योंकि इससे पारसी व्यापारी जुड़े थे। वे इसमें अपना धन लगाते थे। उन्होंने पारसी रंगमंच की अपनी पूरी तकनीक ब्रिटेन से मंगायी। इसमें प्रोसेनियम स्टेज से लेकर बैक स्टेज की जटिल मशीनरी भी थी। लेकिन लोक रंगमंच-गीतों, नृत्यों,

परंपरागत लोक हास-परिहास के कुछ आवश्यक तत्वों और इनकी प्रारंभ तथा अंत की रवाइतों को पारसी रंगमंच ने अपनी कथा कहने की शैली में शामिल कर लिया था। दो श्रेष्ठ परंपराओं का यह संगम था और तमाम मंचीय प्रदर्शन पौराणिक विषयों पर होते थे जिनमें परंपरागत गीतों और प्रभावी मंचीय युक्तियों का प्रयोग अधिक होता था। कथानक गढ़े हुए और मंचीय होते थे जिसमें भ्रमवश एक व्यक्ति को दूसरा समझा जाता था, घटनाओं में संयोग की भूमिका होती थी, जोशीले भाषण होते थे, चट्टानों से लटकने का रोमांच होता था और अंतिम क्षण में उनका बचाव किया जाता था, सच्चरित्र नायक की दुष्चरित्र खलनायक पर जीत दिखायी जाती थी और इन सभी को गीत-संगीत के साथ विश्वसनीय बनाया जाता था। 80 वर्ष तक पारसी रंगमंच और इसके अनेक उपरूपों ने मनोरंजन के क्षेत्र में अपना सिक्का जमाए रखा। फिल्म के आगमन के बाद पारसी रंगमंच ने विधिवत् अपनी परंपरा सिनेमा को सौंप दी। पेशेवर रंगमंच के अनेक नायक, नायिकाएं सहयोगी कलाकार, गीतकार, निर्देशक, संगीतकार सिनेमा के क्षेत्र में आए। आर्देशिर ईरानी, वाडिया ब्रदर्स, पृथ्वीराज कपूर, सोहराब मोदी और अनेक महान दिग्गज रंगमंच की प्रतिभाएं थीं जिन्होंने शुरुआती दौर में भारतीय फिल्मों को समृद्ध किया।

भारत में प्रारंभिक सिनेमा

1895 में लूमियर ब्रदर्स ने पेरिस सैलून सभाभवन में इंजन ट्रेन की पहली फिल्म प्रदर्शित की थी। इन्हीं लूमियर ब्रदर्स ने 7 जुलाई, 1896 को बंबई के वाटसन होटल में फिल्म का पहला शो भी दिखाया था। एक रुपया प्रति व्यक्ति प्रवेश शुल्क देकर बंबई के संभ्रांत वर्ग ने वाह! वाह! और करतल ध्वनि के साथ इसका स्वागत किया। उसी दिन भारतीय सिनेमा का जन्म हुआ था। जनसमूह की जोशीली प्रतिक्रियाओं से प्रोत्साहित होकर नावेल्टी थियेटर में इसे फिर प्रदर्शित किया गया और निम्न वर्ग तथा अभिजात्य दोनों वर्गों को लुभाने के लिए टिकट की कई दरें रखी गईं। रूढ़िवादी महिलाओं के लिए जनाना शो भी चलाया गया। सबसे सस्ती सीट चार आने की थी और एक शताब्दी बाद भी यही चवन्नी वाले ही सिनेमा, इनके सितारों, संगीत निर्देशकों और दरअसल भारत के संपूर्ण व्यावसायिक सिनेमा के भाग्य विधाता हैं। 1902 के आसपास अब्दुल्ली इसोफल्ली और जे.एस. मादन जैसे उद्यमी छोटे, खुले मैदानों में घूम-घूमकर तंबुओं में बाइस्कोप का प्रदर्शन करते थे। इन्होंने बर्मा से लेकर सीलोन तक सिनेमा के

वितरण का साम्राज्य खड़ा किया। प्रारंभिक सिनेमा पियानो अथवा हारमोनियम वादक पर निर्भर होता था जिनकी आवाज प्रोजेक्टर की घड़घड़ाहट में खो जाती थी। लेकिन आयातित फिल्मों और डाक्यूमेंट्री फिल्मों के नयेपन का आकर्षण बहुत जल्दी ही दम तोड़ने लगा। फिर फिल्म प्रदर्शकों को अपनी प्रस्तुतियों को आकर्षक बनाने के लिए नृत्यांगनाओं, करतबबाजों और पहलवानों को मंच पर उतारना पड़ा।

शुरुआती दिनों में विवेकशील भारतीय दर्शक विदेशी फिल्मों से स्वयं को जुड़ा हुआ नहीं पाते थे। 1901 में एच.एस. भटवाड़ेकर (सावे दादा के नाम से विख्यात) ने पहली बार भारतीय थीम और न्यूज रीलों की शूटिंग की। इसके तुरंत बाद तमाम यूरोपीय और अमेरिकी कंपनियों ने भारतीय दर्शकों के लिए भारत में शूट की गई भारतीय न्यूज रीलों का लाभ लिया। फरवरी, 1901 में कलकत्ता के क्लासिक थियेटर में मंचित 'अलीबाबा', 'बुद्ध', 'सीताराम' नामक नाटकों की पहली बार फोटोग्राफी हीरालाल सेन ने की। यद्यपि भारतीय बाजार यूरोपीय और अमेरिकी फिल्मों से पटा हुआ था, लेकिन बहुत कम दर्शक इन फिल्मों को देखते थे क्योंकि आम दर्शक इनसे अपने को अलग-थलग पाते थे। मई 1912 में आयातित कैमरा, फिल्म स्टॉक और यंत्रों का प्रयोग करके हिंदू संत 'पुण्डलिक' पर आधारित एक नाटक का फिल्मांकन आर.जी. टोरनी ने किया जो शायद भारत की पहली फुललेंथ फिल्म है।

भारतीय सिनेमा के प्रवर्तक

दादा साहब फाल्के, सर जे.जे. स्कूल ऑफ आर्ट से प्रशिक्षित सृजनशील कलाकार थे। वह मंच के अनुभवी अभिनेता थे, शौकिया जादूगर थे। कला भवन बड़ौदा से फोटोग्राफी का एक पाठ्यक्रम भी किया था। उन्होंने फोटो केमिकल प्रिंटिंग की प्रक्रिया में भी प्रयोग किये थे। प्रिंटिंग के जिस कारोबार में वह लगे हुए थे, 1910 में उनके एक साझेदार ने उससे अपना आर्थिक सहयोग वापस ले लिया। उस समय इनकी उम्र 40 वर्ष की थी। कारोबार में हुई हानि से उनका स्वभाव चिड़चिड़ा हो गया था। उन्होंने क्रिसमस के अवसर पर 'ईसामसीह' पर बनी एक फिल्म देखी। फिल्म देखने के दौरान ही फाल्के ने निर्णय कर लिया कि उनकी जिंदगी का मकसद फिल्मकार बनना है। उन्हें लगा कि रामायण और महाभारत जैसे पौराणिक महाकाव्यों से फिल्मों के लिए अच्छी कहानियां मिलेंगी। उनके पास सभी तरह का हुनर था। वह नए-नए प्रयोग करते थे। अतः प्रशिक्षण का लाभ

उठाकर और अपनी स्वभावगत प्रकृति के चलते प्रथम भारतीय चलचित्र बनाने का असंभव कार्य करनेवाले वह पहले व्यक्ति बने।

उन्होंने 5 पौंड में एक सस्ता कैमरा खरीदा और शहर के सभी सिनेमाघरों में जाकर फिल्मों का अध्ययन और विश्लेषण किया। फिर दिन में 20 घंटे लगकर प्रयोग किये। ऐसे उन्माद से काम करने का प्रभाव उनकी सेहत पर पड़ा। उनकी एक आंख जाती रही। उस समय उनकी पत्नी सरस्वती बाई ने उनका साथ दिया। सामाजिक निष्कासन और सामाजिक गुस्से को चुनौती देते हुए उन्होंने अपने जेवर गिरवी रख दिये (40 साल बाद यही काम सत्यजित राय की पत्नी ने उनकी पहली फिल्म 'पाथेर पांचाली' बनाने के लिए किया)। उनके अपने मित्र ही उनके पहले आलोचक थे। अतः अपनी कार्यकुशलता को सिद्ध करने के लिए उन्होंने एक बर्तन में मटर बोई। फिर इसके बढ़ने की प्रक्रिया को एक समय में एक फ्रेम खींचकर साधारण कैमरे से उतारा। इसके लिए उन्होंने टाइमलैप्स फोटोग्राफी की तकनीक इस्तेमाल की। इस तरह से बनी फिल्म 'द ग्रोथ ऑफ ए पी प्लांट' से उनकी साख एक फिल्मकार के रूप में बनी। अपनी पत्नी की जीवन बीमा पॉलिसी गिरवी रखकर, ऊंची ब्याज दर पर ऋण प्राप्त करने में वह सफल रहे।

फरवरी 1912 में, फिल्म प्रोडक्शन में एक क्रैश-कोर्स करने के लिए वह इंग्लैण्ड गए और एक सप्ताह तक सेसिल हेपवर्थ के अधीन काम सीखा। कैबाउर्न ने विलियमसन कैमरा, एक फिल्म परफोरेटर, प्रोसेसिंग और प्रिंटिंग मशीन जैसे यंत्रों तथा कच्चा माल का चुनाव करने में मदद की। इन्होंने 'राजा हरिश्चंद्र' बनायी। चूंकि उस दौर में उनके सामने कोई और मानक नहीं थे, अतः सब कामचलाऊ व्यवस्था उन्हें स्वयं करनी पड़ी। अभिनय करना सिखाना पड़ा, दृश्य लिखने पड़े, फोटोग्राफी करनी पड़ी और फिल्म प्रोजेक्शन के काम भी करने पड़े। महिला कलाकार उपलब्ध न होने के कारण उनकी सभी नायिकाएं पुरुष कलाकार थे (वेश्या चरित्र को छोड़कर)। होटल का एक पुरुष रसोइया सालुंके ने भारतीय फिल्म की पहली नायिका की भूमिका की। शुरू में शूटिंग दादर के एक स्टूडियो में सेट बनाकर की गई। सभी शूटिंग दिन की रोशनी में की गई क्योंकि वह एक्सपोज्ड फुटेज को रात में डेवलप करते थे और प्रिंट करते थे (अपनी पत्नी की सहायता से)। छह माह में 3700 फीट की लंबी फिल्म तैयार हुई। 21 अप्रैल, 1913 को ओलम्पिया सिनेमा हॉल में यह रिलीज की गई। पश्चिमी फिल्म के नकचढ़े दर्शकों ने ही नहीं, बल्कि प्रेस ने भी इसकी उपेक्षा की। लेकिन फाल्के जानते थे कि वे चवन्नीवाली जनता के लिए अपनी फिल्म बना रहे हैं, अतः यह फिल्म जबरदस्त हिट रही।

वह फिर नासिक चले गए। उन्होंने एक बड़ी जमीन पर स्टूडियो बनाया जहां पहाड़ियां, जंगल, खेत और गुफाएं थीं। इन सबका उपयोग उनकी पौराणिक फिल्मों में प्राकृतिक पृष्ठभूमि के लिए किया जाता था। उनके यहां 110 लोग एक बड़े परिवार की तरह मिल-जुलकर काम करते थे। विदेशों में अपनी फिल्म बेचने के लिए वह इंग्लैण्ड गए लेकिन अंग्रेज दर्शकों के लिए इनकी कहानियां विदेशी थीं। प्रेस और आलोचकों ने इनके काम की गुणवत्ता की सराहना की। भारत में फिल्में बनाने के लिए उन्हें अच्छा-खासा वेतन का प्रस्ताव भी मिला लेकिन उन्होंने ठुकरा दिया। अपने प्रोडक्शन यूनिट की हाथ से चलानेवाली मशीनों को हटाकर उन्होंने विद्युतचालित मशीनों को आयात कर स्थापित किया।

ऋण न मिलने के कारण विश्वयुद्ध (1914) के दौरान उन्हें वित्तीय घाटा हुआ। उनका परिवार और उनके वफादार कर्मचारी आधे वेतन पर फिल्म निर्माण कार्य में लगे रहे। 'लंका दहन' बड़ी हिट रही और इससे व्यावसायिक सफलता की पुष्टि फिर से हुई। उन्होंने 'श्री कृष्ण जन्म' बनायी जिसे अभूतपूर्व सफलता मिली। लेकिन साझेदारी में वह असफल रहे। 1922 के दौरान स्टंट फिल्में लोकप्रिय हो गईं और नई कंपनियां जैसे मादन, कोहेनूर और महाराष्ट्र आ गईं जिन्होंने सामाजिक और ऐतिहासिक विषयों को पकड़ लिया। वह मूक फिल्में बनाना चाहते थे लेकिन 1932 में उनके पास कुछ भी जमाराशि नहीं थी, वे सेवानिवृत्त भी नहीं हो सकते थे। वह सवाक् फिल्म 'गंगावतरण' के निर्देशक के रूप में कोल्हापुर सिनेटोन से जुड़ गए और 74 वर्ष की उम्र में उनकी मृत्यु गरीबी में तमाम अधूरे सपनों के साथ हो गई। बीते वर्षों में हमारे देश के अनेक फिल्मकारों की यही कहानी रही है।

दूसरे स्टूडियो और दूसरी फिल्में

पारसी रंगमंच कंपनी की पृष्ठभूमि के जे.एफ. मादन फिल्म क्षेत्र के अग्रदूत थे। इन्होंने फिल्मों से खूब कमाई की। कलकत्ता मैदान में इन्होंने तंबू में बाइस्कोप लगाया। 1919 में 'विलवामंगल' से शुरुआत की। अपने नाटकों के प्रदर्शनों की फोटोग्राफी करके वह एक वर्ष में दस फिल्में बनाते थे। ऑटो स्पेयर पार्ट्स के व्यापारी आर. नटराजन मुदलियर ने 1911 में कैमरा चलाना सीखा और 1916 में दक्षिण भारत में फिल्म उद्योग की स्थापना की। इस बीच 1921 में कलकत्ता के निजाम कॉलेज के कला अध्यापक और शांति निकेतन से शिक्षा प्राप्त धीरेन्द्र गांगुली ने 'बिलेट फेराट' फिल्म बनाई। यह एक जिंदादिल और व्यंग्यात्मक फिल्म

थी जिसे बंबई और कलकत्ता में काफी लोकप्रियता मिली। धीरेन्द्र गांगुली के दो सिनेमाघर और एक लेबोरेट्री हैदराबाद में थे। उन्होंने 'रजिया सुल्तान' फिल्म बनायी जिसमें एक मुस्लिम रानी एक हिंदू युवक से प्रेम करती है। इसे देखकर हैदराबाद के निजाम गुस्से से भर गए। उन्होंने फरमान जारी कर दिया कि वह 24 घंटे के भीतर अपना बोरिया-बिस्तर बांधकर, सिनेमाघरों को बंद करके हैदराबाद छोड़ दें। वह देवकी बोस से जुड़ गए। देवकी बोस जमींदार थे और एक राष्ट्रीय समाचारपत्र 'शक्ति' का संपादन करते थे। 1929 में उन्होंने कलकत्ता में ब्रिटिश डोमिनियन फिल्म कंपनी शुरू की जिसने प्रथमेश बरूआ, कृष्ण गोपाल और टी.आर. दास सरीखे तमाम प्रतिभाशाली तकनीशियन दिए।

शौकिया फिल्म बनाने का युग बहुत तेजी से खत्म होने की कगार पर था। इरमेंलाइन, लवली लोला, सुलोचना (रूबी मेयरस) जैसी गोरी त्वचावाली ऐंग्लो इंडियन लड़कियां नायिकाएं होती थीं और गर्वीले-सजीले, सुदर्शन पारसी युवक (डी. बिलीमोरिया, ई. बिलीमोरिया और जाल मर्चेंट) नायक होते थे। उसी समय बाबूराव पेंटर ने कोल्हापुर में एक स्टूडियो स्थापित किया और खामोशी से दादा साहब फाल्के की तकनीकी गुणवत्ता और हुनर को बेहतर बनाने की कोशिश करने लगे। वी. शांताराम, दामले और फतेहलाल जैसे उनके योग्य शिष्य थे जिन्होंने पुणे में प्रभात नामक एक बड़ा स्टूडियो स्थापित किया। बाबूराव पेंटर की 'सावकारी पाश' पहली कला फिल्म थी जिसमें साहूकारी की बुराइयों को अत्यंत यथार्थपरक ढंग से दिखाया गया था। चंदूलाल शाह को सबसे तेज निर्देशक कहा जाता था क्योंकि वह तय समय के भीतर फिल्म बना लेते थे। उन्होंने सामाजिक विषयों पर ध्यान केन्द्रित किया। उनकी प्रमुख अभिनेत्री गौहरबाई थीं जिनको लेकर उन्होंने 'गुण सुंदरी', 'टाइपिस्ट गर्ल' आदि फिल्में बनायीं। गौहरबाई के साथ रहनेवाला उनका रिश्ता कई सालों तक बना रहा। मूक फिल्मों के अन्य अभिनेता और अभिनेत्रियों में मास्टर विट्ठल (डोग्लस फेयर बैंकस ऑफ इंडिया फ्राम कोल्हापुर), गणपत बाकरे, राजा सैंडो और जुबेदा थे। महान निर्माता निर्देशक महबूब और शांताराम भी चरित्र अभिनेता के रूप में दिख जाते थे।

आर्देशिर ईरानी भारत में ध्वनि प्रणाली के पुरोधा थे। 'शो बोट' फिल्म से प्रेरित होकर अलेक्जेंडरा सिनेमा के अबदुलाली इसोफाली (कहा जाता था कि उनके पास सर्वोतम श्रव्य यंत्र और प्रोजेक्शन यंत्र थे) और मोहम्मदाल्ली रंगवाला के साथ मिलकर उन्होंने 'इंपीरियल मूवी टोन' शुरू की। 1928 में अल जोलसोन की 'जैज सिंगर' से फिल्म में ध्वनि का प्रयोग शुरू हुआ और इसके तीन वर्षों बाद 10 गानों के साथ भारत की पहली सवाक् फिल्म 'आलमआरा' प्रदर्शित हुई।

इस फिल्म की ध्वनि प्रणाली की देखरेख के लिए एक अमेरिकी को बुलाया गया। लेकिन उसकी सेवाएं बहुत महंगी थीं। उसने कुछ स्थानीय तकनीशियनों को प्रशिक्षित किया जिसके फलस्वरूप रातों-रात फिल्म उद्योग का पूरा चेहरा बदल गया। जहां आर्देशिर ईरानी ने पश्चिम और दक्षिण में टॉकी को लोकप्रिय बनाया, वहीं, यही काम मादन ब्रदर्स ने बर्मा, सीलोन और पश्चिम क्षेत्र में किया। क्षेत्रीय भाषाओं में फिल्मों की जबरदस्त मांग थी। 1931 में 'जमाई षष्ठी' (बांग्ला), 'काली दास' (तमिल), 'भक्त प्रह्लाद' (तेलगू) और 1932 में 'संत तुकाराम' (मराठी) और 'नृसिंह मेहता' (गुजराती) फिल्में बनायी गईं। 1933 में 75 तक फिल्में सिर्फ हिंदी में बनीं। फिल्मों में ध्वनि के प्रयोग को टिकना ही था। महान दिग्गजों ने भारत के सिनेमा को अंतर्राष्ट्रीय स्तर तक पहुंचा दिया। अच्छे यंत्र उपलब्ध न होने के बावजूद उन्होंने अपने हुनर और नए-नए प्रयोगों से इसे संभव बनाया। यदि आज भारतीय फिल्म उद्योग विश्व में सबसे बड़ा है तो इसका मुख्य श्रेय इन दिग्गजों की उपलब्धियों को दिया जाना चाहिए जिसकी नीव पर खड़े होकर हमने यह सफलता प्राप्त की है। ये वे महान लोग थे जिनके पास दृष्टि थी और अपने विश्वासों के आधार पर ऐसी फिल्में बनाने का साहस था जो हालीवुड और यूरोपीय स्टूडियों की तकनीकी गुणवत्ता और कुशलता का मुकाबला करती थीं। हम जब भी कोई भारतीय फिल्म देखें तो भारतीय सिनेमा के विकास में योगदान देनेवालों को जरा याद करें और उन्हें सलाम करें। हालीवुड की कठिन प्रतियोगिता से मुकाबला करते हुए यदि भारतीय फिल्म उद्योग बचा हुआ है और आगे बढ़ रहा है तो यह हमारे उन दिग्गजों के कारण है जिन्होंने सभी तरह की कठिनाइयों से सामना करते हुए ऐसे बाजार और दर्शक बनाए जो हिंदी और क्षेत्रीय सिनेमा के प्रति हमेशा वफादार रहे। कई देशों में स्थानीय फिल्म उद्योग की स्थिति घटकर मात्र कला फिल्मों तक रह गई है जबकि हालीवुड की सफल फिल्में करोड़ों की कमाई करती हैं। इंग्लैण्ड, फ्रांस और जर्मनी का फिल्म उद्योग विकसित था जो आज हालीवुड के गुलाम बन गए हैं।

भारतीय सिनेमा का स्वर्णिम युग
(1936-1960)

1920 के दशक के शुरुआती दौर तक फिल्म उद्योग में आमतौर से राष्ट्रीय भावनाओं का उपयोग किया जाता था। सेक्स और अपराध से लबरेज हालीवुड की फिल्मों को रोकने के लिए अंग्रेजों ने ब्रिटेन के फिल्म उद्योग और स्थानीय फिल्म उद्योग को बढ़ावा दिया। इसके अलावा, 1927 में, भारत सरकार ने इंडियन सिनिमैटोग्राफ कमेटी का गठन किया जिसके अध्यक्ष दीवान बहादुर टी. रंगचारियार वकील थे। इन्होंने भारतीय फिल्म उद्योग की कमियों को दूर करने की दृष्टि से एक बड़ा कार्य पूरा करने की कोशिश की। 1927 तक भारत के लगभग 85 प्रतिशत सिनेमा हॉल हालीवुड की फिल्में दिखा रहे थे। इस कमेटी की रिपोर्ट 1928 में जारी की गई। कमेटी ने भारत के सभी प्रमुख निर्माताओं से संपर्क किया। चार खंडों की यह रिपोर्ट थी जिसमें निर्माण से लेकर प्रदर्शन तक फिल्म उद्योग के सभी पहलुओं की जांच करके इनका विश्लेषण और दस्तावेजीकरण किया गया था। (3300 पृष्ठ)।

रिपोर्ट में बताया गया कि भारतीय फिल्में प्रबुद्ध समाज में ज्यादा लोकप्रिय नहीं हैं क्योंकि यंत्रों की कमी और पुरानी प्रोसेसिंग सुविधाओं के चलते ये हालीवुड की तकनीकी गुणवत्ता का मुकाबला नहीं कर पाती हैं। समग्र रूप से फिल्म उद्योग में अपने भविष्य को लेकर आत्मविश्वास की कमी है और फिल्म निर्माण में निवेश करने के लिए पूंजीपति हमेशा उदासीन रहते हैं। एक फिल्म बनाने में 20,000 रुपये से 30,000 रुपये लगते हैं। (इसकी तुलना में हालीवुड की फिल्मों को बनाने में बड़ी राशि लगती है) जिसकी लागत निकालने में निर्माता को दो से अधिक वर्ष लग जाते हैं। अच्छे थियेटर भारतीय फिल्में नहीं दिखाते हैं क्योंकि उन्हें उनके दर्शकों के कारण अपने थियेटरों को रोगाणुमुक्त करना पड़ता है। ये थियेटर बेहतर सुविधाओं को देने में समर्थ नहीं थे। रिपोर्ट में यह भी बताया गया था कि 'शहर के बाहर, विशेषकर जिले के बाहर के कुछ थियेटरों की हालत बहुत

बुरी थी। निचले दर्जे के दर्शकों को जमीन पर पालथी मारकर बैठना पड़ता था और बाकी दर्जों के दर्शकों को खटमलों से भरी बैंचों और कुर्सियों पर बुरी हालत में बैठना पड़ता है। वहां हवा के आने-जाने की उचित व्यवस्था नहीं होती थी। अधिकांश थियेटर केवल टिनशेड के नीचे चलाये जाते थे।' रिपोर्ट में परामर्श दिया गया था कि अपने निर्माण कार्यों की गुणवत्ता को बेहतर बनाने के लिए उद्योग को अपने तकनीशियनों को प्रशिक्षण, खासतौर से विदेशों में प्रशिक्षण दिलाने के लिए निवेश करना चाहिए।

जहां तक अभिनय का प्रश्न है, यह महसूस किया गया था कि पश्चिमी देश हमारे अभिनेताओं को कुछ नया नहीं सिखा सकते हैं और उन्हें चेहरों के भावों को प्रदर्शित करने के लिए भारतीय परंपरा को अपनाना होगा। इसके अलावा, इस उद्योग में और अधिक सम्मानित वर्गों के शिक्षित लोगों को शामिल करना होगा। इस समिति ने अमेरिकी फिल्मों के साथ कोई पक्षपात नहीं किया। रिपोर्ट में ब्रिटिश फिल्म निर्माताओं को विशेष रूप से प्रोत्साहित करने के लिए कोई प्रस्ताव भी नहीं किया था। समिति ने बहुत सी सिफारिशें कीं जिनके दूरगामी परिणाम हुए। इन सिफारिशों में सिनेमा विभाग स्थापित करना था जिसमें फिल्म के व्यापार और उद्योग के बारे में परामर्श देने, मार्गदर्शन देने और सहायता प्रदान करनेवाले विशेषज्ञों को शामिल करने का सुझाव दिया गया था। इसके अलावा बड़ी तादाद में स्थायी सिनेमाघरों को बनाना और घुमन्तू सिनेमाघरों को आगे बढ़ाने के लिए प्रोत्साहित करना, निर्माताओं को ऋण देना, पुस्तकालयों की स्थापना करना, श्रेष्ठ फिल्मों को पुरस्कृत करना, सरकार द्वारा डाक्यूमेंट्री और शैक्षणिक फिल्मों को प्रोत्साहित करना और उद्योग में प्रयुक्त सभी कच्चे मालों को टैक्स से छूट प्रदान करना आदि सिफारिशें भी इसमें की गई थीं। जिस दिन रंगचारियार कमेटी की रिपोर्ट प्रस्तुत की गई (6 अक्टूबर, 1927), उसी दिन न्यूयार्क शहर में विश्व की पहली सवाक् फिल्म 'द जैज सिंगर' का पहला प्रदर्शन हो रहा था। उन्हीं दिनों भारत में स्टूडियो प्रणाली आकार ग्रहण कर रही थी।

स्टूडियो प्रणाली का उदय

विश्वयुद्ध (1914-1918) के बाद आए औद्योगिक उछाल से नवधनाढ्य उद्यमियों का एक ऐसा तबका सामने आया जो फिल्मों में निवेश करने को इच्छुक था। फिल्म निर्माण उन्हें एक संतुष्टिदायक कैरियर और भरपूर लाभ देनेवाला काम लगा। इसके परिणामस्वरूप वे हालीवुड का अनुकरण करते हुए इस उद्योग में

पेशेवर नजरिया लाए। उन्होंने यंत्रों से लैस स्टूडियो और प्रयोगशालाओं का निर्माण किया। हालीवुड की तर्ज पर तकनीकी कर्मचारियों और प्रतिभाशाली अभिनेताओं, अभिनेत्रियों, लेखकों, संगीत निर्देशकों और निर्देशकों का चयन करके उन्हें अपने वेतन पर रखा। इन सभी मदों में उन्होंने निवेश किया। आरंभिक काल से ही भारतीय सिनेमा का मार्गदर्शक हालीवुड था। अपनी शैली और प्रस्तुति में भारतीय सिनेमा की पूरी अवधारणा हालीवुड की तर्ज पर थी चाहे इसका अपना रूप हो, कारोबारी सफलता की युक्तियां हों, बॉक्स ऑफिस के अनुकूल मनोरंजन की अवधारणा या मिली-जुली संस्कृति हो। यह स्थिति आज भी वैसी ही है। हालीवुड से भारतीय फिल्म उद्योग केवल गीतों के प्रयोग और व्यापार संगठन की प्रणाली में भिन्न था। हालीवुड में कुछ बड़े स्टूडियो का पूरे कारोबार पर एकाधिकार होता था और यदि उन्हें लगता था कि फिल्म लाभदायक सिद्ध होगी तो वे उनके वितरण तथा प्रदर्शन का भी कार्य करते थे। लेकिन भारत में मादन को छोड़कर कोई और दूसरा स्टूडियो वितरण और प्रदर्शन का कार्य नहीं करता था। स्टूडियो अपनी धनराशि से फिल्म बनाते थे। फिल्म पूरी होने पर वितरक इसे खरीद लेते थे ताकि उनके नियंत्रणाधीन प्रदर्शक अपने सिनेमाघरों में फिल्मों को दिखा सकें।

वितरकों की अपनी पसंद की फिल्में होती थीं। यदि फिल्म अच्छी नहीं चलती थी तो स्टूडियो अपनी लागत नहीं निकाल पाते थे। अतः स्टूडियो के बंद होने की दर बॉक्स ऑफिस पर फिल्मों के भविष्य पर निर्भर करती थी। फिल्मों के लगातार फ्लॉप होने अथवा किसी एक बड़ी फिल्म के फ्लॉप होने पर प्रोडक्शन यूनिट पर कहर बरप जाता था। सफलता भाग्य और संयोग पर निर्भर होती थी। बंबई, कलकत्ता, लाहौर और मद्रास सरीखे प्रमुख शहर वाणिज्यिक, औद्योगिक और फिल्मी क्रियाकलापों के केंद्र बन गए थे। 1920 के दशक के अंतिम दौर तक स्टूडियो प्रणाली ने फिल्म निर्माण करने की क्षमता पैदा कर ली थी जिसमें हर एक के पास अपनी-अपनी विशिष्ट हस्तियां थीं। हर स्टूडियो की अपने ब्रांड की कहानी और फिल्म होती थी। यह शैली इतनी घिसी-पिटी और रूढ़िबद्ध हो गई थी कि 'गोल्डन फार्मूला' पर आधारित सुपर हिट की निरन्तर तलाश में फिल्में फीकी हो गई थीं और कहानी का अनुमान पहले ही लग जाता था। यह परिपाटी 1940 के अंतिम दशक तक चलती रही। लेकिन प्रारम्भिक दौर में बड़े फिल्म स्टूडियो ने अच्छी फिल्में बनायीं और उद्योग में पेशेवर रुख लाए जिसकी उन दिनों बेहद जरूरत थी। एक अच्छी बात और हुई कि अच्छे सामाजिक पृष्ठभूमि के परिवारों से अधिकाधिक शिक्षित पुरुष और महिलाएं फिल्मों से ख्याति और

भविष्य के लिए अब जुड़ने लगे। धीरे-धीरे समाज में फिल्मी लोगों को पहले की तुलना में बेहतर स्थान दिया जाने लगा।

ये महान स्टूडियो अद्वितीय थे। इनमें से प्रत्येक के बारे में विस्तार से चर्चा करने की जरूरत है। स्टूडियो की वित्तीय प्रणाली भी विचित्र थी। 1930 के दशक के शुरू में बिल्फ्रेड डेमिंग भारत में हमारे साउंड रिकार्डस्टिों को प्रशिक्षित करने आए थे। इस बारे में उनका कहना था कि 'वित्तीय दृष्टिकोण से, भारतीय फिल्म उद्योग विचित्र ढंग से अलग है। कुछ ही निजी कंपनियां हैं जिन्हें पर्याप्त वित्तीय सहायता प्राप्त है। दरअसल पहले एक कंपनी की नीव रखी जाती है, फिर शूटिंग के लिए पटकथा तैयार हो जाने के बाद उस प्रोडक्शन के लिए धनराशि प्राप्त की जाती है और इसके लिए उस पिक्चर और कंपनी की संपत्ति को जमानत के तौर पर गिरवी रखा जाता है। प्रायः निर्देशक स्वयं ही आर्थिक व्यवस्था करते हैं और स्टूडियो की कुछ संपत्ति और यंत्रों को उपयोग के लिए किराये पर देकर फिल्म बनाते हैं।' यह हालत आज भी बनी हुई है। इस संदर्भ में कुछ स्टूडियो के बारे में बताना जरूरी है। इनमें से कुछेक का विवरण इस प्रकार है :

रणजीत स्टूडियो, बंबई

रणजीत स्टूडियो देश के शुरुआती स्टूडियो में एक था। इसकी स्थापना 1929 में चंदूलाल शाह और उनके कुछ वित्तीय साझेदारों ने मिलकर बंबई में की थी। चंदूलाल शाह रणजीत स्टूडियो के सचमुच बादशाह थे। उनके काम करने का तौर-तरीका मनमाना और तानाशाही था। उन्हें विरोध बर्दाश्त नहीं था। वह पौराणिक कथाओं के बजाय सामाजिक विषयों पर फिल्में बनाने को तरजीह देते थे। गौहरबाई से उनके रिश्ते को लेकर कई दंतकथाएं बनायी गईं। गौहरबाई की छवि निर्माण के लिए कई फिल्में नायिका प्रधान बनाई गईं। नायिका गौहरबाई और नायक डी. बिलीमोरिया को लेकर 1929 में चंदूलाल शाह की पहली फिल्म 'राजपूतानी' आयी। इन्हीं सितारों को लेकर उनकी पहली सवाक् फिल्म 'देवी देवयानी' आयी। जयंत देसाई द्वारा निर्देशित रणजीत की फिल्म 'नादिरा' बॉक्स ऑफिस की पहली हिट फिल्म थी। इसमें मुख्य भूमिका माधुरी और ई. बिलीमोरिया ने निभाई थी। इसी टीम की 'तूफानी टोली' एक और सफल फिल्म थी। रणजीत स्टूडियो ने बड़ी संख्या में फिल्में बनाईं। 'बैरिस्टर वाइफ', 'तुलसीदास', 'परदेशी', 'शादी', 'टाइपिस्ट गर्ल', 'गुण सुंदरी', 'इडूकेटेड वाइफ', 'सुमारी ऑफ सिंध' आदि फिल्में रणजीत ने बनाईं। चंदूलाल शाह भरोसेमंद और बहुत तेजी से फिल्म

बनानेवाले निर्देशक थे। यदि इनका कोई सहकर्मी बीमार पड़ जाता था या उसकी टांग टूट जाती थी तो वे प्रायः उसकी जगह पर काम कर लेते थे। 'तानसेन' की फोटोग्राफी बहुत खूबसूरती से की गई थी और एम. सादिक द्वारा निर्देशित 'रतन' फिल्म के बाद रणजीत की यह आखिरी हिट फिल्म थी।

राजकपूर और नर्गिस की हिट जोड़ी को लेकर बनायी गई फिल्म 'पापी' रणजीत की अंतिम फिल्म थी। इसका निर्देशन चंदूलाल शाह ने किया था। कई फिल्मों के लगातार फ्लॉप होने पर 1950 के अंतिम दशक के मध्य में जब जीवन बीमा निगम ने अपनी बकाया राशि की वसूली के लिए स्टूडियो को अपने नियंत्रण में ले लिया, तब रणजीत स्टूडियो का अंतिम समय आ गया। चंदूलाल शाह का गौहरबाई से रिश्ता बना रहा। वह उनके प्रति वफादार बने रहे। लेकिन सट्टा बाजार में बड़े घाटे और रेसकोर्स की बाजियों में हुए घाटों से उनकी आर्थिक हालत पूरी तरह चौपट हो गई। उनकी मृत्यु लगभग फटेहाल दशा में हुई और संपूर्ण फिल्म उद्योग ने उन्हें भुला दिया। रणजीत हमेशा दो फार्मूलों का प्रयोग करता था। वह मध्यवर्गीय दर्शकों के लिए भावनाप्रधान, सामाजिक मेलोड्रामा बनाता था अथवा बच्चों एवं श्रमिक वर्ग को ध्यान में रखकर समुद्री डाकुओं पर केन्द्रित फिल्में बनाता था।

इम्पीरियल मूवीटोन

1931 में आर्देशिर ईरानी ने अब्दुल्ली इसोफाली और मोहमेदअली रंगूनवाला के साथ मिलकर इस स्टूडियो को शुरू किया। 1928 में पहली सवाक् फिल्म 'जैज सिंगर' की रिलीज होने के ठीक तीन वर्ष बाद 1931 में इस स्टूडियो ने पहली सवाक् फिल्म 'आलमआरा' बनायी। 'अरैबियन नाइट्स' से सीधे प्रेरित इनकी फिल्में फैंटेसी पर आधारित होती थीं। इनकी फिल्मों में अरब-फारस की अनुगूंज होती थी। 'नेक अबला', 'गुल सनोबर' आदि ऐसी ही फिल्में थीं। लेकिन इस स्टूडियो की गणना कभी भी प्रमुख स्टूडियो में नहीं की गई। पहली सवाक् फिल्म 'आलमआरा' में मास्टर विट्ठल, जुबेदा और पृथ्वीराज कपूर थे।

वाडिया मूवीटोन बंबई

1933 में वाडिया बंधुओं (जे.बी.एच. और होमी वाडिया) ने इस स्टूडियो को शुरू किया। उन्हें स्टंट फिल्मों में महारत हासिल थी। इनकी फिल्मों में 'बेखौफ नाडिया'

नायिका होती थी। वेल्श-यूनानी वंश कुल की नाडिया एक आस्ट्रेलियाई महिला (मेरी इवांस) थीं। सर्कस के करतबों का उन्हें प्रशिक्षण मिला हुआ था। हर फिल्म में सफेद घोड़े पर सवार जोरों की तरह मुंह पर नकाब डाले रखती थी। खलनायकों को सजा देकर वह दुनिया को और अधिक जीने लायक बनाती थी। जोरो को देखने के बाद होमी वाडिया ने अधिकांश स्टंट फिल्में निर्देशित कीं।

जमशेद वाडिया की पटकथा पर आधारित 1931 में बनी 'दिलेर डाकू' इनकी पहली फिल्म थी। इसके बाद इन्होंने 'हंटरवाली' निर्देशित की जो बहुत बड़ी हिट रही। फिर तमाम स्टंट फिल्में 'तूफान मेल', 'डाइमंड क्वीन', 'हरीकेन हंसा' और 'पंजाब मेल' बनायी। अधिकांश फिल्मों में सभ्य, सौम्य और विनोदी स्वभाव के जॉन कावस नायक होते थे। वह नाडिया के लिए पूर्णतया उपयुक्त व्यक्ति थे। ऐसी फिल्में बच्चों और रोमांचप्रेमियों को पसंद आती थी। सिनेमा के अन्य प्राप्सों में 'पंजाब का बेटा' चमत्कारिक घोड़ा था और चमत्कारिक कार 'रोल्स रॉयस की बेटी' थी। ये फिल्में ढाई घंटे शुद्ध मनोरंजन करती थीं। हर किसी को इन्हें देखने में मजा आता था। 'हातिमताई' (1950) एक और बड़ी हिट फिल्म थी।

प्रभात फिल्म्स, पुणे/कोल्हापुर

दामले, फतेहलाल, धायबेर और वी. शांताराम नामक चार युवक अपने परामर्शदाता और गुरु बाबूराव पेंटर की महाराष्ट्र फिल्म कंपनी कोल्हापुर से अलग होकर 1929 में प्रभात कंपनी के नाम से स्टूडियो को कोल्हापुर में शुरू किया। 1933 में वे पुणे चले आए और वहां इस प्रसिद्ध स्टूडियो की स्थापना की। यह स्टूडियो 1953 तक चला। अंततः इसे 1961 में भारतीय फिल्म और टेलीविजन संस्थान के रूप में परिवर्तित कर दिया गया। जिन लोगों ने इसे शुरू किया, वे ज्यादा पढ़े-लिखे नहीं थे और बहुत गरीब परिवारों के थे, लेकिन अपनी मेहनत, कल्पनाशक्ति और सांगठनिक क्षमता से उन्होंने चमत्कार कर दिखाया। बाबूराव की शिक्षा-दीक्षा उन्होंने पूरी तरह से आत्मसात कर ली थी क्योंकि इनकी सभी फिल्मों के दृश्य और तकनीकी कौशल सर्वोत्तम थे। हालांकि ये लोग स्टूडियो के साझेदार थे, फिर भी स्टूडियो तकनीशियन की तरह काम करते थे। शांताराम 'प्रभात' की अधिकांश फिल्मों का निर्देशन करते थे, दामले ध्वनि संबंधी कार्य, लेखा-बही, बिजली और यांत्रिक कार्यों को देखते थे, जबकि फतेहलाल कला निर्देशन का दायित्व निभाते थे। 'संत तुकाराम' (1936) 'अमृत मंथन' 'कुनूकू/दुनिया न माने', 'मानुष/आदमी', 'संत दानेश्वर', 'राजपूत रमणि', 'महात्मा',

'अमर ज्योति' और 'रामशास्त्री' इनकी कुछ फिल्में थीं। लेकिन दामले की मृत्यु जल्दी हो गई। फतेहलाल ने बिस्तर पकड़ लिया और 1941 में शांताराम ने दुनिया छोड़ दी। प्रभात स्टूडियो ने आगे चलने की कोशिश की लेकिन राम शास्त्री के बाद उसने बेमन से फिल्में बनाईं। 1953 में अंततः स्टूडियो बंद हो गया। उनकी फिल्में जहां एक ओर विशिष्ट थीं, वहीं आम आदमी की भाषा भी बोलती थीं। यद्यपि शांताराम ने बंबई में अपना स्टूडियो राजकला मंदिर स्थापित किया और 'डॉक्टर कोटनीस की अमर कहानी' (1946) और 'दो आंखें बारह हाथ' जैसी कुछ उत्कृष्ट फिल्में बनाईं। इन्हें समीक्षकों ने काफी सराहा लेकिन 'झनक झनक पायल बाजे', 'शकुंतला', 'सेहरा', 'पिंजड़ा' जैसी उनकी फिल्में अच्छी नहीं रहीं। शांताराम की सबसे अच्छी फिल्में प्रभात में ही रहते हुए बनीं।

न्यू थियेटर्स, कलकत्ता

ब्रिटेन से सिविल इंजीनियरिंग में डिप्लोमा लेकर आए वीरेन्द्रनाथ सरकार 1931 में न्यू थियेटर्स की सबसे बड़ी शक्ति थे। प्रभात स्टूडियो की प्रकृति के विपरीत न्यू थियेटर्स की सौन्दर्य दृष्टि और शैली अभिजात्य थी। न्यू थियेटर्स के लोग आत्मसजग और सुसंस्कृत थे। हालांकि उनकी शुरुआती फिल्में बेहद असफल रहीं लेकिन भारतीय सिनेमा में उनका योगदान यह रहा कि उन्होंने प्रतिभाशाली कलाकार दिये, उनका प्रबंधन परिष्कृत और पेशेवर था। उनके पास सामाजिक चेतना थी। उनकी इतनी प्रतिष्ठा थी कि संभ्रांत और अच्छे परिवारों के प्रतिभाशाली नवयुवक न्यू थियेटर्स से आकर्षित होकर खिंचे चले आते थे। 1940 में, न्यू थियेटर्स जला दिया गया। प्रतिरोध का एक शब्द निकाले बिना वी.एन. सरकार और उनकी प्रतिभाशाली टीम ने इसे फिर खड़ा कर दिया और सफल रहे।

प्रभात की तरह बाजार को ध्यान में रखकर उन्हें बांग्ला और हिंदी दोनों भाषाओं में फिल्म बनाना पड़ता था। ब्रह्म समाज और वैष्णव संप्रदाय दोनों की विशेषताओं को मिलाकर उन्होंने फिल्म निर्माण की एक अनोखी शैली विकसित की। 'चंडीदास' उनकी पहली बड़ी हिट फिल्म थी लेकिन बांग्ला में पी.सी. बरुआ और हिंदी में के.एल. सहगल की 'देवदास' फिल्म सुपरहिट रही क्योंकि यह एक शिष्ट और साहित्यिक कृति थी जिसमें अपनी बात को शांत तरीके से मितकथनों में कहा गया था। न्यू थियेटर्स के पास तमाम सितारे और सितारा निर्देशक थे। देवकी बोस ने 'पुराण भगत' बनायी जिसका संगीत सबसे पहले हिट हुआ। नितिन बोस की 'प्रेसीडेंट' आज भी याद की जाती है। इसी प्रकार 'विद्यापति',

'भाग्यचक्र' और 'धूप छांह' को भी लोग याद करते हैं। 'वापस' जैसी हास्य फिल्म, 'माई सिस्टर' जैसी सामाजिक फिल्म और 'स्ट्रीट सिंगर' जैसी संगीत प्रधान फिल्म न्यू थियेटर्स स्टूडियो ने बनाई। लेकिन 1950 में, इसकी हालत बिगड़ने लगी और जल्दी ही न्यू थियेटर्स बंद हो गया। यहां यह उल्लेख करना आवश्यक है कि टैगोर, शरतचंद्र और बंकिमचंद्र की कई रचनाओं के रूपांतरणों पर आधारित फिल्में न्यू थियेटर्स ने बनाईं। 1941 में, अपनी मृत्यु के पहले न्यू थियेटर्स के लिए टैगोर ने भी 'नटीर पूजा' फिल्म निर्देशित की थी।

बांबे टाकीज, बंबई

इंग्लैण्ड में शिक्षाप्राप्त वकील हिमांशु राय ने भारतीय फिल्मों की मांग पैदा की। उन्होंने फ्रेंज ओस्टेन के नेतृत्व में जर्मन तकनीशियनों की सहायता से तीन फिल्में बनाईं। ये फिल्में थीं : 1926 में बुद्ध के जीवन पर 'लाइट ऑफ एशिया/संजय', मुगलकाल पर आधारित 'द लव्स ऑफ ए मुगल प्रिंस/शीराज' (1928) तथा मध्यकालीन भारत के राज्यों के आपसी युद्धों पर आधारित 'ए थ्रो ऑफ डाइज/शतरंज'। ये सभी फिल्में जर्मन फिल्म प्रोडक्शन यूनिट्स इमुल्के/यूईएफए के सहयोग से बनाई गईं। 1930 में हिमांशु राय की मुलाकात देविकारानी से हुई। जर्मनी की फिल्मी हस्तियों के साथ उन्होंने चार सालों तक काम किया। जर्मनी में नाजियों के आने के बाद वे 1934 में भारत लौटे और बांबे टॉकीज की स्थापना की।

1933 में उन्होंने पहली द्विभाषिक फिल्म बनाई। इसमें नायक और नायिका की भूमिका में वे दोनों पति-पत्नी थे। निखालिस उर्दू की जगह हिंदुस्तानी का प्रयोग, विदेशी तकनीशियनों (जर्मन/अंग्रेज/श्रीलंकाई) की विशेषज्ञता ने बांबे टॉकीज को स्पृहणीय स्थिति में पहुंचा दिया। स्टूडियो का दृष्टिकोण समतावादी था। यह स्टूडियो पब्लिक लिमिटेड कंपनी था। इसके निदेशक मंडल में बड़े नाम थे। पहली फिल्म 'जवानी की हवा' थी। विवाहित होने के बावजूद देविकारानी के संबंध बांबे टॉकीज के हीरो नजमुल हसन से बन गए और वह उस सुदर्शन हीरो के साथ भाग गईं। लेकिन जब भावनाओं का ज्वार उतरा और देविकारानी में सुविधापरक जिंदगी की ओर लौटने की इच्छा जगी, तब प्रोडक्शन मैनेजर शशिधर मुखर्जी के दबाव पर हिमांशु राय को उन्हें फिर से स्वीकार करना पड़ा।

बाद में शशिधर मुखर्जी ने तोलाराम जालान (बांबे टॉकीज के एक फाइनेंसर) के साथ मिलकर अलग से फिल्मालय नामक स्टूडियो बनाया। फिर शशिधर

मुखर्जी ने अपना फिल्मिस्तान बनाया। देविकारानी को स्वीकार कर लिया गया लेकिन नजमुल हसन की नौकरी चली गई। यही नहीं, उस प्रोडक्शन के तहत बन रही सभी फिल्मों के हीरो की भूमिकाओं से उन्हें हटा दिया गया। कानून के विद्यार्थी और खंडवा से आए लैब सहायक अशोक कुमार को हिमांशु राय ने उनकी अनिच्छा के बावजूद 'जीवन नैया' में हीरो बना दिया। 'अछूत कन्या' केवल आठ महीने में बनी। इस फिल्म ने सिनेमा का नया इतिहास रचा। यह भारतीय सिनेमा की एक क्लासिक कृति है। बांबे टॉकीज की फिल्म बनाने के फार्मूले पर आज की व्यावसायिक फिल्में अथवा 'मसाला' फिल्में आधारित होती हैं।

बांबे टॉकीज की सभी फिल्में सोची-समझी कारीगरी, गढ़ी हुई घटनाओं और दर्शकों की रुचि को ध्यान में रखकर बनायी जाती थीं। कुछ फिल्मों में ये सब बातें बड़ी यांत्रिक लगती थीं। न्यू थियेटर्स और प्रभात की सर्वोत्कृष्ट फिल्मों में जहां उल्लास होता था और स्वतःस्फूर्ति होती थी, वहीं बांबे टॉकीज की फिल्मों में इनका अभाव खटकता था। बांबे टॉकीज की फिल्मों की कथा सचेत रूप से गढ़ी लगती थी जिसमें सिनेमाई तत्वों के साथ संवादों को भरपूर फिट किया जाता था। बांबे टॉकीज की फिल्में मसाला फिल्में होती थी। हालांकि उन्हें अत्यंत सुरूचिपूर्ण ढंग से बनाया जाता था। 1940 के दशक के शुरू में हिमांशु राय की मृत्यु हो गई। अफवाह यह थी कि उनके करीबियों ने उन्हें जहर खिला दिया। बांबे टॉकीज का अधिकार राय बहादुर चुन्नीलाल (प्रतिभाशाली संगीत निर्देशक मदनमोहन के पिता) के हाथों में आ गया। सभी प्रतिभाशाली जर्मन तथा अन्य तकनीशियन तदुपरांत भारत छोड़कर चले गए। लेकिन स्टूडियो में सत्ता संघर्ष चलता रहा और देविकारानी और अमिय चक्रवर्ती (जिन्होंने 'कठपुतली' जैसी क्लासिक फिल्म और बाद में 'सीमा' बनाई) और चुन्नीलाल तथा शशिधर मुखर्जी दोनों के बीच सीधी दरार पड़ गई।

देविकारानी ने 'ज्वार भाटा' बनाई जिसमें दिलीप कुमार पहली बार परदे पर दिखे। देविकारानी ने 'मिलन/नौका डूबी' और 'समर/मशाल' बनाई। 'प्रतिभा' उनकी आखिरी फिल्म थी। फिल्मों से उनका मन उचट गया था। उन्होंने स्वेतस्लाव रोरिच से शादी कर ली जो महान रूसी कलाकार निकोलस रोरिच के प्रतिभाशाली चित्रकार पुत्र थे। स्टूडियो का अधिकार फिर गोविंद राम सेक्सरिया के पास से होते हुए हितेन चौधरी के पास चला गया। वह सचिन चौधरी के भाई थे। सचिन चौधरी भूतपूर्व वित्तमंत्री थे जिन्होंने 1960 के दशक के दौरान भारत में रुपये का अवमूल्यन किया था। लेकिन प्रतिभाशाली लोग इस स्टूडियो को छोड़ने लगे। कुछ समय तक अशोक कुमार और अन्य लोगों ने बांबे टॉकीज को

चलाना चाहा लेकिन स्टूडियो प्रणाली खत्म हो रही थी। कलकत्ता के व्यापारी तोताराम जालान ने इसे खरीद लिया। शूटिंग की दो शिड्यूल करने के बाद स्टूडियो को हमेशा के लिए बंद कर दिया गया और मलाड स्थित दूर तक फैली इसकी जमीन को औद्योगिक इस्टेट में परिवर्तित कर दिया गया। यह अफवाह थी कि हिमांशु राय की अतृप्त आत्मा झक सफेद धोती में रात के अंधेरे में बांबे टॉकीज के परिसर में बेचैन घूमती रहती है और इस भुतैली उपस्थिति को तमाम लोगों ने देखा है। हिमांशु राय और देविकारानी दोनों को विदेशी कंपनियों से काम करने के तमाम प्रस्ताव मिले। उन्होंने श्रेष्ठ विदेशी तकनीशियनों से प्रशिक्षण भी लिया था, लेकिन अच्छी गुणवत्ता की भारतीय फिल्मों के निर्माण पर ही उन्होंने अपने को केंद्रित रखा। बांबे टॉकीज के पी.आर.ओ. सआदत हसन मंटो उर्दू के प्रख्यात लेखक थे। उन्होंने अपनी पुस्तक 'मीना बाजार' में बांबे टॉकीज में चल रहे गहन प्रेम और रोमांस को चित्रित किया है। उनके बाद बांबे टॉकीज के पी.आर.ओ. की विरासत लेखक और पत्रकार ख्वाजा अहमद अब्बास को मिली।

स्टूडियो में पारिवारिक वातावरण

नासिक में दादा साहब फाल्के स्टूडियो में तकनीशियनों, सितारों की पूरी यूनिट एक साथ रहती थी। यहां निर्माता भी साथ रहते थे और इनकी पत्नी परिवार की रसोई में सबके लिए खाना बनाती थीं और लेबोरेट्री में भी काम करती थीं। हर सुबह यूनिट के सभी सदस्यों के लिए डाक्टर आता था। दादा साहब उन्हें नियमित रूप से व्यायाम करने पर बल देते थे। मनोरंजन के लिए उन्होंने फुटबाल खेलना सिखा दिया था। महिलाएं जब स्टूडियो के काम में नहीं लगी होती थीं, उनके लिए बुनाई की कक्षाएं होती थीं ताकि गपशप कम हो। वहां स्विमिंग पूल और चिड़ियाघर भी था। बांबे टॉकीज की तरह प्रभात में भी मालिक दोहरी भूमिका निभाते हुए तकनीशियन का काम करते थे। दोनों स्टूडियो ने अपने स्टॉफ सदस्यों के बच्चों के लिए कक्षाएं चला रखी थीं। बांबे टॉकीज के पास एक चिकित्सालय था जिसमें एक डॉक्टर स्टूडियो के पे रोल पर था। न्यू थियेटर्स के स्टॉफ को सुबह एक बस स्टूडियो ले जाती थी और वापस लाती थी। इसी प्रकार की व्यवस्था स्कूली बच्चों के लिए थी जो घर लौटने के पहले शाम को संगीत की कक्षाओं में जाते थे। तमाम विदेशियों सहित बांबे टॉकीज में 400 कर्मचारी थे जिन्हें अच्छा वेतन स्टूडियो से मिलता था।

इन सभी सदाशयताओं पर लागत आती थी। 1940 के दशक के शुरू में स्टूडियो प्रणाली टूट चुकी थी। एक बड़े परिवार का सिद्धांत तभी तक चलता है, जब तक वह आर्थिक रूप से सक्षम होता है। लेकिन इस प्रणाली में आंतरिक ईर्ष्याओं और आपसी नापसंदगियों के लिए कोई जगह नहीं होती है। प्रतिभाशाली निर्देशक और सितारे स्टूडियो से बाहर जाकर अपना निजी भविष्य खोजना चाहते थे जो पूंजीवादी प्रणाली का अपरिहार्य परिणाम है। 1942 में नितिन बोस ने न्यू थियेटर्स छोड़ा और इसके तुरंत बाद वह टूट गया। 1941 में शांताराम ने प्रभात छोड़ा। यह स्टूडियो भी उनके जाने के बाद अधिक समय तक नहीं चल सका।

उद्योग में काले धन का प्रवेश सबसे अधिक खतरनाक बात थी। दूसरे विश्वयुद्ध के ठेकों में फौजी सामान की खरीद-फरोख्त में अमीर बने लोग तुरत-फुरत लाभ कमाने के लिए निवेश करना चाहते थे। यह निवेश फिल्मों में ही हो सकता था। स्टूडियो का आर्थिक ढांचा स्टाफ को कम वेतन देने पर निर्भर करता था। 1930 की आर्थिक मंदी ने स्टूडियो ढांचे को और भी असुरक्षित बना दिया। दूसरे, विश्वयुद्ध से उत्पन्न मुद्रास्फीति ने स्टूडियो प्रणाली को आर्थिक रूप से पूरी तरह और अक्षम बना दिया। युद्ध के दौरान हुए संदिग्ध सौदों से मिले काले धन के प्रवेश ने उद्योग को और भी भयानक बना दिया। फिल्म उद्योग की वित्तीय स्थिति अव्यवस्थित होने के कारण काले धनवालों के लिए निवेश करने के लिए एक आदर्श जगह थी जहां धन का हिसाब-किताब ठीक से नहीं रखा जाता था। निजी उद्यमी इतने अधिक चतुर थे कि उन्होंने यह समझ लिया था कि फिल्म की सफलता कुछ सितारों के इर्द-गिर्द घूमती है।

वे सितारों के लिए बोलियां लगाते थे और अपनी निजी परियोजना के लिए उन्हें खरीद लेते थे। इस तरह वे सितारों को स्वतंत्र रूप से काम करने को प्रोत्साहित करते थे। रणजीत स्टूडियो तक को भी अपने अस्तित्व को बनाए रखने के लिए अपना स्टूडियो किराये पर देना पड़ा। प्रभात घिसटते-घिसटते 1953 तक चला और इसके बाद वह भी बंद हो गया। न्यू थियेटर्स की हालत भी 1948 में बिगड़ गई। 1955 तक उन्होंने दो भाषाओं में फिल्में बनाईं जिनमें केवल बांग्ला फिल्में ही चलीं। बड़े स्टूडियो से सफल सितारों का बाहर निकलने का सिलसिला अबाध गति से चलता रहा। बेहिसाब और बेरोकटोक आनेवाले काले धन से आकर्षित होकर सितारों पर आधारित फिल्मों को बनाने की प्रणाली बन गई। राजकपूर, महबूब, नवकेतन, जेमनी, ए.वी.एम. प्रसाद प्रोडक्शन जैसे कुछ ने स्टूडियो प्रणाली चलाने की कोशिश की लेकिन यह धारा के विपरीत तैरना था।

आज तमाम स्टूडियो गोदाम और मल्टी डिपार्टमेंटल स्टोर बन गए हैं, अथवा प्रापर्टी डेवलपरों द्वारा हथिया लिए गए हैं। भारतीय सिनेमा के उस स्वर्णयुग का आखिरी समय आ गया था जिसने सपने दिखाए थे।

स्टूडियो में अव्यवस्था

फिल्म में ध्वनि के आ जाने से स्टूडियो में हड़कंप मचा रहता था क्योंकि गानों की सजीव रिकार्डिंग की जाती थी। हीरो-हीरोइनें बागों और महलों के सेट पर चलते या टहलते रहते थे और ट्रॉली पर कैमरा रहता था। संगीत निर्देशक के निर्देशानुसार दरअसल साजिन्दे ट्रॉली के पीछे-पीछे चलते हुए अपने-अपने वाद्य यंत्रों को बजाते रहते थे। ऐसा यंत्रों की कमी के कारण होता था। कठिन परिस्थितियों में गाने का फिल्मांकन एक शॉट में करना होता था। गानों को साउंड निगेटिव फिल्मों पर रिकार्ड किया जाता था जिसे बाद में डेवलप किया जाता था। रिकार्ड किए गए संगीत को संगीत निर्देशक लेगा या रद्द करेगा, दरअसल यह निर्णय लेने के पहले इसे प्रिंट किया जाता था। रिटेक की स्थिति में संगीतकारों को दुबारा यह सब बजाना पड़ता था।

1930 के मध्य तक पार्श्व गायकों के बिना प्ले बैक मशीन का प्रयोग होता था। अब गीतों को पहले रिकार्ड किया जा सकता है और प्ले बैक मशीन के उपयोग से निर्देशक अपने शॉटों को बांट सकता है। एक शॉट में गाना रिकार्ड करने की प्रणाली निर्ममता से खत्म कर दी गई है। पीछे चलती हुई संगीतकारों की एक फौज कितनी परेशान करनेवाली होती थी, इस बारे में जितना कहा जाए, कम है। हालांकि गानों की रिकार्डिंग में टेप रिकार्डर ने क्रांति कर दी और रिटेक आसानी से हो सकता था। टेप को तुरंत चलाकर यह पता किया जा सकता था कि नतीजे कैसे मिले हैं और इसके लिए फिल्म को डेवलप करने या प्रिंट करने तक का इंतजार नहीं करना पड़ता था। जब से टेप से डिस्क पर सीधे गाना रिकार्ड किया जाने लगा, टेप रिकार्डर ने ग्रामोफोन डिस्क पर रिकार्डिंग करने के सेशन को भी खत्म कर दिया है। पहले तकनीशियनों को न्यूनतम यंत्रों की सहायता से कठिन परिस्थितियों में काम करना पड़ता था लेकिन अपनी कार्यपटुता और नवाचारी हुनर से वे बेहतरीन नतीजे देते थे।

भाग-2

लाइट्स ऑन

(1916-1949)

ग्रामीण बंगाल में बचपन

(1916-1930)

बंगाल की शस्य-श्यामला धरती का सौन्दर्य अविस्मरणीय है। इसके मनोहर और उन्मुक्त सौन्दर्य को प्रतिभाशाली रचनाकार अपने गीतों, निबंधों और कविताओं में बांधने की कोशिश करते रहते हैं लेकिन इसके मायावी और लोकोत्तर आकर्षण का रंच मात्र ही वे रूपायित करने में सफल हो पाए हैं। अविभाजित बंगाल का सौन्दर्य किसी भी संवेदनशील मस्तिष्क के भीतर हलचल पैदा कर सकता है। चांदी सी चमकती मीलों लंबी नहरों और नदियों के बीच पन्नों की तरह चमकते हरे-भरे खेतों के चित्र संवेदनशील मन को अपूर्व आनंद से भर देते हैं। हरे-भरे खेतों में पके दानों की लहलहाती सुनहरी फसल, हवा में फुसफुसाते लंबे ताड़ के वृक्ष और साल पत्तियों की बहती हुई मंद-मंद हवा, कंचनजंघा के उत्तुंग शिखर, सुंदरवन के घने जंगल, दीघा के सुंदर रेतीले समुद्र तट और उत्तर बंगाल के हरे-भरे चाय के बागान आंखों में रचे-बसे रहते हैं। प्राकृतिक छटाओं से भरी-पूरी यह धरती युगों से महान लेखकों, कवियों और कलाकारों को प्रेरित करती रही है। इस अनोखे वरदान के केवल वही पात्र हैं जिन्हें इस धरती पर पैदा होने का सौभाग्य मिला है अथवा वे हैं जो अविभाजित बंगाल में रह चुके हैं।

हालांकि उन दिनों विश्वयुद्ध चल रहा था, फिर भी 14 अक्टूबर, 1916—मेरी जिंदगी का एक खास दिन है। दरअसल मेरा जन्म इसी दिन हुआ था। मेरे जन्म के समय मेरी मां तकरीबन 44 साल की थीं। मैं समझता हूं कि कोख में मेरे आने से मेरे माता-पिता जरूर हैरान हुए होंगे। इस घोंचू के औचक आने से मेरे पिताजी किंकर्तव्यविमूढ़ हो गए थे। इस प्रसंग को लेकर मेरी मां को वह अक्सर छेड़ते रहते थे। मैं ग्यारहवीं संतान था। (4 संतानें अजन्मी गुजर गई थीं और एक पुत्र की मृत्यु 19 साल की उम्र में हुई थी)। इस छेड़-छाड़ का मुंहतोड़ जवाब मेरी मां यह कहकर देती थीं कि यही छोटा बेटा, सच्चे अर्थों में, परिवार की उम्मीद बनेगा।

मेरे पिता बेहतरीन कारीगर थे। स्वर्णकार के रूप में इनकी हुनर की ख्याति दूर-दूर तक थी। लंबी वेणी के आकार-प्रकार का एक स्त्री आभूषण उन्होंने बनाया था। इसकी कल्पना विस्मयकारी और डिजाइन अपने आप में अनोखी थी। ढाका जिले के विक्रमपुर संभाग स्थित ग्रामवारी गांव में आठ मकानों से निर्मित मेरा घर सबसे बड़ा और पक्का था। ये मकान बेहद मजबूत बने हुए थे क्योंकि इन्हें पद्मा नदी (गंगा नदी की सहायक नदी) की अचानक आनेवाली बाढ़ और तमाम बच्चों के हमलों का सामना करना पड़ता था। चूंकि केवल हमारा ही घर पक्का था जिस पर टीन की छत थी, लिहाजा सड़क से सटे हमारे ही एक घर में गांव का डाकखाना भी था। वहां धान के खेत नहीं थे। कुछ क्यारियों में सब्जियां उगायी जाती थीं। दूसरे घरों की तरह हमारे पास ताल भी नहीं थे। महान पद्मा नदी चार किलोमीटर दूर थी। वहां आम, चीकू और सजने के खूबसूरत पेड़ थे। एक नीम का पेड़ था। सबसे अचरज की बात यह थी कि वहां एक इमली का गाछ भी था जो पड़ोसी बच्चों, खासतौर से लड़कियों के लिए ईर्ष्या का सबब था।

4-5 किमी दूर कछारी जमीन पर धान के खेत थे। नदी की गाद और पद्मा नदी का पाट खिसकने से यह कछार बना था। हर कुछ साल पर पद्मा नदी की दिशा बदल जाती थी जिससे गांव के गांव डूब जाते थे। जमीन के बहुत बड़े हिस्से को बाढ़ में डूबते हुए जिसने भी देखा है और इसके साथ उठनेवाली गर्जना को सुना है, वे इसे कभी नहीं भूल सकते। नदी अनंत रहस्यों का स्रोत है। हम शानदार स्टीमरों को देखने 4 किमी दूर हमेशा तारपाशा घाट जाते थे। पद्मा नदी के तटवासी उस पर चलती हुई उन भारी-भरकम स्टीमरों को कभी नहीं भूल सकते जो मुसाफिरों और असबाबों को वरीसल, ढाका और दूसरे विदेशी ठिकानों से लेकर आते थे।

स्टीमर ठसाठस भरने के बाद जब वह चलने के लिए तैयार होता था, उस समय उसका सायरन मुसाफिरों के लिए घाट की तरफ भागने का इशारा होता था। छोटे भोजनालयों में मुसाफिरों को परोसा हुआ तमाम खाना जल्दी के कारण छूट जाता था जिसे अगली पारी के मुसाफिरों को दिया जाता था ताकि उन्हें संदेह न हो। नदी खूबसूरत थी और मनमौजी भी। कई दफा यह तबाही भी लाती थी। नदी में मछलियां खूब थीं और मछुआरों की जिंदगी संघर्षभरी थी। वे मछलियां मारते थे, गाते थे और स्टीमर घाटों से मुसाफिरों और सामानों को लाते-ले जाते थे। धूप से जली उनकी सांवली देह सूर्य के प्रकाश में चमकती थी। तूफानों, चक्रवातों, बवण्डरों के खतरों और मारक गरीबी के बावजूद वे अपने चेहरों पर खुशी का आलम बनाए रखते थे।

हमारे पास 12 बीघा उपजाऊ कछार जमीन थी। इस पर मुस्लिम किसान अधिया पर खेती करते थे। वे बीज डालते, खाद डालते, मेहनत करते और इसके बदले में उपज का आधा हिस्सा पाते थे। दो फसलें होती थीं—औस और अमान। नदी की गाद से बनी उपजाऊ कछारी जमीन पर धान की खेती होती थी। गर्मी के दिनों में मीठे-रसीले तरबूज और कुम्हड़े खूब होते थे जिन्हें हम सिर पर रखकर बाजार बेचने जाते थे। किसान बहुत गरीब थे। उनकी जिंदगी बड़ी मुश्किल से चलती थी। हालांकि हमारा किसानों के साथ अच्छा बरताव होता था लेकिन वे जमींदारों को पसंद नहीं करते थे। हमें इसका कारण पता था। दरअसल जमींदार बिना कुछ किये धरे आधी उपज ले लेते थे। हर फसल के बाद उसे बेचने से तुरंत मिली रकम को घरों में सेंध लगाकर चुराने की कोशिश जरूर की जाती थी।

आमतौर से यह डकैती किसान करते थे। इन्हें पक्की खबर रहती थी कि घर में रकम कहां रखी होगी। निराश और भूखे लोग अपनी इस अहिंसक चेष्टा में कपड़ा, नकदी अथवा बर्तन चोरी करते थे। कभी-कभार तूफानी रातों में गहरी नींद में होने पर वे लोहे की बड़ी तिजोरियां भी उठा ले जाते थे। हमारी तिजोरी कुछ ज्यादा ही बड़ी थी, जिसे उठाकर ले जाना कठिन था। हथियारबंद डकैत खतरनाक होते थे। बड़ा हाथ मारने के लिए वे बेहद अमीरों के घर धावा बोलते थे। उनके पास देशी पिस्तौलें भी होती थीं। हमारा घर इतना अमीर नहीं था, इसलिए डकैतों की नजर हम पर नहीं थी। मेरी सबसे छोटी बहन के 41 वर्षीय पति कलकत्ता विश्वविद्यालय के एम.बी.बी.एस. डॉक्टर थे। जब उन्होंने डकैतों को परिवार के जेवर और नकदी देने से इंकार कर दिया, गोली मारकर उनकी हत्या कर दी गई।

चूंकि हिंदू जमींदारों का बर्ताव बहुत खराब था और मुस्लिम किसानों को अनंतकाल तक अपना गुलाम और बंधक बनाए रखने के लिए वे क्रूर तौर-तरीकों का इस्तेमाल करते थे, इसलिए 1947 के विभाजन के लिए हुए जनमत के दौरान पश्चिम बंगाल के मुसलमानों ने पाकिस्तान जाने का विकल्प दिया था। महिलाओं के नहाने, बर्तन और कपड़ा धोने के लिए नदी तट पर जाने का रास्ता धान के खेतों से होकर जाता था। यह रास्ता काफी लंबा था। मुस्लिम किसानों को रास्ते से उतरकर कीचड़ से होकर जाना पड़ता था। यदि कोई महिला जा रही हो और उनकी छाया उस पर पड़ जाए तो कुछ महिलाएं अपमान से भरकर चीखने-चिल्लाने लगती थीं। मुझे उम्मीद है कि वे किसान बांग्लादेश में अब बेहतर जिंदगी बिता रहे होंगे। बांग्लादेश के कुछ फिल्म निर्माता और तकनीशियन मेरे संपर्क में थे। वे बंबई में आने पर मेरे साथ ठहरते थे। बंबई की लैब अथवा प्रोसेसिंग की

तमाम सुविधाएं उपलब्ध कराने, आउटडोर शूटिंग और म्यूजिक रिकार्डिंग कराने में उनकी यूनिटों की मैं मदद करता था। दूसरी ओर, मेरी अपनी जन्मभूमि में राज्य अतिथि के रूप में मुझे वे आमंत्रित करते थे। सेवानिवृत्त होने के बाद मैं हमेशा ऐसे दौरों पर जाना पसंद करता था। हमारे खेत और घर पद्मा नदी लील चुकी है। अब वहां कुछ भी नहीं बचा है।

हमारा परिवार बड़ा था जो एक चौक के इर्द-गिर्द बने 7-8 मकानों में रहता था। मानसून के दौरान जब पद्मा नदी का पानी तट से बाहर उफनकर आ जाता था, तब साल के तीन महीने हमारे घर के नीचे पद्मा नदी बहती रहती थी। सागौन लकड़ी के 5 फुट ऊंचे मचानों पर मकान बने होते थे। फर्श भी इसी जलरोधी लकड़ी से बनी होती थी। दीवारें और छत टीन की होती थीं ताकि अचानक बाढ़ आने पर उन्हें दुबारा बनाया जा सके। बड़े परिवारों की जरूरतों के अनुसार घर बहुत बड़े होते थे। हम ग्यारह भाई-बहन, अपने भतीजों-भतीजियों और दूसरे चचेरे संबंधियों के साथ रहते थे। अतः हमें चीजों को बांटना ही नहीं, उन्हें बराबर-बराबर बांटना सीखना पड़ता था।

गांव में पन्द्रह और घर थे। नदी की आखिरी बार आयी बाढ़ में आधे से अधिक गांव बह गए थे और जिन लोगों ने गांव छोड़ दिया था, वे कभी वापस नहीं आए। जो गांव में बचे रह गए, वे जन्मना या शादी के कारण एक-दूसरे के रिश्तेदार थे। मेरे पिता ललित मोहन धार्मिक और सामाजिक नेता थे। उनके तमाम अनुयायी थे। हर सांझ-दोपहर पूजा कीर्तन होता था जिसमें बच्चे ढोल, खोल बजाकर भजन कीर्तन गाते थे। मेरी मां ने दीक्षा ली थी लिहाजा हमारे घर में अंडा, मछली, मांस, प्याज-लहसुन आदि का निषेध था। लेकिन गांव के पास में आयोजित होनेवाली दावतों और शादियों का इंतजार हम करते रहते थे। न्योते की भी जरूरत नहीं पड़ती थी। हम अपना पेट भरने के बाद घर के बाकी उन लोगों के लिए भी खाना बांधकर ले आते थे जो हमारे साथ वहां नहीं जा पाते थे। हमारे परिवार की हालत बहुत अच्छी नहीं थी। कई दफा मुसीबत के दिनों में हम दिन में केवल एक बार खाना खाते थे। जब धान नहीं बचता था तो कई बार साग-सब्जी बेचकर चावल खरीदा जाता था। अनेक विपत्तियों और बीच-बीच में मौतों की दखल के बावजूद घर में खूब मौज मस्ती का आलम बना रहता था।

तीन भाइयों और एक छोटी बहन की मौत छुटपन में हो गई थी। मैं सबसे छोटा था और सभी भाई-बहन मुझ पर रौब गांठते थे। स्कूल 8 किमी. दूर था। हम वहां पैदल आते-जाते थे। एक बढ़ते हुए किशोर के लिए रोमांचक कारगुजारियों के लिए वहां तमाम मौके थे। काजीरपगला हाई स्कूल में सातवें दर्जे

तक मैंने पढ़ाई की। पूरे साल की फीस 4 रुपये न दे पाने के कारण स्कूल के प्रधानाचार्य श्री मनीन्द्र गोस्वामी को आठवें दर्जे की हाजिरी रजिस्टर से मेरा नाम काटना पड़ा। इस प्रकार मुझे मजबूरन पढ़ाई छोड़नी पड़ी। मुझे परीक्षा में तीसरा स्थान मिला था, लेकिन फीस जमा नहीं कर पाया था, अतः मुझे वह पुरस्कार भी नहीं दिया गया।

मेरे बड़े भाइयों की कुव्यवस्था के चलते परिवार के स्वर्ण-आभूषण की दुकान भी ठीक से नहीं चल पा रही थी। दुकान बंद होने के कगार पर थी। पारिवारिक जरूरतों को पूरा करने के लिए कहीं से भी आमदनी नहीं हो रही थी। यह फैसला किया गया कि मैं कलकत्ता जाऊं और परिवार का खर्च चलाने के लिए कुछ कमाई करूं। मैं मां का दुलारा था। वह नहीं चाहती थीं कि मैं घर छोड़ूं। उन्होंने जी कड़ा कर लिया। इस तरह मैंने अपने तीसरे भाई के साथ रहने के लिए घर छोड़ा। मेरे भाई अंग्रेजी में एम.ए. थे और कलकत्ता पोर्ट ट्रस्ट में क्लर्क थे। विदा बेला में जब तक मैं अपनी मां की नजर की सीमा में रहा, वह नहीं रोईं। लेकिन बाद में वह भरभरा कर गिर पड़ीं। चूंकि उन्हें मेरी कमी बहुत सालती थी, वह एक सप्ताह तक रोती रहीं।

मेरी भी हालत बेहद खराब थी। सारे रास्ते मैं उदास रहा और बिसूरता रहा, कछार से तारपाशा नाव से गया, फिर स्टीमर से गोलंदा घाट पहुंचा। वहां से राजबेरी से ट्रेन पकड़ी, जहां से कलकत्ता स्थित सियाल्दह स्टेशन पहुंचने में 12 घंटे लगे। पूरा सफर 48 घंटों में पूरा हुआ जिसमें आगे के सफर का साधन लेने के लिए कई बार मुझे रुकना पड़ा। यह वर्ष 1931 था और मेरा भविष्य डांवाडोल था। सबका विचार था कि मैं कलकत्ता में रहकर पढ़ूं, लेकिन मुझे घर और मां-पिता जी की याद सताती थी। कई बीमारियों ने मुझे दबोच लिया। जिगर में सूजन से मैं लगभग दो साल बिस्तर में पड़ा रहा। फिर कालाजार, जलोदर और अंत में बेरीबेरी ने मुझे जकड़ लिया। इन सबका मेरी सेहत पर बेहद बुरा असर पड़ा। ऐसे में 17 वर्ष की उम्र में आठवीं कक्षा में दाखिला लेने की मेरी इच्छा जाती रही। घर की हालत बद से बदतर होती जा रही थी। इस समय कुछ कमाने की जरूरत अधिक लग रही थी। अपने परिवार के जेवरातों के कारोबार से मैं जुड़ गया। इसे मेरे बड़े भाई शोभा बाजार के निकट ग्रे स्ट्रीट में चला रहे थे। यहीं हम रहते भी थे। 1933 में मेरी उम्र 17 साल की हो गयी थी और मैंने ठान लिया था कि कुछ न कुछ अवश्य कमाऊंगा।

हमारे परिवार में पुरुषों की उम्र छोटी होती थी। यद्यपि मेरे पिता का निधन 73 वर्ष की उम्र में, 1950 में बांग्लादेश में हुआ। वे विभाजन का सदमा बर्दाश्त

न कर पाये। अपने पुरखों की सरजमीन पर रहते हुए वहीं उनकी सांस गई। वे यह समझ ही नहीं पाते थे कि हम अपनी जमीन पर अजनबी की तरह क्यों रहें। हमारे मुस्लिम किसान विभाजन के दौर के उपद्रवों से हमेशा उनको बचाते रहे। जब वे मात्र 32 वर्ष के थे, उनके पिता कृष्ण चरण करमाकर की मृत्यु हो गई। उनके पिता बंदूक के कुशल कारीगर थे। वे बिहार के अफगानी जागीरदारों से अंग्रेजों के यहां नौकरी करने गए थे। वे हर प्रकार के मैचलॉक और फ्लिंट लॉक की मरम्मत करते थे। बंदूक कारीगर के रूप में अंग्रेज सिपाहियों की सेवा करने की एवज में उन्हें तीन गांव की जमींदारी दी गई थी। उनकी मौत जल्दी हो गई।

तब पूर्व जमींदार ने बक्सर के बाहुबलियों को साथ लेकर हमला बोल दिया और कुछ चांदी की मोहरों के बदले उन्होंने उनकी विधवा से गांवों को जबरदस्ती लिखवा लिया। फिर अपनी सुविधानुसार वह बाद में यह रकम देना ही भूल गए। यह रकम उस महिला को कभी नहीं मिली। उन्हें यह धमकी दी गई थी कि उनके छोटे पुत्र को जिंदा जला दिया जाएगा। परिवार की माली हालत कभी मजबूत नहीं रही। कई पीढ़ियों तक रोटी-दाल खानेवाली दशा बनी रही। जब तक मेरे पिता जी ने मेहनत करके स्वर्णकारी से कुछ अपनी हालत सुधार नहीं ली तब तक यही दशा बनी रही। लेकिन मेरे बड़े भाई ने सब रकम उड़ा दी और हम फिर पहले कमाओ–फिर खाओ वाली हालत में आ गए।

हमारे घर में डाकखाना खुलने की कहानी दिलचस्प है। ढाका जिले का विक्रमपुर संभाग इसलिए प्रसिद्ध है क्योंकि यह आई.ए.एस. और बड़े सरकारी अफसरों की पैतृक भूमि रहा है। हमारे गांव के भी ऐसे अनेक प्रिय पुत्र थे। इनमें एक बंगाल के सहायक महाडाकपाल थे। वे अक्सर गांव आते थे। एक दफा मेरे पिताजी ने उनसे कहा कि आप इतने बड़े पद पर हैं लेकिन इसका कोई लाभ गांव को नहीं मिला है। गांव में डाकखाना स्थापित करने और उपयुक्त स्टाफ की तैनाती करने के लिए वह अफसर तुरंत तैयार हो गए लेकिन उनकी शर्त थी कि कोई अपना घर डाकखाना चलाने के लिए दे। इसके लिए मेरे पिताजी अपना एक घर देने के लिए राजी हो गए। 1935 में इस तरह गांव में डाकखाना खुल गया। कहानी यहीं खत्म नहीं होती। इस परिसर के लिए डाक और तार विभाग को न तो एक भी पैसा खर्च करना पड़ा और न ही किराए के तौर पर कुछ देना पड़ा।

गांव में मेरे पिताजी की हैसियत और आदर के कारण सांप्रदायिक दंगों का कोई असर नहीं हुआ। यही नहीं, मेरी बड़ी बेटी का जन्म हमारे घर में ही हुआ जबकि वास्तव में देश का विभाजन हो चुका था। मेरे पिताजी वहीं बने रहे और जाहिर है कि पाकिस्तानी अधिकारी नहीं चाहते थे कि एक अहिंसक बूढ़ा वहां

बना रहे। उन्होंने डाकखाना जला दिया और सरकारी संपत्ति को नुकसान पहुंचाने के जुर्म में उनके खिलाफ मुकदमा दायर कर दिया। मेरे पिताजी के लिए यह बर्दाश्त के बाहर था। अंततः उन्होंने अपनी पुरखों की जमीन छोड़ने का फैसला कर लिया। लेकिन नियति में कुछ और लिखा था। उनकी मृत्यु 73 वर्ष की उम्र में बांग्लादेश में ही हुई। अपने बेटे की सफलता और ख्याति सुनने के लिए वह जीवित रहे। बर्दवान जिले के अंबिका कालना में उनकी इच्छानुसार उनकी तय की हुई जगह पर मंदिर और घर का निर्माण हुआ। मेरी शादी के बाद जुलाई 1944 में मेरी मां भी चल बसीं। वह मेरे लिए प्यार और अपनत्व का स्रोत थीं। उनका निधन मेरी जिंदगी की सर्वाधिक त्रासद घटना थी। उस समय मेरा वेतन मात्र 120 रुपये प्रति माह था। मेरे पिताजी के निधन के समय हालांकि मेरा वेतन 2000 रुपये प्रति माह हो गया था। इतनी विपत्ति देखने-सहनेवाले परिवार के लिए मेरी सफलता खासतौर से विश्वविख्यात सिनेमैटोग्राफर के रूप में मेरी ख्याति बेहद खुशी देनेवाली बात थी।

बचपन में कई बार मौत से आमना-सामना बहुत निकट से हुआ। जब मैं मात्र दो वर्ष का दूध पीता बच्चा था, उस समय पहली बार मौत से मेरा सामना हुआ। दोपहर के भोजन के लिए चूल्हे पर एक बड़े बर्तन में भात पक रहा था। इसे पकने के लिए छोड़कर औरतें वहां से चली गईं थीं। ढके हुए बर्तन से निकलती हुई भाप को देखकर मैं उसकी ओर खिंचा चला गया और उसे छू लिया। गर्म उबला भात मेरे सिर और कंधे पर गिर गया। जलने का दाग मेरे दाहिने कंधे से लेकर छाती तक पड़ गया। इस जलने की वजह से जवानी से ही मेरे बाल कम होते गए और मैं गंजा हो गया। दूसरी बार, मौत से सामना तब हुआ जब शीशे और लकड़ी से बनी अल्मारी से मैं एक किताब निकाल रहा था। अल्मारी के एक खाने का शीशा टूटा हुआ था, अतः मेरे पिताजी ने रात में उससे किताब निकालने के लिए मना कर रखा था। लेकिन मेरी केवल उम्र 12 वर्ष की थी और मेरे भीतर की बालसुलभ उमंग ने मुझे ऐसा करने के लिए उकसाया। एक बड़ा नाग वहां पहले से ही मौजूद था। उसने वहां अपना ठिकाना बना रखा था। जैसे ही किताब उठाने के लिए मैंने हाथ बढ़ाया, उसने बहुत तेज लपककर फुफकारते हुए फन मारा। इसकी मैंने कल्पना तक न की थी। किस्मत से उसका हमला किताब पर रहा। मैंने झट से हाथ खींच लिया। नाग को फिर मार दिया गया।

यदि मुझे नाग डस लेता तो मेरी मौत तय थी। चूंकि उस इलाके में डाक्टर मुश्किल से मिलते थे और आमतौर से रात को वह बाहर का दौरा नहीं करते थे। मेरा हाथ अगर थोड़ा और दाहिने होता तो नाग के विषैले दांत मेरे भीतर होते।

अंतिम घटना उस समय की है, जब नदी तट पर गायों को नहलाने ले गया था। उन दिनों मेरी उम्र 14 साल की थी। तीन गायों को लेकर मैं नदी तट गया था। मेरा भतीजा भी गायों की इस समग्र धुलाई कार्यक्रम में मेरे साथ था। यह दोपहर की घड़ी थी और तमाम लोग नहान घाट पर थे। हम पानी के भीतर थोड़ा चले गए और गायों को धोने लगे। एकबारगी गायें विचित्र रूप से उत्तेजित हो गईं और इधर-उधर भागने लगीं। एक गाय हवा में पूंछ उठाकर भागने में कामयाब हो गई। गाय का हवा में पूंछ उठाने का मतलब खतरा होता है। मेरा भतीजा उसके पीछे दौड़ा। बाकी दो गायों की गर्दन पकड़कर मैं पानी में खींचने लगा। उन्हें काफी दूर तक खींच भी लाया, पर वे आगे नहीं बढ़ रही थीं। उस समय पानी मेरी कमर तक था और मैं नदी तट की ओर मुंह किये हुए गायों को पानी के भीतर और खींचने की भरपूर कोशिश कर रहा था। अचानक नहान घाट पर स्थित लोग खतरा भांपकर चीखने-चिल्लाने लगे। उन गायों को छोड़कर मैं पीछे घूमा जो उस समय जोर-जोर से रंभा रही थीं। सहसा पूरी तेजी से आकर एक मगरमच्छ मुझसे टकरा गया। मैं उछला। मगरमच्छ ने अपने जबड़े से मेरे पैरों पर तेज प्रहार किया और अपनी लंबी पूंछ से मुझे पानी में तेजी से ढकेल दिया। जीने की अदम्य इच्छाशक्ति से भरकर मैं पलक झपकते किसी तरह नदी के किनारे पहुंचा और भागने लगा। मगरमच्छ ने मेरा पीछा किया लेकिन कुछ गज चलने के बाद वह रुक गया। फिर पीछे चलने लगा क्योंकि शायद नहान घाट से लाठियां लेकर कुछ आदमी उसकी ओर दौड़ पड़े थे। उन दिनों ऐसी घटनाएं आमतौर से घटती रहती थीं।

जब मेरी उम्र चौदह वर्ष की थी, तब पहली बार मेरे पिताजी ने मुझे बायस्कोप देखने की इजाजत दी। ग्यारहवीं शताब्दी के कवि जयदेव की जिंदगी पर आधारित यह एक मूक फिल्म थी। जयदेव की रचना गीत गोविंद को भारतीय साहित्य की महान कृति माना जाता है। इसमें शृंगारिकता और ऐन्द्रिकता के अलावा धार्मिक और दार्शनिक स्तर पर जीवन के विभिन्न पहलुओं को रेखांकित किया गया है। घुमन्तू सिनेमा तंबू में दिखाया जाता था जहां दर्शक जमीन पर पालथी मारकर बैठते थे। रोशनी गुल होते ही परदा जीवित हो उठता था। मुझे यह निरा जादू सा लगता था।

जयदेव की जिंदगी के बारे में जानने के अलावा इस अनुभव ने मुझे रोमांचित कर दिया। यह पूर्णतया नया और रोमांचक अनुभव था। सिनेमा देखने के पहले अनुभव को आज भी जब मैं याद करता हूं तो आनंद और उत्तेजना से भर उठता हूं। मन में सवाल उठा था कि यह कैसे किया गया था और कैसे तस्वीरें चलती

फिरती है? मैंने उसी वक्त फैसला कर लिया था कि मैं इस रहस्य को जानने और समझने की कोशिश करूंगा। फिल्म संसार से जुड़ूंगा। इस फिल्म की फोटोग्राफी मेरे पहले गुरू जतीन दास ने की थी। उनके बारे में तब पता चला जब बाद में नियतिवश उनसे मिलना हुआ। इस फिल्म का मेरे दिमाग पर इतना गहरा असर पड़ा कि मैंने अपना दिल फिल्म की इस अनोखी दुनिया को सौंप दिया। यह बचपन का प्यार था लेकिन सिनेमैटोग्राफर बनने के अपने लक्ष्य को प्राप्त करने के लिए मुझे अभी घाट-घाट का पानी पीना बदा था। लेकिन मैंने अपना मन बना लिया था। बहुत कम लोग अपनी महत्त्वाकांक्षाएं पूरी कर पाते हैं। मैं किस्मतवाला हूं कि मैंने न केवल सिनेमैटोग्राफर बनने के अपने लक्ष्य को प्राप्त किया बल्कि अपने काम का भी पूरा आनंद उठाया। मुझे कभी नहीं लगा कि मैं किसी गलत जगह आ गया हूं। मूवी कैमरा कभी भी मुझे नकली यंत्र नहीं, बल्कि एक प्राकृतिक साधन लगा। यह मेरे लिए तीसरी आंख जैसा था।

तंगहाली में संघर्ष
(1931-1939)

कलकत्ता उन दिनों रोशनी का शहर था। ब्रिटिश शासनकाल में तब यह भारत की राजधानी नहीं रह गया था लेकिन फिर भी उस दौरान यह भारत की वाणिज्यिक राजधानी बना हुआ था। सुएज से सिंगापुर के बीच सभी व्यापार कलकत्ता से होकर संपन्न होते थे। जब तक जापानियों ने कलकत्ता पर बम नहीं छोड़ा, तब तक अर्थात् 1940 तक यह शहर जीवंत बना रहा। लेकिन बम गिरने के बाद इस शहर की रोशनी हमेशा के लिए चली गई। एक आपदा के बाद दूसरी आपदा आती रही। बंगाल विभाजन के बाद सीधी कार्रवाई से जुड़े दंगे हुए। फिर विभाजन के बाद हुए दंगों ने कलकत्ता को और भी खत्म कर दिया। विभाजन की राजनीति के शिकार बेसहारा विस्थापितों के सैलाब से कलकत्ता पूरी तरह पटा हुआ था। जिन दिनों मैं कलकत्ता पहुंचा था, उस समय यह ब्रिटिश साम्राज्य के मुकुट का नगीना था। नाव, स्टीमर, रिक्शा, ट्रेन और बस की कई घंटों के सफर के बाद मैं शोभा बाजार पहुंचा। यहां मेरे बड़े भाई रहते थे। मुझे मैट्रिक की पढ़ाई करनी थी और साथ ही अंशकालिक नौकरी करके अपने घर रकम भेजनी थी। लेकिन मुझे तमाम बीमारियों ने घेर लिया। बीमारियां आतीं और मुझे ग्रस कर चली जाती।

मुझे कलकत्ता पढ़ने भेजा गया था ताकि कुछ काम-धंधा करके घर को कुछ रकम भेज सकूं। लगभग दो साल तक मेरे जीवन-मरण का प्रश्न बना रहा और अपनी भाभी की समर्पित सेवा के चलते मैं किसी तरह बच पाया। डॉक्टरों और अस्पतालों के पास अंतहीन दौड़ किसी सेहतमंद आदमी को भी बीमार बना सकती है। घर में आलस्यभरी जिंदगी बिताने के बाद शहर की जिंदगी से तालमेल बिठाने में भी मैं असमर्थ था। 1933 तक कुछ भी करने लायक मैं नहीं था। मेरी उम्र 17 साल की हो चुकी थी और अब स्कूली पढ़ाई करने के लिए काफी देर हो चुकी थी। मेरी आर्थिक हालत बहुत खराब थी और मेरे पिताजी के अनुयायियों की समर्पित सेवा, उनकी आत्मीयता और दान से घर का चूल्हा किसी तरह जल रहा

था, अतः मैंने आगे न पढ़ने का फैसला लिया। इन हालातों में पढ़ाई न करने का मेरा निर्णय सही था। पीछे जाकर आज मैं उस घटना को लेकर सोचता हूं तो लगता है कि यह एक आत्मघाती निर्णय था। यदि मुझे दुबारा मौका दिया जाय तो मैं ऐसा कतई नहीं करूंगा।

मेरे दिमाग में सिर्फ एक ही बात घूमती रहती थी कि मुझे घर रकम भेजनी है। लेकिन यह कहना जितना आसान है, करना उतना ही कठिन। पिछले दो सालों से बीमारियों से ग्रस्त होने के कारण, 17 वर्ष का होने के बावजूद मैं दुबला-पतला मरियल सा लगता था। हिंदी-अंग्रेजी बोल नहीं पाता था। मैंने इन्हें कहीं सीखा भी नहीं था। लेकिन मन के कोने में बसी जयदेव फिल्म की याद ने फिल्म उद्योग में काम करने की इच्छा के बीज बो दिये थे। कई तरह के काम-धंधों में मैंने अपने आपको आजमाया। हर जगह नौकरी के लिए आवेदकों की संख्या बहुत होती थी। मेरे पास न तो कोई ऐसा प्रभावशाली व्यक्तित्व था और न ही मेरी कद-काठी ही ऐसी थी कि प्रशिक्षु के रूप में कोई कंपनी या फर्म मुझे रख ले। आखिरकार 1935 तक ग्रे स्ट्रीट स्थित अपने भाई की जेवरात की दुकान में मुझे काम करना पड़ा। दो साल तक मैं वहां बना रहा। पहले ही पखवाड़े में मुझे लग गया कि यह जिंदगी मेरे लिए नहीं बनी है। लेकिन मेरे लिए कोई और विकल्प न था। मुझे पांच रुपये आने-जाने के लिए मिलते थे। इस पूरी रकम को बचाकर मैं अपने घर भेज देता था। वहां भयानक काम था और इससे भी बदतर वहां काम करने के हालात थे। सभी प्रशिक्षुओं को 10-12 घंटे रोज काम करना पड़ता था। गहने बनाने की बारीकियों के बारे में मेरी जानकारी अच्छी थी, फिर भी फिल्म उद्योग से जुड़ने के लिए मैं तौर-तरीके खोजने का प्रयास कर रहा था।

सिनेमा उद्योग, भद्रलोक और हमारे सरीखे बेहद रूढ़िवादी परिवारों को आकर्षित नहीं करता था और इस क्षेत्र में कार्य करने की अनुमति तो निश्चित रूप से नहीं देता था। हमारे पास जेवरों की एक दुकान थी जिसके मालिक बसाक बहुत चतुर और पारखी व्यक्ति थे। उन्होंने भांप लिया कि मुझे जेवरों के कारोबार में कोई दिलचस्पी नहीं है। वह फिल्म उद्योग से जुड़े कुछ व्यक्तियों को जानते थे। यह वर्ष 1935 था और कोई 'सरकार' नाम के व्यक्ति ईस्ट इंडिया फिल्म स्टूडियो एंड लैब्स में प्रयोगशाला सहायक के रूप में काम करते थे। वह लंबी छुट्टी पर चले गए थे और उस लैब में एक अस्थायी जगह खाली थी। वहां अच्छा काम करने पर नौकरी पक्की होने के आसार भी थे। इस समय मुझे दस रुपये प्रति माह मिल रहा था, इस लिहाज से उस नौकरी में सौ फीसदी इजाफा था और साथ ही सिनेमा की दुनिया में प्रवेश का रास्ता भी।

जब मैंने स्वर्णकारी के पारिवारिक कारोबार को छोड़कर फिल्म के अनिश्चित भविष्य की ओर जाने की घोषणा की, जैसा कि मुझे अंदेशा था, घर में खूब हंगामा हुआ। दरअसल उन दिनों फिल्म में सभ्य परिवार के लोग काम करने नहीं जाते थे। घर में सबके चेहरे सूजे हुए थे लेकिन मेरे माता-पिता ने आश्चर्यजनक ढंग से मेरा साथ दिया क्योंकि मेरे पूर्व पत्रों से उन्हें खबर लग गयी थी कि कि मेरा मन जेवरात के कारोबार में नहीं लग रहा है। अप्रत्याशित कोने से समर्थन मिलने से विरोध कुछ कम हो गया और इस प्रकार एक बड़ी बाधा को मैं पार कर गया। मेरा लक्ष्य अभी भी बहुत दूर था। शुरुआती दौर में निगेटिवों को फिल्म लेबोरेट्री में हाथ से धोया जाता था।

यह सही है कि फिल्म लैब में काम करनेवालों की जिंदगी बहुत अधिक नहीं होती थी। एसिड के धुंओं से फेफड़े नष्ट हो जाते थे और 7-9 सालों में आमतौर से टी.बी. अथवा कोई न कोई रोग फेफड़ों को जकड़ लेता था। मुझे अंदेशा है कि जो जगह वहां खाली थी, वह भी किसी व्यक्ति की मौत होने से खाली हुई होगी क्योंकि लेबोरेट्री में छुट्टी पर गया वह शख्स कभी वापस लौटा ही नहीं। उस लेबोरेट्री में मैं दो साल रहा। इस अल्पावधि में एक व्यक्ति की मौत हुई। एक व्यक्ति को टी.बी. ने जकड़ लिया जिसने आखिरकार नौकरी छोड़ दी। वहां काम बहुत सख्त और पीठ तोड़नेवाला था। चूंकि वहां कोई मशीन नहीं थी, और ऐसे कामों को करने के लिए आदमी और भी बहुत सस्ते थे, अतः फेफड़े असाध्य रूप से खराब हो जाएं, इसके पहले 2-3 सालों के भीतर किसी स्टूडियो के कैमरा विभाग में नौकरी पाने का मैंने लक्ष्य बना रखा था। दो सालों की बीमारी से जर्जर शरीर को स्वस्थ रखने के लिए मैं प्रतिदिन व्यायाम और योग के कष्टदायक आसन करता था। लैब का काम थकाऊ और श्रमसाध्य था जिसे अत्यंत सावधानी और पूरे ध्यान से करना होता था। मैं इससे ही बहुत खुश था कि कैमरा विभाग से जुड़ने का लक्ष्य करीब था, हालांकि यह तब भी मुझे बहुत दूर प्रतीत हो रहा था।

जब लंच में या किसी अन्य कारण से मुझे खाली समय मिलता, मैं स्टूडियो फ्लोर की तरफ भागता जहां कोई फिल्म या शॉट का फिल्मांकन चल रहा होता। मैं कैमरे की गतिविधि को बहुत बारीकी से देखता था। उन दिनों कैमरामैन झक्की होते थे और वे मामूली आदमी या मेरे सरीखे आदमी से बात करने की कृपा भी नहीं करते थे। अतः मेरे प्रारम्भिक मार्गदर्शक वे कैमरामैन थे जिनके साभिप्राय अथवा अज्ञात हरकतों को मैं बाज की तरह गौर से देखता था। मेरे जैसा जिज्ञासु विद्यार्थी खासतौर से कैमरा का काम सीखने को उत्सुक, वहां कोई और नहीं था। शुरुआती दिनों के मेरे हीरो दिग्गज कैमरामैन होते थे। लेबोरेट्री में मेरी बार-बार

की गैरहाजिरी को मेरे सहकर्मी छिपा लेते थे। चूंकि वे समझते थे कि इस छद्‌म संसार और ग्लैमर से मैं चौंधियाया हुआ हूं और जब इसका रंग मुझ पर से उतर जाएगा तो मैं लेबोरेट्री के लंबित कामों में फिर से लग जाऊंगा।

जहां तक कैमरा का सवाल है, कैमरामैनों को अत्यंत तन्मयता से देखने के बावजूद मुझमें कैमरा चलाने का आत्मविश्वास नहीं आया था। कैमरा चलाना तो दूर, अभी तक उसे मैंने छुआ भी नहीं था। उन दिनों हर कैमरामैन के कैमरे संचालन की अपनी कुछ खास विशेषताएं होती थीं जिन्हें वे यथासंभव छिपाकर रखते थे और अपने सहायकों तक को भी नहीं बताते थे। उनके सहायकों को भी उसे कठिनाई से सीखना पड़ता था। किसी से सिखाने की उम्मीद करना, चांद तारे मांगने के बराबर था। कोई रास्ता निकालना था। इसका एक उपाय यह था कि कैमरा तभी चलाया जाय जब वहां कोई न हो। कैमरा बड़ा और महंगा यंत्र होता था। कैमरामैन उसे बहुत बचाकर रखते थे। मैंने यह नोट किया कि एक दिन से अधिक समय के लिए कैमरे की जरूरत पड़ने पर वह पैकअप के बाद फ्लोर पर रखा रहता था। अतः मैं ऐसे मौकों की प्रतीक्षा करने लगा। पैकअप के बाद स्टूडियो एकदम वीरान हो जाने की मैं बाट जोहता था। कैमरे के सभी अंगों को मैं प्रेम और पवित्र भाव से छूता था, फिर फिल्मविहीन कैमरे को इधर-उधर चलाता-घुमाता था। कैमरे को हल्के हाथ से चलाना होता था क्योंकि जरा सी कंपन से भी कैमरे की आंख अथवा लैंस उस वस्तु को बहुत जल्दी कई गुणा बड़ा कर देते थे।

मैं खुशकिस्मत था कि अभी भी निगेटिवों को धोता था और यह देख-समझ सकता था कि कैमरामैन क्या गल्तियां करते हैं और वे क्यों होती हैं। लेबोरेट्री का यह अनुभव मेरे परवर्ती जीवन के लिए अमूल्य वरदान सिद्ध हुआ क्योंकि मेरे पास अपेक्षित व्यावहारिक अनुभव था जिसे अधिकांश कैमरामैन अर्जित नहीं कर पाते हैं। सैद्धान्तिक जानकारी प्राप्त करने का मुझे कोई मौका नहीं मिला। लेकिन व्यावहारिक ज्ञान का वहां अथाह कोश था जिसे मैं सहज ही अर्जित कर रहा था। महान फ्रांसीसी फिल्मकार गोदार का कहना है कि फोटोग्राफी सच है, सिनेमा एक सेकंड में 24 बार सच है। जब तक मैं पकड़ा नहीं गया, मेरा यह अपरम्परागत प्रशिक्षण 2-3 महीने तक चलता रहा।

ईस्ट इंडिया कंपनी के कैमरामैन भागवत वाशीकर थे। उन्होंने भांप लिया कि कोई उनके कैमरे से छेड़छाड़ करता है। अपनी आशंका की पुष्टि के लिए पैकअप टाइम के बाद कैमरा रखकर खड़िया से उन्होंने निशानदेही कर दी। अगले दिन उन्होंने रखे हुए कैमरे की जांच की तो पाया कि उनकी अनुपस्थिति में वास्तव

में उसे किसी ने इधर-उधर किया है। उन्होंने अपने सहायक से सहज भाव से पूछा कि क्या कोई उनके कैमरे को छूता है। जब इसका उत्तर नकारात्मक मिला तो उन्हें अपने यंत्र की सुरक्षा को लेकर चिंता हो गई। पैकअप टाइम के बाद वह स्टूडियो सेट के पीछे छिप गए और अपराधी के आने की बाट जोहने लगे। मैं तब तक ढीठ हो गया था और जैसे ही मैं कैमरे को चलाने लगा, वाशीकर ने पीछे से आकर मुझे अपने लौहपाश में जकड़ लिया। डर के मारे मेरे मुंह से आवाज नहीं निकल रही थी। मैं हकलाने लगा। वाशीकर ने पूछा कि यह सब तुम कब से कर रहे हो। मैंने सब कुछ सच-सच बताने का फैसला कर लिया और अपनी आकांक्षा, सपने और अपनी आर्थिक हालत के बारे में सब कुछ बता दिया।

वाशीकर धैर्यपूर्वक मुझे सुनते रहे और फिर पूछा कि क्या मैं जानता हूं कि कैमरे की लागत कितनी होती है। मुझे कुछ-कुछ अंदाजा था। मैंने उन्हें कीमत बता दी। उन्होंने फिर पूछा कि इतना भारी-भरकम कैमरा चलाते समय यदि यह टूट जाए तो इसका नतीजा क्या होगा। मेरा सिर शर्म से झुक गया। वाशीकर ने तब यह कहकर मुझे अचानक चौंका दिया कि यदि मैं सचमुच सीखना चाहता हूं तो क्यों नहीं मैं उनके जैसे किसी अनुभवी और दक्ष कैमरामैन से सीखूं। उन्होंने प्रस्ताव किया कि जब स्टूडियो फ्लोर से सब चले जाएंगे, तब वह जो कुछ वह जानते हैं, वह सब कुछ सिखा देंगे। वाशीकर ने जो कुछ अत्यंत कठिनाई से सीखा था, उसे बहुत प्यार से मुझे सिखाते थे। उन दिनों ऐसी सदाशयता की कोई कल्पना भी नहीं कर सकता था। उनके प्रशिक्षण से ज्ञान के रहस्य खुल गए। मेरे लिए वाशीकर पिता सरीखे उदात्त व्यक्ति थे और हमेशा बने रहेंगे। वह आसानी से मेरे अपराध को अधिकारियों को बता सकते थे और मुझे फौरन नौकरी से निकाला जा सकता था अथवा वह मुझे थप्पड़ मारकर कैमरा छूने से मना कर सकते थे। उनकी सहायता, प्रोत्साहन, कैमरे की आवश्यक और बुनियादी बातों को सिखाने के लिए ही मैं उनका कृतज्ञ ही नहीं हूं, बल्कि उस घटना के बाद भी मैं वहां निगेटिवों की धुलाई करने का काम करता रह सका, इसके लिए भी मैं उनका आभारी हूं।

उनकी इस कृपा को मैं कभी नहीं भूल सकता। मैं उस महान व्यक्ति की सहायता को याद कर हमेशा आनंदित होता रहा हूं। इसलिए मैं हमेशा तमाम युवा और गरीब भाइयों को प्रोत्साहित करता हूं और यथासंभव उनकी मदद भी करता हूं। इस अमूल्य प्रशिक्षण प्राप्त होने के अलावा, मनुष्यता में मेरा विश्वास और गहरा हुआ और इससे मेरी आकांक्षा और शक्ति और अधिक बढ़ी। पहली बार लगा कि मेरे कैरियर में मुझे मदद मिली है और मैं दुनिया जीत सकता हूं। यह

प्रशिक्षण अनोखा और गुप्त था। इस प्रशिक्षण व्यवस्था के बारे में किसी को भी पता नहीं चला। सिनेमैटोग्राफी की कला के अपने पहले गुरू भागवत वाशीकर का मैं हमेशा ऋणी रहूंगा।

ईस्ट इंडिया कंपनी में प्रशिक्षु कैमरामैन के लिए नौकरी मिलने का सवाल ही नहीं उठता था क्योंकि वहां तमाम सहायक भरे पड़े थे। मुझमें इतना आत्मविश्वास आ गया था कि मैं अगला कदम आगे बढ़ाऊं। दिसम्बर 1936 में वाशीकर पूरे विश्वास के साथ कह सकते थे कि वह जो कुछ जानते थे, वह मुझे बता चुके हैं। उस समय भारत में जतीन दास, कृष्ण गोपाल और नितिन बोस सर्वश्रेष्ठ कैमरामैन थे। जयदेव से मैं अत्यधिक प्रभावित था और मुझे पता था कि जतीन दास ने इस फिल्म की फोटोग्राफी की है। मुझे इस उस्ताद कैमरामैन के चरणों में बैठकर सीखना था। उस समय वह राधा फिल्म्स से जुड़े हुए थे।

उन दिनों हर महीने मुझे 20 रुपये मिलते थे। मेरी सबसे बड़ी चिंता यह रहती थी कि किस तरह मैं 10 रुपये अपने घर भेज सकूं। मनीआर्डर की इस छोटी राशि पर मेरा परिवार निर्भर था, इसलिए मुझे लगभग भूखा रहकर गुजारा करना पड़ता था। शोभाबाजार स्थित अपने घर से टालीगंज स्टूडियो तक मैं रोजाना पैदल आता-जाता था। लेकिन इस श्रमसाध्य कार्य से मेरी सेहत खराब होने लगी। मुझे पैदल आते-जाते देखकर मेरे भाई ने मेरे लिए साइकिल खरीद दी। साइकिल चलाने का तौर-तरीका देखकर कुछ दिन मेरे पड़ोसियों का खासा मनोरंजन होता रहा।

जब मुझे विश्वास हो गया कि मैं अपने जाने के लिए साइकिल का प्रयोग कर सकता हूं तो मैं उससे आने-जाने लगा। ऐसा करने से कुछ और रकम बचाकर मैं अपने घर भेजने लगा। दुर्गापूजा के अवसर पर घर के रिश्तेदारों के कपड़ों को खरीदने के लिए जब मुझे अधिक रकम भेजनी होती तो मैं चना और पानी पीकर गुजारा करता ताकि अपने घर पांच रुपये अधिक भेज सकूं। घर में रोटी-दाल का गुजारा भी मुश्किल था। मेरे दो भाई और एक बहन बीमारी से खत्म हो चुके थे। दो और भाई और एक बहन, तीन चचेरे भाई-बहन, बाद के चार सालों में गुजर गए। हर हाल में मुझे सफल होना है, यही बात मेरे दिमाग में हर वक्त घूमती रहती थी क्योंकि मैं जानता था कि यदि मैं सफल नहीं हुआ तो मेरे घर का हाल क्या होगा। मेरी चेतना में असुरक्षा की भावना घर कर गई जो आजीवन मेरे साथ बनी रही। एक असुरक्षित व्यक्ति और एक असुरक्षित उद्योग। मैं पीछे मुड़कर देखता हूं तो सोचता हूं कि जिंदगी जीने के और भी सरल तरीके हो सकते थे। लेकिन मुझे सिनेमा के कीड़े ने बुरी तरह जकड़ रखा था और किसी दूसरे रास्ते पर जाने के लिए मैंने कभी सोचा ही नहीं। सहकार भावना और मित्रों के अपनत्व

ने अनिश्चित भविष्य का सामना करने में मुझे हमेशा मदद की। जवानी का आनंद उठाने का समय न था। जिंदगी की कठिन पाठशाला ने फुरसत की अवधि को छोटा कर दिया था। परिवार को जिंदा रखने और उनको साथ बनाये रखने का दबाव मुझ पर बहुत अधिक था।

बातचीत करने और मित्रों के साथ मैदान में घूमने के अलावा मेरे पास फुरसत के क्षण बहुत कम होते थे। फिल्म देखने के लिए मेरे पास रकम नहीं होती थी। जो कुछ फिल्में देखी, वे सभी मित्रों की रकम से देखीं। सभी मित्र भी खस्ताहाल थे। खाना सस्ता था, लेकिन बाहर खाने की हमारी औकात न थी। गरीबी दरअसल एक अभिशाप है। जो वस्तुएं आपके लिए मूल्यवान होती हैं, वे आपकी पहुंच से दूर होती हैं। मेरी जवानी के बरबाद हुए सुनहरे दिन फिर लौट कर नहीं आएंगे। विपत्ति की कठिन पाठशाला तमाम सबक सिखाती है जिनके लिए बहुत बड़ी कीमत अदा करनी पड़ती है। मैं बचा रहा क्योंकि नियमित रूप से मैं व्यायाम करता था और मेरी धार्मिक आस्था बहुत गहरी थी। मैं नियमित रूप से प्रार्थना करता था। इससे मेरे मन को इतनी शांति मिलती थी कि अपने घर का चूल्हा जलाने के लिए रोजाना के कामों और चुनौतियों का सामना मैं कर लेता था।

जतीन दास की शागिर्दगी
(1939-1945)

वाशीकर से कैमरा चलाने की बुनियादी और शुरुआती हुनर में दक्ष होने के बाद राधा स्टूडियो से संबद्ध अपनी पीढ़ी के महान कैमरामैन जतीन दास की देख-रेख में आगे प्रशिक्षण लेने का फैसला मैंने किया। वह अपनी बदमिजाजी और बदजुबानी के लिए मशहूर थे लेकिन वह उस्ताद सिनेमैटोग्राफर थे। उनके काम के प्रति मेरे मन में पहले से ही आदर था। राधा स्टूडियो में मैंने उनसे कई बार मिलने की कोशिश की। लेकिन वह मेरे जैसे लोगों से नहीं मिलते थे। यदि मैं उनसे मिल भी लेता तो भी उनके अधीन काम करने के बारे में उनसे बात करने की हिमाकत न कर पाता। मैं अभी भी लैब सहायक के रूप में काम कर रहा था और मुझे कड़ी मेहनत करनी पड़ती थी। इसका एक ही हल था कि मैं उनसे घर पर मिलूं। मैंने पता लगाया कि वह कहां रहते हैं और एक दिन उनसे मिलने पहुंच गया।

दरबान ने मुझे अंदर ही घुसने नहीं दिया। विनम्रता से मैंने उससे कहा कि आप जतीन बाबू तक मेरा संदेश पहुंचा दीजिए कि मैं उनसे मिलना चाहता हूं। लेकिन दरबान ने कहा कि वह व्यस्त हैं और मुझे नहीं जानते हैं। बाद में उसने यह भी कहा कि वह मुझसे नहीं मिलना चाहते। ऐसे हालात थे। लेकिन मैं दृढ़ निश्चयी था। यह गुण केवल हताशा के चलते मेरे भीतर आ गया था। दूसरे, मेरे पास खोने के लिए कुछ भी न था। लिहाजा हर सुबह मैं उनके घर के आसपास घेरा डाल देता था। हर सुबह आठ से दस बजे के बीच जब वह स्टूडियो के लिए बाहर निकलते, मैं उनसे मिलने के लिए उतावला और बेचैन रहता था। यह क्रम 7-8 महीने चलता रहा। चाहे बारिश हो या धूप उनके घर के सामने एक तयशुदा जगह पर मैं खड़ा रहता।

उनकी पत्नी, महान स्त्री थी। उन्हें मुझ पर दया आ गई। उन्होंने अपने पति से कहा कि मेरी बात सुन लें। जतीन दास ने कहा कि उस व्यक्ति के लिए उनके

पास बरबाद करने का वक्त नहीं है जिसके पास बरबाद करने के लिए इतना वक्त है और जो अपनी ढीटता से उन्हें परेशान करता है। लेकिन रोजाना मेरे चक्कर लगाने से उनका प्रतिरोध टूटा। सबसे अधिक हैरत की बात यह हुई कि एक सुबह दरबान ने लंबी मुस्कान फेंकते हुए मुझे भीतर जाने के लिए कहा। उसने उनका आकलन करते हुए यह भी कहा कि साहब कड़क हैं लेकिन उनका दिल सोने का है। दरबान भी पिछले कुछ महीने से चल रहे इस नाटक का प्रत्यक्ष दर्शक था।

जतीन दास ने मुझे नाश्ते के लिए बुलाया और फिर आक्रामक स्वर में कहने लगे कि मैं अपने को उन पर थोप रहा हूं। पिछले आठ महीने से हर सुबह मैंने रट-रटकर इसका अभ्यास मैंने कर लिया था कि मुझे ऐसे मौके पर क्या कहना है। नाकामयाबी के डर से मेरी आवाज में और भी ताकत आ गई थी। इस मुलाकात पर बहुत कुछ निर्भर था। मैंने महसूस किया कि जतीन दास मेरी बातों पर बहुत अधिक ध्यान नहीं दे रहे हैं और अपने नाश्ते में डूबे हुए हैं। नाकामयाबी का कड़ुवा स्वाद मेरी जुबान पर पहले से ही मौजूद था कि अचानक जतीन दास ने मुझसे पूछा कि क्या मैं कैमरा चला सकता हूं। झट से मैंने कहा कि एक साल का मुझे तर्जुबा है और इसके अलावा मैंने वाशीकर से भी सीखा है। जतीन दास ने पूछा कि क्या मुझमें इतनी ताकत है कि मैं कैमरा चला सकूं। मैंने जवाब दिया कि पिछले एक साल से मैं यही कर रहा हूं। उन्होंने राधा स्टूडियो में आने के लिए कहा ताकि वह निजी तौर से मेरी परीक्षा ले सकें। यदि मैं उन्हें अपनी योग्यता से संतुष्ट कर पाया तो वह तीसरे सहायक के रूप में मुझे अपने साथ रख लेंगे। किंतु यदि मैं कैमरा ठीक से सम्भाल नहीं पाया तो दुबारा उन्हें परेशान न करूं। वाशीकर से मिले प्रशिक्षण के चलते मुझे अपनी योग्यता पर भरोसा था। मैंने उनकी बात मान ली।

यह तनाव की स्थिति थी। उन दिनों दो तरह के कैमरे होते थे। एक हैंडिलवाला कैमरा होता था जो हाथ से बहुत तेज रफ्तार से चलाया जाता था। फिर उसे उचित रफ्तार से वापस लौटाया जाता था ताकि काम, न तो बहुत तेज रफ्तार से हो और न ही बहुत धीमी गति से। ऐसे में, शॉट अस्वाभाविक रूप से धीमा अथवा तेज होगा। दूसरा बड़ा डी ब्री कैमरा था। लंच ब्रेक के दौरान कैमरा संबंधी मेरे ज्ञान की परीक्षा थी। जतीन दास इस दौरान मेरे कथन की सत्यता की पुष्टि कर चुके थे। सौभाग्यवश सेट पर बड़ा डी ब्री कैमरा मौजूद था जिसे आसानी से मैं चला सकता था। चारों तरफ खबर फैल गयी थी कि सहायक कैमरामैन के लिए एक छोकरे की परीक्षा होगी। बड़ी संख्या में वहां दर्शक पहुंच गए थे।

जतीन बाबू के हाव-भाव से ही मैं नर्वस था। भीड़ की उपस्थिति का मुझे कोई भान न था। अर्जुन की तरह मेरी नजर कैमरे और जतीन बाबू पर टिकी थी जो मेरे द्रोणाचार्य थे। जल्दी-जल्दी उन्होंने कुछ निर्देश दिये। इन सभी का पालन मैंने अच्छी तरह किया। उनके निर्देश उम्मीद से भी सरल थे। जाहिर था कि सिनेमैटोग्राफी के प्रति मेरा शौकिया रूझान उनकी अपेक्षाओं से अधिक था क्योंकि तीस रुपये प्रति माह के अच्छे वेतन पर अगले दिन से काम पर आने के लिए मुझे कह दिया गया। उनके पांवों पर मैं गिर गया। उनसे आशीर्वाद लिया। उनकी आंखों में चमक थी। उनके घर का प्रतिदिन चक्कर लगाने के मेरे दृढ़ निश्चय से प्रभावित होकर उन्होंने जब मुझे बुलाया था, शायद तभी उन्होंने इस बारे में अपना मन बना लिया था।

मेरे पांव धरती पर नहीं पड़ रहे थे। मेरा सपना सच हो गया था। मैं मानसिक और शारीरिक, दोनों तौर पर इस दिन के लिए अपने आपको तैयार और प्रशिक्षित कर रहा था। यह सच हो गया था। मैं निकट स्थित मंदिर गया और वहां बेतहाशा रोने लगा। संघर्ष, अवमानना और गरीबी में गुजरे बुरे सालों को मैं भूल गया। अब उस्ताद शिल्पकार से सीखने का इंतजार था जिन्होंने जयदेव और कई अन्य शुरुआती दौर की फिल्मों की फोटोग्राफी की थी। यह 1937 में अगस्त का महीना था और कुछ हद तक मेरी महत्त्वाकांक्षाएं पूरी हो चुकी थीं। यह दिन मेरी स्मृति में हमेशा दर्ज रहेगा। उनकी सहृदयता के इस विरल उदाहरण को मैं कभी नहीं भूल पाया।

प्रारंभिक वर्षों में फिल्मांकन बहुत तेजी से होता था क्योंकि तब तक स्टार प्रणाली शुरू नहीं हुई थी। हालीबुड में चार्ली चैप्लिन, मेरी पिकफोर्ड और डग्लास फेयर बैंकस और उनके संगठित कलाकारों ने 1920 के दशक के अंतिम वर्षों में स्टूडियो प्रणाली चलाने की शुरुआत की। भारत में केवल 1940 के अंतिम वर्षों में स्टूडियो प्रणाली के स्थान पर स्टार प्रणाली ने जगह बनायी। आमतौर से एक फिल्म 4 से 6 माह के बीच बन जाती थी और एकबारगी फिल्मायी जाती थी। 1937-1940 के बीच हमने राधा मूवी के लिए चार फिल्में बनायीं। देवकी बोस ने 'सीता' और 'नर्तकी' निर्देशित की। दो और बांग्ला फिल्में 'छिन्न हारा', 'दोखो जागो' भी बनायी। मेरी हैसियत तीसरे सहायक की थी। अब मुझे 50 रुपये प्रति माह मिल रहे थे। दूसरे स्थान पर सहायक के रूप में अजय कार थे जो मेरे अच्छे दोस्त बन गए। वह प्रतिभाशाली कैमरामैन थे। मुझसे वरिष्ठ भी थे। वह बांग्ला फिल्मों के सफल निर्देशक बने। इनकी कुछ फिल्मों को राष्ट्रपति पुरस्कार भी मिला। 'जिज्ञासा', 'माल्यदान', 'सप्तपदी' और 'सात पाके बांधा' कुछ उनकी

स्मरणीय फिल्में थीं। 1986 में उनकी मृत्यु हुई। हमारी उनकी दोस्ती आजीवन बनी रही।

लेकिन उस समय दूसरे और तीसरे सहायक के रूप में हमारी हालत अवांछनीय जैसी थी। जतीन दास बिना मेहनत के भारत के सर्वश्रेष्ठ कैमरामैन नहीं बने थे। वह चाहते थे कि उनके सहायक इस क्षेत्र में सबसे आगे रहें। उनकी कोई संतान न थी। उनका पूरा ध्यान अपने काम को पूरी उत्कृष्टता से अंजाम देने में लगा रहता था। वह हमसे खूब मेहनत कराते थे। 1930 में जिन्होंने सिनेमा के लैबों में काम किया है, वे कभी भी उस नरक के कुएं में जाना नहीं चाहेंगे। लेकिन कई बार मुझे लगता था कि जतीन दास के अधीन काम करने का निर्णय लेकर मैंने कड़ाही से आग में कूदने का काम किया है। वह अपने सहायकों के साथ समान रूप से बुरा बरताव करते थे। वह यह अपेक्षा करते थे कि उनके निर्देशों को सहायक पहले ही भांप लें और ऐसा न करने पर वह अनापशनाप बकते थे। उनका क्रोध ज्वालामुखी की तरह होता था जिसमें सब कुछ स्वाहा हो जाता था। स्टूडियो का हर दिन तनावभरा और तकलीफदायक होता था। हर दिन पैकअप के बाद अयोध्या और मैं कुछ दूर साथ पैदल जाते थे। सुरक्षित जगह देखकर अयोध्या यह कहकर कोसता कि यह बूढ़ा मर क्यों नहीं जाता। आज मुझे अपनी वह बात सोचकर शर्म आती है, लेकिन उन दिनों हम दोनों के स्नायु तंत्र टूटने के कगार पर थे। फिर जतीन बाबू हमें प्यार भी करते थे। वह निःसंतान थे, अतः हम उनके लिए पुत्रवत् थे। उन्होंने यह सिखाया कि हमें अपने काम को मेहनत से करना चाहिए। उन्होंने हमें यह भी बोध कराया कि सफलता के लिए कोई छोटा रास्ता नहीं होता, खासतौर से कैमरामैन के लिए तो बिल्कुल नहीं होता।

उन्होंने यह भी सिखाया कि हमें सर्वश्रेष्ठ बनना हैं। कैमरामैन को एक भी शॉट या फ्रेम बरबाद करने की छूट नहीं होती। अगर हमने ज़िंदगी में कुछ भी हासिल किया है, उसके पीछे कड़ाई से काम लेनेवाले हमारे गुरू जी रहे हैं। हम जो कुछ भी जानते हैं, वह उन्होंने ही हमें सिखाया था। कैमरा संचालन, शॉटों को इधर-उधर खिसकाना, एक्सपोजर मीटर, प्रकाश व्यवस्था आदि। कैमरा चलाने के हुनर में हम पारंगत हो गए थे। कुछ ज्यादा कमाने के लिए राधा फिल्म्स के एक अन्य कैमरामैन सुबोधदास के साथ मैं रात में काम करता था। प्रायः सुबह से रात के बारह बजे तक एक साथ दो फिल्मों में मैं काम करता था। मानसिक और शारीरिक, दोनों दृष्टियों से, यह काम थकान भरा था।

1939 में जतीन बाबू को बंबई में काम करने का प्रस्ताव मिला जो कलकत्ता से आगे निकलकर भारतीय फिल्मों का मक्का बन गया था। तब तक अजयकार

पहले सहायक बन चुके थे। 60 रुपये प्रति माह पर दूसरे सहायक का दरजा मुझे दे दिया गया था। लेकिन अजयकार एक खाते-पीते परिवार से थे जो कलकत्ता छोड़ने के बारे में कभी सोचते नहीं थे। उन्हें स्वतंत्र रूप से कार्य करने के प्रस्ताव भी मिले थे। वह हमारे साथ बंबई नहीं आए, अतः मुझे 1939 में 65 रुपये प्रति माह पर पहले सहायक का ओहदा दे दिया गया। अब मैं अपने घर कुछ और रकम भेज सकता था जो आर्थिक कारणों से बिखरने के बाद एक बार फिर से वहां एकजुट हो रहा था। बंबई में जतीन बाबू के साथ सिरको प्रोडक्शन से मैं जुड़ गया, इसके निर्देशक ए.के. कारदार थे। हमने दो फिल्में 'स्वामी' और 'नई दुनिया' बनायीं।

वी.जी.टी.आई. के पीछे मातुंगा के एक फ्लैट में, जतीन दास और उनकी पत्नी के साथ मैं रहता था। पृथ्वीराज कपूर, के.एल. सहगल, जीवन, कृष्ण धवन, रोबिन चटर्जी, दिलीप गुप्ता आदि तमाम लोग मातुंगा में रहते थे। हमारे फ्लैट का पहला तल वी.जी.टी.आई. के ठीक सामने था जहां फुरसत में अपने उन हमउम्र नौजवानों के साथ समय गुजारता था जो फिल्म उद्योग में सफल होने की कोशिश कर रहे थे। यह बड़ी दिलचस्प टोली थी। इस टोली में महान गायक और न्यू थियेटर्स की महान हस्ती के.सी.डे. के भतीजे मन्ना डे, 'लूको चूरी' बांग्ला फिल्म के निर्देशक कमल मजूमदार, संगीत निर्देशक अनिल विश्वास के भाई सुनील विश्वास के अलावा कुछ ऐसे लोग भी शामिल थे जो फिल्म उद्योग से नहीं जुड़े थे। जब यह टोली नहीं जुटती थी तो मैं फाइव गार्डेन्स चला जाता था और वहां अपने दिल का रोना रोता था क्योंकि मुझे अपने परिवार, खासतौर से, बीमार मां की याद बहुत आती थी। लेकिन मेरा घर बहुत दूर था।

जतीन दास को लगा कि इन नौजवानों की संगत अच्छी नहीं है। वे अपने खुले आचरण तथा आसान तौर-तरीकों से मुझे बिगाड़ रहे हैं। मेरी 25 साल की उम्र थी और मैं इस तरह के नियंत्रणों में रह रहा था। रात का खाना जहां घर में होता था, वहीं दोपहर का भोजन बंगाली मिठाई की एक दुकान में होता था जो लोहार होटल के नाम से लोकप्रिय था। दादर स्टूडियो के पास एकमात्र इसी दुकान में बंगालियों का मुख्य भोजन मछली और भात मिलता था। तमाम सितारे और फिल्मी हस्तियां इस दुकान में खाना खाते थे। मिठाइयों के कारण सेन्ट्रल बंबई की सभी मक्खियां इस दुकान में आती थीं। कुछ मक्खियां और कॉकरोच हमारे खानों में पहुंच जाते थे। 'माछेर झोल' की जगह हम इसे 'माछीर झोल' कहते थे क्योंकि वहां पड़ोसी के हर एक थाली में कम से कम 5-6 मक्खियां मिल ही जाती थीं। खाना धूल सा सस्ता था, शायद यही कारण रहा होगा कि वहां

के भोजन पर उदारता से धूल बिखरी होती थी। लेकिन इसके मालिक जिसने गुड़गांव में अपना घर बनाया था, वह गर्व से यह डींग मारता था कि यह उसके खाने का प्रताप है कि अशोक कुमार, एस.डी. बर्मन और मेरे जैसे नियमित ग्राहक बाद में महान शख्सियत बन सके।

1942 में जतीन दास लक्ष्मी प्रोडक्शन से जुड़े। इसके मालिक एक व्यापारी त्रिवेदी थे। वर्ष 1941, मेरी मां के लिए खराब था। मेरी हमउम्र के दो भतीजों की अप्राकृतिक कारणों से मृत्यु हो गयी थी। वे मेरे अच्छे दोस्त थे। छावनी के अंग्रेज सैनिकों से मुक्केबाजी और कुश्ती में लड़ते हुए दोनों की मौत हुई। दोनों लंबे और तगड़े थे। दोनों को अंग्रेज सिपाहियों से कुश्ती लड़ने में मजा आता था। दोनों नहीं रहे। एक की रीढ़ की हड्डी टूट गई थी जिसका इलाज गांव के नीम हकीम ने ठीक से नहीं किया था। दूसरे की मौत दिमाग पर मुक्के की चोट लगने से हुई। मेरी मां को इनकी लाश खुद श्मशानघाट ले जानी पड़ी क्योंकि मुसलमानों को वहां जाने की अनुमति नहीं थी। अपने दो प्रिय पोतों की मौत का सदमा उनके लिए बहुत बड़ा था। वह बीमार होकर खाट से लग गईं।

लक्ष्मी प्रोडक्शन की हीरोइन शांता आप्टे थीं। उन दिनों कई हीरोइनों के संबंध कैमरामैनों से थे। बाद में हीरोइनों की कृपा निर्माताओं और अभिनेताओं पर होने लगी। ऐसा इसलिए नहीं होता था कि कैमरामैन सुदर्शन होते थे। वह अपनी आत्मरक्षा के लिए ऐसा करती थीं। कैमरामैन खराब कोण से किसी हीरोइन को लगातार दिखाकर उनका भविष्य चौपट कर सकता था अथवा उसे अच्छा दिखाकर भविष्य बना सकता था। हर चेहरे, कुछ खास कोणों से सिनेमाई और फोटोजनिक लगते हैं। हीरोइने कैमरा और कैमरामैनों को लुभाती रहती थीं ताकि यह सही कोण उन्हें बराबर मिलता रहे। सभी अभिनेता-अभिनेत्रियों के अपने कुछ प्रिय कोण होते हैं जिनसे उन्हें लगता है कि उनकी छवि सबसे अच्छी दिखेगी तो वे कैमरा में अपने को उसी कोण से दिखाते हैं। कैमरे के बाहर शांता आप्टे देखने में बहुत अच्छी नहीं थीं। लेकिन उनका चेहरा बेहद फोटोजनिक था। उनका व्यक्तित्व जोशीला, जिंदादिल और आत्मीय था। जतीन दास वरिष्ठ थे और बाहर से बहुत कड़क दिखते थे। वह उनसे छूट नहीं ले पाती थीं। लेकिन पहला सहायक होने के कारण जब मैं कैमरे पर होता था और वह मूड में होती थी तो वह कनखियों से मुझे इशारा करती थीं। चूंकि वह क्या कर बैठेंगी, इसके बारे में कयास लगाना कठिन था, लिहाजा उनके आसपास होने पर मैं आतंकित हो जाता था कि यदि जतीन दास को यह पता चल गया कि यहां क्या कुछ चल रहा है तो एक उदीयमान कैमरामैन के रूप में मेरा भविष्य चौपट हो जाएगा।

शांता आप्टे का मिजाज दोस्ताना था। जब जतीन दास आसपास नहीं होते थे तो हमारे बीच खूब पटती थी। शांता आप्टे की शरारती आंखें, लेंस में देखने से बचने के लिए कई बार मैं अपनी आंखें जमीन पर गड़ा देता था। मुझे लगता है कि 1950 में मैंने उन्हें अंतिम बार देखा था। मेरे पिताजी का निधन हो गया था। एक महीने तक मुझे तब धोती पहननी थी। दाढ़ी बनाना और बालों में तेल लगाना मना था। चप्पल पहनने की भी अनुमति नहीं थी। आर.के. स्टूडियो जाने के लिए मैं चौराहा पार कर ही रहा था कि अचानक एक टैक्सी पास में आकर रुकी। शांता आप्टे ने एक भरपूर नजर से मुझे देखा और चेहरा घुमा लिया। मैं सोचता हूं कि उन्होंने सोचा होगा कि मैं पागल हो गया हूं। एक अन्य हीरोइन और कैमरामैन के बीच रिश्ता कानन देवी और अजय कार का था। दोनों आजीवन मेरे गहरे मित्र बने रहे।

लक्ष्मी प्रोडक्शन में 'कादम्बनी' मेरी पहली हिट फिल्म थी। इसका निर्देशन नंदलाल जसवंत लाल ने किया था। अगली फिल्म 'भाग्यलक्ष्मी' भी हिट हुई जिसकी नायिका शांति आप्टे थीं। इसका निर्देशन फणि मजूमदार ने किया था। फणि मजूमदार न्यू थियेटर्स से निकले थे और बाद में बांबे टाकीज से जुड़ गए थे। फिर उन्होंने हांगकांग फिल्म उद्योग में रन रन शॉ के लिए काम किया जो चीन की फिल्म के बड़े कारोबारी थे। फणि मजूमदार और फिल्म जगत के आयकर विशेषज्ञ एम.आर. अजगांवकर को मैं बहुत धन्यवाद देता हूं जिनकी वजह से 1959 में जमीन का एक टुकड़ा 21,000 हजार रुपये में खरीद सका। इस पर 1973 में मैंने मकान बनवाया। प्रख्यात पत्रकार बाबूराव पटेल की फिल्म 'गरीबी' सहायक के रूप में मेरी अंतिम फिल्म थी जिनकी पत्रिका 'मदर इंडिया' राजनेताओं के लिए आतंक थी।

1942 राजनीतिक रूप से घटना बहुल समय था। अंग्रेज जापानियों से हार को लेकर डरे हुए थे जो उत्तरी पूर्व क्षेत्र में घुस आए थे। अंडमान द्वीप पर कब्जा हो चुका था। हर व्यक्ति सुभाष चंद्र बोस और उनके आह्वान से उत्प्रेरित था। कलकत्ता में बम गिरने से भी खतरा बढ़ गया था और अंग्रेज इस बात से डरे हुए थे कि कहीं अनाजों के भंडार जापानियों के हाथ न लग जाए जिन्होंने घर-फूंक नीति अपना रखी थी तथा अनाज ले जानेवाली नावों और अन्न भंडारों को नष्ट कर रहे थे। मुझे अभी भी 65 रुपये प्रतिमाह मिल रहे थे और मैं जतीन दास के प्रति वफादार था। कुछ स्वतंत्र रूप से काम करने के प्रस्ताव मुझे मिले लेकिन अपनी वफादारी के चलते मैंने उन्हें अनदेखा कर दिया। पूर्वी बंगाल के ग्रामीण इलाकों की स्थिति यंत्रणादायक थी। रकम देने पर भी धान नहीं मिलता था। चूंकि

अंग्रेजों ने सभी नावों, आवागमन के साधनों, माल-असबाब ढोने के वाहनों को नष्ट कर दिया था। तमाम लोग भूख से बिलबिला कर मर गए। तमाम परोपकारी व्यक्तियों और संगठनों द्वारा बांटे जानेवाले चावल की छीना-झपटी के लिए कुछ माएं अपने बच्चों को फेंक देती थीं। आदमी, औरतें, बच्चे, पशुओं की हर जगह लाशें ही लाशें थीं। यह निपट अमानवीयता और सरकारी उदासीनता थी जिसके कारण इतना बड़ा नरसंहार और भयानक नुकसान हुआ। मनुष्य के प्रति इस बर्बर अत्याचार को देखकर पहली बार मेरे मन में अंग्रेजों के प्रति घृणा पनपी।

चूंकि उन भयावह दिनों में परिवार को जिंदा रखने के लिए रकम की सख्त जरूरत थी, मैं कुछ और अधिक कमाने के लिए तौर-तरीके खोजने लगा। उस समय भारत में अंग्रेजों की फौज महत्त्वपूर्ण लड़ाइयों को फिल्माने के लिए कैमरामैनों की भर्ती कर रही थी। कैप्टन का ओहदा देने के साथ 'किंग कमीशन' दिया जा रहा था। वेतन काफी अधिक 250 रुपये प्रति माह था। अपनी आर्थिक हालत सुधारने का यह एक आसान रास्ता था। लेकिन अंग्रेजी हुकूमत के खिलाफ उपजी घृणा ने मुझे इस काम को स्वीकार करने से रोका। भला हुआ कि ऐसा मैंने किया। 1954 में जब रूस गया था तो सोवियत फौज के कैमरामैनों द्वारा फिल्मायी गई फिल्म 'फॉल ऑफ बर्लिन' हमें दिखायी गई थी। इसमें दो बड़ी फौजों की वर्चस्व की लड़ाई का सजीव फिल्मांकन करते समय 8 कैमरामैनों की मौत हो गई थी। कई बार मैं उस क्षण की कल्पना करता हूं कि किस तरह कैमरामैन के हाथ के इशारे के बिना कैमरा शूटिंग करता चला गया होगा। इस फिल्म को देखना भयानक अनुभव था जिसमें तमाम लोगों की जिंदगी तबाह हो गई। युद्ध के सजीव दृश्य, भयानक नरसंहार, हजारों जिंदगी की तबाही मेरी स्मृति में हमेशा बनी रहेगी।

'भारत छोड़ो' आंदोलन में मैंने भाग लिया। 8 अगस्त 1942 की गोवलिया टैंक की ऐतिहासिक बैठक में मैं उपस्थित था। जब नेता गिरफ्तार हो गए तो मुसीबत शुरू हो गई। गुस्साई भीड़, हेल्मेट-बूट पहने अपना बैटन-डंडा चलाते हुए बौखलाए सिपाहियों का दृश्य कभी भुलाया नहीं जा सकता। एंग्लों इंडियन सार्जेन्ट सबसे अधिक क्रूर थे। ब्रिटिश अधिकारी अधिक मानवीय और दयालु थे और जाहिर था कि वे अपने दिल से हमें नहीं पीट रहे थे। भारतीय सिपाही ज्यादा जोर से नहीं मार रहे थे। दो बार लाठी चार्ज का शिकार मैं भी हुआ। मेरे कंधे पर भी बैटन की एक मार पड़ी थी। मेरे पैरों पर अंधाधुंध लाठियां बरसाई गईं और मैं गिर पड़ा। लेकिन सेवादल के स्वयंसेवकों ने मेरी मदद की और बिना गिरफ्तार हुए मैं सुरक्षित घर लौट आया। तब यह लगने लगा था कि अब अंग्रेज ज्यादा

दिन नहीं टिक पाएंगे। उनके खिलाफ गहरा जन आक्रोश था। फिल्म उद्योग ने भी अर्थ भरे गहरे संवाद और द्विअर्थी गीतों के जरिये अपना योगदान दिया। आज के गीत अश्लील और द्विअर्थी होते हैं। उन दिनों संवाद लेखकों का आकलन इस बात से होता था कि सेंसर बोर्ड की सतर्क नजर से बचते हुए किस तरह वह राजनीतिक रूप से अर्थगर्भित द्विअर्थी संवाद लिख सकते हैं।

इस बीच जतीन दास के साथ काम करना एक समस्या बन गई। उनका दृष्टिकोण लचीला नहीं था और वह प्रयोग करने में रुचि नहीं रखते थे। मैं फिल्म माध्यम से परिचित हो चुका था। मैं जोखिम उठाना चाहता था और तकनीकी नवाचार करना चाहता था। प्रयोग न करने और सीखने पर लगी बंदिश से मैं बेहद परेशान रहता था। लेकिन जतीन दास पितृतुल्य थे। अपने निर्धारित सिद्धांतों से जरा भी टस से मस नहीं होते थे। 1944 में जतीन दास कलकत्ता लौट गए। वे मुझे भी अपने पास ले जाना चाहते थे। लेकिन जून 1944 में मेरी शादी हो गई थी। मैं केवल 125 रुपये प्रति माह कमा रहा था। मैं अट्ठाइस वर्ष का हो चुका था। परिवार की आर्थिक हालत बदस्तूर खराब चल रही थी, लिहाजा शादी के बारे में सोचा तक न था।

मेरी मां ने मुझे घर बुलाया। जब मैंने उन्हें देखा, लगा कि मां ज्यादा नहीं चलेंगी। उन्हें पकड़कर रोने लगा। उन्होंने कहा कि मुझे तुरंत शादी करनी है ताकि उन्हें यह संतोष रहे कि शादी करके मैं सुखी जिंदगी बिता रहा हूं। उन्हें मुझ पर गहरा विश्वास था। उन्हें पक्का विश्वास था कि एक दिन मैं सफलता प्राप्त करूंगा और परिवार को बुरी हालत से उबारूंगा। उनका यह विश्वास उन दिनों भी बना रहा, जब उम्मीद की कोई किरण नहीं दिखायी दे रही थी। भरी-भीगी आंखों से मैंने हामी भर दी और सोचने लगा कि कोई गरीब आदमी भी हमारे गरीब परिवार से शादी नहीं करेगा, खासतौर से मुझसे जो फिल्म में काम कर रहा हो। उन दिनों इस पेशे को आदर की नजर से नहीं देखा जाता था। लेकिन मुझे आश्चर्य हुआ कि मेरे लिए बहू खोजी जा चुकी थी। जुलाई 1944 में वाणी राय से मेरी शादी हो गयी। मेरी मां ने मेरे लिए अच्छी पत्नी चुनी थी। वह हमेशा मेरे लिए बहुत बड़ा संबल रही। मेरी शादी के तीन महीने बाद मां नहीं रही। मां की मृत्यु के बाद मेरी पत्नी ने परिवार को एकजुट रखा। मेरी मां बहुत पढ़ी-लिखी नहीं थीं। लेकिन उनका स्वभाव बहुत शांत था। वह आध्यात्मिक थीं। उन्होंने बहुत कठिन जिंदगी बितायी। निजी जिंदगी में मुझे एक ही अफसोस है कि मैं अपने मां-पिताजी के लिए ज्यादा कुछ नहीं कर सका। उनके लिए मैं कुछ बड़ा काम कर पाता और उनकी अच्छी तरह देखभाल कर पाता, इसके पहले ही वे गुजर गए।

जतीन दास कलकत्ता जा रहे थे और मुझे अपने साथ ले जाना चाहते थे। लेकिन मैंने वापस जाने से मना कर दिया। मुझे लगा कि ऐसा करना मेरी व्यक्तिगत हार होगी। मैं अभी तक स्वतंत्र रूप से सिनेमैटोग्राफर नहीं बन पाया था और अपने बल पर मैं वहां हाथ-पैर नहीं मार सकता था। जतीन दास मुझे अपने से दूर जाने नहीं देना चाहते थे। जब मैं उनसे विदा लैने के लिए अपना सामान बांध रहा था, उन्होंने रोकने के लिए मेरे कपड़ों और तौलिये को कसकर पकड़ लिया लेकिन उनकी पत्नीं अधिक समझदार थीं। उन्होंने अपने पति से मुझे जाने देने के लिए कहा ताकि मैं अपनी जिंदगी जी सकूं। उन्होंने हमेशा मुझसे अपने बेटे की तरह बरताव किया। उनका पता बदलता रहा लेकिन मैंने हमेशा उनसे संपर्क बनाए रखा।

यह जानकर मुझे दुःख हुआ कि जतीन दास का निधन गरीबी में हुआ। मैं उनकी पत्नी का अता-पता नहीं लगा सका। जतीन दास हमेशा अजय कार और मुझको लेकर गर्व करते थे। हम दोनों ही उनके प्रिय थे। हम दोनों को अपने गुरु पर गर्व था। ईश्वर उनकी आत्मा को शांति दे! फिर मैं पारसी कॉलोनी में अपने दोस्त के मकान में आ गया। खबर फैल गयी थी कि मैं स्वतंत्र रूप से कार्य करने को इच्छुक हूं। 2-3 महीने के अथक संपर्क के बाद मुझे एक साथ तीन प्रस्ताव मिले। पहला प्रस्ताव बंबई में स्वतंत्र रूप से फिल्मांकन के लिए लक्ष्मी प्रोडक्शन से मिला जबकि अन्य दो प्रस्ताव शोलापुर और काकीनाड़ा में थे। मैंने अपने सहकर्मियों, मित्रों, हितैषियों से इन प्रस्तावों की चर्चा की और सबकी सहमति बनी कि बंबई के प्रस्ताव में तरक्की की संभावनाएं सर्वाधिक हैं क्योंकि यहां प्रोडक्शन इकाइयां बहुत अधिक हैं। अतः काकीनाडा और शोलापुर के प्रस्ताव नामंजूर कर दिये गए। यह जानना दिलचस्प होगा कि ये दोनों इकाइयां बहुत जल्दी ही बंद हो गईं।

लक्ष्मी प्रोडक्शन में मेरी पहली फिल्म 'किस्मत की धनी' थी। यह एक स्टंट थ्रिलर थी। इसके लिए मुझे 300 रुपये प्रति माह वेतन मिलता था। इस फिल्म के पूरा हो जाने के बाद मैं निठल्ला और बेरोजगार हो गया था। एक अच्छे प्रोडक्शन यूनिट की तलाश मैं करने लगा। मैं कई व्यक्तियों से मिला लेकिन कोई पक्का प्रस्ताव न मिलने पर मैं चिंतित हो गया। क्या स्वतंत्र रूप से कैमरामैन के रूप में काम करने का मेरा निर्णय सही है? मैं उन्तीस साल का हो चुका था और दिखने में छोटा लगता था। यह मेरे लिए नुकसानदायक बात थी क्योंकि कोई भी निर्माता महंगी फिल्म की सिनेमैटोग्राफी की जिम्मेदारी मुझे सौंपने के बारे में कई बार सोचेगा।

नितिन बोस के साथ कार्य

(1945-1949)

कलकत्ता के न्यू थियेटर्स का फिल्म बनाने का दृष्टिकोण सुशिष्ट था। वे फार्मूला फिल्म नहीं बनाते थे। सौन्दर्य और विषयवस्तु पर अधिक बल देते थे। इसके विपरीत बांबे टाकीज मसाला फिल्म बनाता था। पटकथा लिखने से पूर्व हर दृश्य को व्यावसायिक नजरिये से सतर्कतापूर्वक जांचा-परखा जाता था। दोनों के पास प्रतिभाशाली अभिनेता, अभिनेत्रियां, निर्देशक और कैमरामैन थे। दो दिग्गजों के बीच यह मुकाबला था। पी.सी. बरूआ, देवकी बोस और नितिन बोस न्यू थियेटर्स के महान निर्देशक थे। कृष्ण गोपाल, जतीन दास और नितिन बोस की गिनती भारत के तीन सर्वश्रेष्ठ कैमरामैनों में की जाती थी।

न्यू थियेटर्स की फिल्मों का रुझान व्यावसायिक न होकर राजनैतिक पुट लिए होता था। न्यू थियेटर्स के स्टार निर्देशक नितिन बोस थे। उनकी फिल्में 'प्रेसीडेंट' और 'धरती माता' सामाजिक प्रतिबद्धता से जुड़ी थीं। 1944 में विमल राय के वह कैमरामैन थे। उनकी अंतिम हिट फिल्म 'उदयेर पाथे' थी। यह फिल्म बाद में 'हमराही' नाम से बनायी गई। कुछ फिल्में 1948-1955 के बीच बनीं लेकिन पूर्वी पाकिस्तान बनने से बंगाली फिल्मों का बाजार खत्म हो गया था क्योंकि वहां भारतीय फिल्में प्रतिबंधित थीं। 1942 में न्यू थियेटर्स के मालिक बी.एन. सरकार से अनबन हो जाने से नितिन बोस का त्यागपत्र और उनका बंबई पलायन इसके लिए बड़ा आघात था। बोस के दिग्गज साथी वी. शांताराम और महबूब खान ने उन्हें बंबई न आने की सलाह दी। न्यू थियेटर्स से उनका नाता टूट गया था और इस तरह बांबे टाकीज में सामाजिक चेतना का प्रवेश हुआ।

मैं बेरोजगार था और किसी संभावनाशाल अवसर की तलाश में इधर-उधर भटक रहा था। उन दिनों लक्ष्मी प्रोडक्शन में दिलीप गुप्ता कैमरामैन थे। वह नितिन बोस को जानते थे। उन्होंने उनसे मिलने की मुझे सलाह दी। परिचय भी कराया। फिर भी कुछ बात न बनी। नितिन बोस के कलकत्ता स्थित घर में उनसे

मिलने की मैंने कोशिश की, लेकिन सफल नहीं रहा। फिर मैंने हितेन चौधरी से संपर्क साधा। उस वक्त वह बांबे टॉकीज के प्रोडक्शन कंट्रोलर थे। उन्होंने नितिन बोस से मुझे एक मौका देने के लिए कहा। उनका यह हस्तक्षेप सफल रहा। नितिन बोस ने मेरा साक्षात्कार लिया। वह मुझसे प्रभावित नहीं हुए। लेकिन हितेन चौधरी का दबाव था। 1946 में नितिन बोस ने बुझे मन से बांबे टाकीज की द्विभाषी फिल्म 'मिलन' (हिंदी) और 'नौका डूबी' (बांग्ला) में मुझे लिया। यह फिल्म रवीन्द्रनाथ ठाकुर की कहानी 'टूटना' पर आधारित थी। नितिन बोस निर्देशित 'ज्वार-भाटा' में देविकारानी सबसे पहले दिलीप कुमार को परदे पर पेश कर चुकी थी। इसकी नायिका मीना मिश्र थीं। नितिन बोस के भतीजे सेट पर नियमित आते थे। सिनेमा के बारे में उनके पास तमाम सूचनाएं थीं। वह हालीवुड के सच्चे और गहरे प्रशंसक थे। उनसे बातचीत करना मुझे अच्छा लगता था। यह उनका भतीजा और कोई नहीं, महान सत्यजित राय थे। एक मात्र भारतीय जिन्हें सिनेमा के क्षेत्र में उनकी समग्र उपलब्धियों के लिए ऑस्कर पुरस्कार से सम्मानित किया गया था।

यह जानना दिलचस्प होगा कि राजकपूर सत्यजित राय के महान प्रशंसक थे। वह चाहते थे कि सत्यजित राय अपनी शर्तों पर आर.के. की फिल्म निर्देशित करें। 'कल आज और कल' में राजकपूर की तीन पीढ़ियों ने काम किया था। राजकपूर बहुत उत्सुक थे कि सत्यजित राय इसका निर्देशन करें। सत्यजित राय को कहानी पसंद नहीं आयी तो उन्होंने यह कहकर विनम्रता से इंकार कर दिया कि उन्हें हिंदी नहीं आती है, अतः पूरे अधिकार के साथ वह फिल्म निर्देशित नहीं कर पाएंगे। फिर इस फिल्म को राज के बड़े पुत्र रणधीर कपूर ने निर्देशित किया। यह फिल्म बॉक्स ऑफिस पर अच्छी रही। यह बड़े क्षोभ की बात है कि सत्यजित राय पर बहुत लोगों ने यह आरोप लगाया कि वह गरीबों को चित्रित करके लाभ उठा रहे हैं। इनमें नर्गिस भी थीं जो उन दिनों राज्य सभा की नामित सदस्य थीं। यह आक्रमण अवांछित ही नहीं, उनकी मर्यादा के अनुकूल भी नहीं था जिनके रोम-रोम में स्त्रीत्व चेतना मौजूद थी।

नितिन बोस सिनेमा उद्योग के इने-गिने मौलिक चिंतकों में थे। न्यू थियेटर्स की 'गुण सुंदरी/धूप छांह' में पहली बार पार्श्व संगीत का प्रयोग करके उन्होंने भारतीय सिनेमा में 1940 के परिवर्ती महान पार्श्व गायक-गायिकाओं के लिए बड़ी राह बनायी। वह एक संपन्न जमींदार परिवार से थे। वह नौ भाई थे जिनमें उनका स्थान दूसरा था। एक भाई मुकुल बोस थे जिन्होंने भारतीय सिनेमा में ध्वनि के क्षेत्र में तमाम प्रयोग किये।

हिमांशु राय के बाद उनका युग समाप्त हो गया। जर्मन तथा अंग्रेज तकनीशियन भारत छोड़कर चले गए। देविकारानी ने बांबे टाकीज ले लिया था। 'ज्वार भाटा' की कहानी बहुत अच्छी थी। यह फिल्म हिट हो गयी। 400 रुपये प्रति माह पर फिल्म में परिचालक कैमरामैन के रूप में मुझे रख लिया गया था। दूसरे शिड्यूल के बाद सभी शॉटों के लिए पूरी प्रकाश व्यवस्था मैंने की थी। नितिन बोस को मेरा काम अच्छा लगता था और वह मेरे काम में दखल नहीं देते थे। पूरी फिल्म इसी तरीके से बनी। नितिन बोस चाहते थे कि फिल्म की क्रेडिट में सिनेमैटोग्राफर और निर्देशक के रूप में उनका नाम दिया जाए। लेकिन यहां हितेन्द्र चौधरी ने दखल दिया। उन्होंने नितिन बोस से अनुरोध किया कि वह तो पहले से ही महान सिनेमैटोग्राफर हैं और क्रेडिट टाइटिल में एक और बार उनका नाम जुड़ जाने से उन्हें कोई लाभ नहीं मिलेगा। उन्होंने मेरी ओर इशारा करते हुए कहा कि दूसरे शिड्यूल से यह नौजवान प्रकाश व्यवस्था को पूरे तौर से संभाल रहा है तो इसका नाम स्वाभाविक रूप से सिनेमैटोग्राफर के तौर पर जाना चाहिए। इस उचित मांग पर नितिन बोस राजी हो गए। प्रसंगवश यह उल्लेखनीय है कि यह पहली भारतीय फिल्म थी जिसमें आडटडोर शूटिंग के लिए कैमरा को बाहर ले जाया गया था।

इसके पश्चात् 1947 में नितिन बोस को न्यू थियेटर्स ने बांग्ला फिल्म 'दृष्टिदान' बनाने के लिए फिर आमंत्रित किया। इसकी नायिका सुनंदा बनर्जी थीं। नितिन बोस अपने साथ मुझे भी ले गए। अब मुझे शुरू से लेकर अंत तक के लिए आधिकारिक रूप से फिल्म का सिनेमैटोग्राफर नियुक्त किया गया। मेरा वेतन 800 रुपये प्रति माह था। कलकत्ता में काम करने का मेरे लिए अर्थ था। मैं अपने घर जा सका, पिताजी से मिल पाया। मुझे मिली सफलता से वह बेहद प्रसन्न थे। मैंने उनसे आशीर्वाद लिया। लेकिन हिंदू-मुस्लिम दंगे अपने चरम पर थे और गांधी जी साम्प्रदायिक दंगे रोक नहीं पा रहे थे। वह चुकी हुई ताकत थे। सांप्रदायिक नरसंहार को समाप्त करने की उनकी अपील राष्ट्र ने ठुकरा दी थी। उन्हें दरकिनार करके सत्ता पर दलालों ने कब्जा कर लिया था। विचलित गांधी जी नोआखाली में शांति लाने का प्रयास कर रहे थे। गांधी जी को अप्रासंगिक होते देख कष्ट हो रहा था। देश का विभाजन हो जाने के बावजूद पूर्वी पाकिस्तान में नरसंहार जारी रहा। पंजाब से लोगों का आना-जाना हुआ। बंगाल में उतना नरसंहार नहीं हुआ। जो कुछ नरसंहार हुआ, वह मुख्यतः उन बिहारी मुसलमानों द्वारा प्रेरित था जिन्हें अपनी जमीन छोड़नी पड़ी थी। वे पूर्वी पाकिस्तान में बचे रह गए हिंदुओं से बदला लेते थे। विभाजन के पहले नहीं, विभाजन के बाद हिंदू

वहां से सबसे अधिक भागे। मैं अपने परिवार के लिए चिंतित था। जब अक्तूबर 1947 में, पूर्वी पाकिस्तान की सीमा रेखा के इधर-उधर दोनों तरफ निर्दोष लोग मारे जा रहे थे, दरअसल, तब, मेरी पत्नी हमारे पहले बच्चे की मां बनने वाली थी। यह दुःस्वप्न सा था। 1940 का पूरा दशक ही बंगाल के लिए दुःस्वप्न था। 1942-43 में अकाल से हुई मौतों और 1947-48 के दंगों में हुई मौतों को जोड़ा जाए तो तीस लाख लोगों की मौत इस दौरान हुई। हमारे देश के इतिहास का यह सबसे भयानक अध्याय था। इन प्रहारों के बाद बंगाल फिर कभी नहीं उबर पाया। मेरे परिवार के सभी सदस्य सौभाग्य से सीमा पार करके सुरक्षित आ गए। पश्चिम बंगाल के बर्दवान में कालनाघाट के निकट चैतन्य महाप्रभु मंदिर के पास अंबिका कालना में नया घर और परिवार का मंदिर बनना शुरू हुआ। मेरे पिता ने जगह पहले देख रखी थी। इसके लिए योजना भी बना रखी थी। लेकिन इस बीच वह बहुत बीमार हो गए और उन्होंने अपने पुराने घर में ही रहने का फैसला कर लिया। दरअसल वह कैंसर से पीड़ित थे। इसकी जांच सही ढंग से नहीं हो पायी क्योंकि उनके इलाज के लिए बहुत बड़ी रकम की जरूरत थी।

1948 में नितिन बोस बांबे टॉकीज की दूसरी द्विभाषिक फिल्म 'समर' (बांग्ला) मशाल (हिंदी) में बनाने के लिए बंबई वापस चले गए। इसमें अशोक कुमार और सुमित्रा देवी सितारे थे। फिल्म का संगीत एस.डी. बर्मन का था। शरत चंद्र चट्टोपाध्याय की कहानी पर फिल्म आधारित थी। इस फिल्म के लिए भी मुझे 800 रुपये प्रति माह मिले। हालांकि पिता जी के इलाज के लिए मुझे और अधिक रकम की जरूरत थी। यह फिल्म भी हिट रही। लेकिन 'मिलन/ नौका डूबी' जैसी सफल नहीं रही। यह वर्ष 1949 था। मुझे अपने पिता जी के इलाज, तमाम बेसहारा रिश्तेदारों के रहने के लिए घर तथा हमारे कुल देवता श्री गिरधारी के लिए मंदिर बनाने के लिए धन चाहिए था। 'दीदार' की योजना बन रही थी। मैं 1000 रुपये प्रति माह चाहता था लेकिन नितिन बोस ने इस रकम के प्रस्ताव को रद्द कर दिया और कहा कि मुझे 900 रुपये प्रति माह मिलेंगे। यह अनुचित था। मुझे लगा कि नए भविष्य और कुछ अधिक कमाने के लिए कहीं और काम करना होगा।

राजकपूर बांबे टॉकीज में काम करते थे और दिलीप कुमार की ही तरह धाराप्रवाह बांग्ला बोलते थे। 'जान पहचान' के सेट पर उनसे मेरी थोड़ी जान-पहचान करा दी गई थी। इस फिल्म में जाल/फाली मिस्त्री काम कर रहे थे। उनकी अपनी महत्त्वाकांक्षाएं थीं। वह स्वप्नदृष्टा थे। वह 'आग' और 'बरसात' बना चुके थे। 'आग' सशक्त फिल्म थी। लेकिन बॉक्स ऑफिस पर इसे मामूली

सफलता मिली। 'बरसात' बड़ी हिट रही। इसका गीत-संगीत शंकर-जयकिशन का था। 'बरसात' की बहुत सुंदर फोटोग्राफी करनेवाले जाल मिस्त्री आर.के. के साथ आगे काम करना नहीं चाहते थे। वह स्वतंत्र रूप से कार्य करके खूब कमाना चाहते थे। मुझे कुछ स्थायित्व की तलाश थी। 'समर' और 'मशाल' में अभिनेता के रूप में काम कर चुके जबलपुर निवासी कनु राय राजकपूर से भली-भांति परिचित थे। उन्होंने राज को मेरी उपलब्धता के बारे में बताया। राजकपूर ने तब तक मेरी कोई फिल्म नहीं देखी थी। चूंकि यह बातचीत गोपनीय थी, अतः मैं बांबे टॉकीज से 'मिलन' फिल्म की रील मांग नहीं सकता था।

सौभाग्यवश कमल मजूमदार राजकपूर तक रील ले जाने के लिए तैयार हो गए। वह पूरे दिन 'मिलन' की रील खोजते रहे। रात 11 बजे घोड़े जुती बग्घी पर सवार होकर उस मूल्यवान फिल्म को ले आए। फिर हम सब उसे राजकपूर को दिखाने ले गए। पहले यह तय हुआ था कि राजकपूर केवल रात के दृश्य देखेंगे। लेकिन उन्होंने पूरी फिल्म बैठकर देखी। जो देखा, उसे पसंद किया और मुझे अगले दिन मिलने के लिए कहा। 'बरसात' के लाभ से निर्मित आर.के. स्टूडियो के कैमरा विभाग का मुझे मुखिया बना दिया गया। मेरा वेतन 2000 रुपये प्रति माह तय किया गया जो उन दिनों बहुत बड़ी रकम होती थी। अब समस्या बांबे टॉकीज जैसे स्थापित स्टूडियो और नितिन बोस का साथ तथा आर.के. स्टूडियो में राजकपूर के साथ अनिश्चित भविष्य, इन दोनों के बीच एक को चुनने की थी। मेरे लिए चुनाव करना कठिन था। जो अवसर मुझे नितिन बोस ने उपलब्ध कराये थे, उनके लिए मैं उनका ऋणी था। जबकि राजकपूर उम्र में मुझसे आठ साल छोटे, मात्र एक उदीयमान अभिनेता थे। अंततः मैंने अपनी पत्नी से इस बारे में चर्चा की और उन्हें निर्णय लेने के लिए कहा। उन्होंने राजकपूर के साथ जाने को कहा। उन्होंने ऐसा शायद इसलिए कहा होगा क्योंकि वेतन में बढ़त की बात थी। बांबे टाकीज में इस बात को लेकर सत्ता संघर्ष चल रहा था कि तमाम गुटों में इस प्रोडक्शन हाउस की बागडोर कौन संभालेगा। नियति का फैसला हो चुका था और मैंने राजकपूर के साथ करार कर लिया।

नितिन बोस को यह खबर देना हृदयविदारक काम था। अपना निर्णय बताने में मुझे असुविधा हो रही थी, लेकिन जब यह बात उन्हें मुझसे पता चली, हम दोनों की आंखों में आंसू थे। जतीन दास के बाद मैंने नितिन बोस से बहुत कुछ सीखा। वे मुझे प्रकाश के साथ प्रयोग करने के लिए प्रोत्साहित करते थे। गहराई पैदा करने के प्रति मेरा मोह था। विश्व के सभी फिल्मकारों की तरह मैं भी ओरसेन वेलेस की फिल्म 'सिटीजन केन' से चमत्कृत था। नितिन बोस का

मार्गदर्शन असीम था। वह सच्चे अर्थों में, एक सज्जन व्यक्ति, महान प्रयोगशील और शिक्षक थे। भारतीय सिनेमा में उनका योगदान बहुत बड़ा था और वह दादा साहब फाल्के पुरस्कार के सही मायनों में हकदार थे। किंतु 1948 के बाद उन्होंने 'दीदार' और दो तीन छोटी फिल्में बनायीं। 'गंगा जमुना' उनकी आखिरी फिल्म थी जो सुपर हिट रही।

आर.के. से जुड़ने पर राज ने पहला काम यह किया कि मेरा नाम बदल दिया। चूंकि हम वैष्णव भक्त थे और मेरे माता-पिता ने मेरा नाम राधिका जीवन करमाकर रखा था और सभी क्रेडिट टाइटिलों में इस नाम के प्रयोग को लेकर कोई समस्या भी नहीं थी लेकिन राज ने तय किया कि यह नाम बहुत लंबा है और आधुनिक नहीं है। उन्होंने इसे छोटा करके राधू करमाकर कर दिया। उनसे उम्र में मैं बड़ा था, अतः वह मुझे राधू साहब कहकर बुलाते थे। जब हम दोनों साथ होते थे, तो वह बांग्ला में मुझसे बातचीत करने पर बल देते थे। हालांकि काम के दौरान हम हमेशा हिंदी में बातचीत करते थे।

भाग-3

स्टार्ट कैमरा

(1949-1973)

निर्माण वर्ष
(1929-1947)

रंगमंच और फिल्म के महान अभिनेता पृथ्वीराज कपूर पुलिसकर्मी थे। इन्हें अपने पुलिस के काम में आंनद नहीं आता था। वह लंबे-बलिष्ठ, गोरे और सुदर्शन थे। इनकी अभिरुचि अभिनय में थी। 1927 में जब उनकी उम्र 21 वर्ष की थी, पेशावर में अपना कामकाज छोड़कर फिल्म की दुनिया में अवैतनिक आर्केस्ट्रा के रूप में अपना भाग्य आजमाने बंबई आ गए। इनका शरीर दारासिंह जैसा था और चेहरा युवाकाल के शशिकपूर जैसा। आजीवन, इनका व्यक्तित्व इन दोनों का मिला-जुला रूप रहा। इसके अलावा इनकी आवाज कड़क थी। अभिनय अच्छा करते थे। इम्पीरियल टॉकीज से वह जुड़ गए। इसकी पहली सवाक् फिल्म 'आलमआरा' में पृथ्वीराज कपूर ने मुख्य भूमिका निभाई। राजकपूर तब मात्र पांच वर्ष के थे, जब उन्होंने रंगमंच तथा 'इन्कलाब' जैसी कई फिल्मों में बाल कलाकार के रूप में काम किया था। 'इन्कलाब 'का निर्देशन देवकी बोस ने किया था। बांबे टॉकीज में राजकपूर क्लैपर ब्वाय के रूप में जुड़े। उन्होंने 'गोरी', 'हमारी बात', 'बाल्मीकि', 'चित्तौड़ विजय' और 'दिल की रानी' में आंशिक भूमिकाएं की थीं। कुछ फिल्मों में उन्होंने गाना भी गाया था। न्यू इरा ब्वायज स्कूल, ह्यूज रोड और ग्लोरिया कान्वेंट, बायकूला में उन्होंने पढ़ाई की। चूंकि उनका मन पढ़ाई में नहीं लगता था, मैट्रिक भी पूरा नहीं कर सके। यह संयोग ही है कि राजकपूर और दिलीप कुमार (यूसूफ खान) दोनों पठान थे और दोनों ही पेशावर के थे।

इस दौरान पृथ्वीराज (पापाजी के नाम से लोकप्रिय) ने कुछ वर्षों तक न्यू थियेटर्स कलकत्ता में काम किया। राजकपूर धाराप्रवाह बांग्ला बोलते थे। सुस्वाद भोजन के साथ मद्यपान का उन्हें चस्का लग गया था। यह कमजोरी आजीवन उनके साथ बनी रही। उनका मानना था कि मद्यपान से सृजनात्मक विचार आते हैं क्योंकि यह मानसिक अवरोधों को दबा देता है। पृथ्वीराज कपूर ने पृथ्वी

थियेटर्स शुरू किया। 'दीवार, 'रोटी' तथा 'पठान' जैसे अविस्मरणीय नाटक तैयार किये जो भारत में कई जगहों पर मंचित किये गए।

विभिन्न शहरों में तरह-तरह के नाटकों में अपने पिताजी के साथ काम करते हुए राजकपूर ने रंगमंच से जुड़े विभिन्न कार्य-व्यापारों को सीखा। लेबोरेट्री से लेकर सिनेमैटोग्राफी तक फिल्म के हर विभाग में उन्होंने काम किया। शॉटों के बीच फर्श को बुहारना, फर्नीचर और स्टूडियो के प्राप्सों को इधर-उधर करना जैसे काम भी उन्होंने क्लैपर ब्वॉय के रूप में किए। केदार शर्मा के छठे सहायक के तौर पर कैरियर की शुरुआत करते हुए उन्होंने बड़ी मेहनत से सिनेमा की बुनियादी बातें सीखीं और जिस तरह स्पंज पानी सोख लेता है, उसी तरह सभी उपलब्ध जानकारियों को ग्रहण करते रहे। उनका एक निश्चित मकसद था और एक फिल्मकार के रूप में सफल होने की आग उनके भीतर थी। चूंकि वह हमेशा अपनी फिल्म बनाना चाहते थे, लिहाजा उनके अभिनेता बनने में संयोग की भूमिका कुछ अधिक थी। पृथ्वीराज से उन्होंने विनम्रता तथा हर काम में अपना पूरा दिल लगाने की कला सीखी थी चाहे वह काम कितना ही छोटा क्यों न हो। उन्होंने यह भी सीखा था कि किस तरह शिष्ट, मृदुभाषी रहा जाए और दूसरों की भावनाओं का ध्यान रखा जाए।

देवकी बोस ने न्यू थियेटर्स की 'देवदास' में संवाद लेखक के रूप में केदार शर्मा को ब्रेक दिया था। वह पृथ्वीराज कपूर के घनिष्ठ मित्र थे। उन दिनों पृथ्वीराज कपूर न्यू थियेटर्स के सितारे थे। रणजीत मूवी की फिल्मों में अभिनेता के रूप में काम करने के लिए जब पृथ्वीराज बंबई वापस आए तो उन्होंने चंदूलाल शाह से अनुरोध किया कि 'गोरी' फिल्म निर्देशित करने के लिए केदार शर्मा को एक मौका दें जिसके नायक पृथ्वीराज स्वयं हों।

राजकपूर अपनी पढ़ाई छोड़ चुके थे, अतः पृथ्वीराज अपने बेटे के लिए चिंतित थे। फिर केदार शर्मा ने उन्हें अपना सहायक बना लिया। कैमरा ब्वाय का काम करते समय भी राजकपूर अपनी साज-सज्जा को लेकर बहुत सजग रहते थे और जब उन्हें क्लैप देने के लिए कहा जाता था तो वह कैमरामैन आर.के. मेहता से 'की लाइट' के बारे में पूछते थे और तदनुसार अपने चेहरे के कोणों को ठीक-ठाक करने के बाद, पहले सहायक से क्लिपिंग लेते थे। एक दिन उनके इस फेर में शूटिंग में गड़बड़ हो गई और केदार शर्मा ने उन्हें थप्पड़ जड़ दिया। उत्तेजना में की गई इस हरकत को लेकर केदार शर्मा पूरी रात यूनिट के सामने पश्चाताप करते रहे। राजकपूर ने माफी मांगी लेकिन तब तक केदार शर्मा उन्हें अपनी फिल्म 'नीलकमल' में हीरो के रूप में लेने का फैसला ले चुके थे। राजकपूर ने इसका

विरोध किया कि प्रस्तावित भूमिका के लिए वह बहुत मोटे हैं लेकिन केदार शर्मा नहीं माने। तब राजकपूर ने कहा कि ऐसी हालत में उनकी जोड़ी के रूप में युवा और सुंदर हीरोइन चाहिए और उन्होंने मलाड के एक पठान की बेटी बेगम मुमताज के नाम की सिफारिश की जिनका परदे का नाम मधुबाला था। भारतीय सिनेमा की 'पटाखा' बेगम पारा को भी इस सिनेमा में लिया गया। चंदूलाल शाह ने इस फिल्म को बनाने में मदद की। 1947 में यह जबरदस्त हिट हुई। इसके बाद राजकपूर और मधुबाला के पास प्रस्तावों की बारिश होने लगी। फिर उन्होंने 1948 में तृप्ति मित्र (रंगमंच के प्रख्यात अभिनेता और निर्देशक शंभू मित्र की पत्नी और एक प्रतिभाशाली अभिनेत्री) के साथ फिल्म बनायी जिसके निर्देशक मोहन कौल थे। यह फिल्म पिट गई। 1947 में, 23 वर्ष की आयु में उन्होंने अपना आर.के. स्टूडियो स्थापित किया और अपने बैनर के तहत निर्माता-निर्देशक के रूप में अपनी पहली फिल्म 'आग' बनाई। 'आग' के लिए प्रारंभिक धनराशि की व्यवस्था पृथ्वीराज की बहन और राजकपूर की बुआ ने की थी। उनकी अपनी कोई संतान नहीं थी। राजकपूर के इस उद्यम के लिए उन्होंने अपने पूरे जेवरात गिरवी रख दिये थे। ऐसे निर्णायक समय में यदि राजकपूर को संबल और आर्थिक मदद नहीं मिली होती तो वह कभी सफल नहीं होते।

नर्गिस युग
(1947-1956)

इंदर राज आंनद पृथ्वी थियेटर्स के एक प्रतिभाशाली पटकथा लेखक थे। 'आग' की कहानी उन्होंने लिखी थी। कलाकार के रूप में अपने को तलाश कर रहे राजकपूर के प्रयोगों और संघर्षों पर आधारित यह एक आत्मकथात्मक फिल्म थी। इसमें तीन अभिनेत्रियां थीं। निगार सुल्ताना और कामिनी कौशल से फिल्म के लिए करार हो चुका था। नर्गिस पहले से ही स्टार थीं। उनकी मां जद्दन बाई की कड़ी नजर उनके कैरियर पर थी। वह नहीं चाहती थीं कि कैरियर के इस मुकाम पर नर्गिस एक अप्रशिक्षित निर्देशक की प्रयोगशील फिल्म के लिए कोई करार करें अथवा वह कोई ऐसी नई प्रोडक्शन यूनिट से जुड़ें जो उनकी कीमत भी अदा न कर सके। फिर भी राजकपूर उन्हें मनाने में सफल रहे। नर्गिस की परदे की छवि के लिए उनमें काफी बदलाव किये गए। एक नया नाटकीय रूप देने के लिए उनके बाल कतर दिये गए। उनका मेकअप बदल दिया गया। फिल्म में नर्गिस ने एक शरणार्थी का किरदार निभाया था। फिल्म में रंगमंच कलाकार के रूप में वह राजकपूर से मिलती हैं। वह राज के बजाय प्रेमनाथ से शादी करती हैं जबकि राजकपूर अपने बचपन की मित्र निगार सुल्ताना से शादी करते हैं। इस फिल्म को मामूली कामयाबी मिली। लेकिन नर्गिस को बेहिसाब शोहरत मिली। इस सिनेमा से उन्होंने खलबली मचा दी। रातोंरात उनकी सितारा हैसियत कई गुणा बढ़ गई। 'आग' से 'आवारा' तक नर्गिस को 2,000 रुपये प्रति माह वेतन मिलता था। इसके बाद उन्हें 5,000 रुपये प्रति माह मिलने लगे जो उन्हें 'जागते रहो' फिल्म पूरी होने तक मिलते रहे। फिर उन्होंने आर.के. स्टूडियो हमेशा के लिए छोड़ दिया।

राज 'घरौंदा' फिल्म पर पहले से ही काम कर रहे थे। 'अंदाज' के अभिनेता-अभिनेत्रियों को इसमें फिर से लिया जाना था। लेकिन यह योजना मुलत्वी कर दी गई क्योंकि तब तक रामानंद सागर 'बरसात' की कहानी सुना चुके थे।

रामानंद पृथ्वी थियेटर्स के लिए पहले भी 'आहुति' की कहानी लिख चुके थे। 'आग' का ध्वन्यांकन अल्लाउद्दीन ने किया था। वह 'राम तेरी गंगा मैली' तक उनके साथ बने रहे। इसी प्रकार अरुण भट्ट प्रोसेसिंग और माधव पई मेकअप का काम करते रहे। जहां वी.एन. रेड्डी कैमरामैन थे, वहीं एस.एन. देसाई कला निर्देशक थे। 'बरसात' में शंकर जयकिशन मूलतः सहायक संगीत निर्देशक थे।

पृथ्वी थियेटर्स के आर्केस्ट्रा में शंकर तबला और जयकिशन हारमोनियम बजाते थे। यहां राम गांगुली चीफ कंपोजर थे। शंकर-जयकिशन की कुछ कंपोजिशनों का उपयोग राजकपूर 'बरसात' में करना चाहते थे। इसे गर्म दिमाग राम गांगुली ने नहीं माना और फिल्म छोड़कर चले गए। हसरत जयपुरी और शैलेन्द्र को गीतकार के रूप में आजमाया गया और संगीत की एक अमर जोड़ी का जन्म हुआ। मुकेश और लता मंगेशकर ने आर.के. मूवीज की फिल्म में पहली बार गाना गाया। जाल मिस्त्री ने सुंदर तस्वीरें खींची। हिंदी सिनेमा में 'बरसात' पहली फिल्म थी जिसमें कश्मीर की वादियों की खूबसूरती का उपयोग किया गया था। जी.जी. मायकर ने 'बरसात' का संपादन किया था जो बाद में भी आर.के. मूवीज की कई फिल्मों के लिए काम करते रहे। मन में लंबे समय तक बनी रहनेवाली यह एक गीतात्मक रोमांटिक फिल्म थी। इसने सारे देश को आलोड़ित कर दिया था। यह फिल्म युवाओं की आकांक्षाओं और हताशाओं की प्रतीक बन गई थी। इसी फिल्म से आर.के. के प्रतीक चिह्न का जन्म हुआ। लेकिन आर.के. की टीम अभी भी अधूरी थी।

'बरसात' के मुनाफे से राजकपूर ने अपना स्टूडियो बनाना शुरू किया। उनकी शरणस्थली कॉटेज बन चुकी थी। 'आवारा' पहली फिल्म थी जिसकी शूटिंग अर्धनिर्मित स्टूडियो में की जानी थी। श्री एम.आर. आचरेकर को इस फिल्म का कला निर्देशन सौंपा गया था। वह एक प्रतिभाशाली कलाकार थे। उन्होंने सर जे.जे. स्कूल ऑफ आर्ट्स से प्रशिक्षण प्राप्त किया था। मैंने कैमरे का काम संभाला। ख्वाजा अहमद अब्बास और वी.पी. साठे ने कहानी लिखी। ये दोनों ही प्रतिभाशाली पत्रकार थे। इस तरह महान आर.के. की टीम पूरी हुई।

शुरू में महबूब इस कहानी को चाहते थे लेकिन उन्हें फैसला लेने में देरी हुई। राजकपूर ने कहानी सुनी और तुरंत अपनी सहमति देकर मौके का लाभ उठाया। एस.के. ओझा को फिल्म निर्देशित करनी थी। लेकिन राजकपूर ने अन्ततः इसे खुद ही निर्देशित करने का फैसला ले लिया। 'आवारा' का प्रसिद्ध स्वप्न दृश्यबंध फिल्म की सबसे बड़ी उपलब्धि थी। फिल्म का यह पहला दृश्यबंध था जिसे अधबने स्टूडियो में फिल्माया गया, जहां अभी छत तक नहीं

थी। एम.आर. अचरेकर के अभूतपूर्व सेटों के बीच संगीत और गानों की रिकार्डिंग शानदार रही। अब राजकपूर और मुझे संपूर्ण दृश्य को जीवंत बनाना था। राजकपूर लहरिया बादलों का असर पैदा करना चाहते थे जिसे केवल किरदार के घुटनों तक बनाए रखना था। कई प्रयोग आजमाये गए। सफलता न मिलने के कारण शूटिंग खिंचती रही। भाग्यवश, मेरे एक मित्र बंगाल केमिकल में केमिस्ट थे। उन्होंने कार्बन डाइआक्साइड और बर्फ के इस्तेमाल का सुझाव दिया। हमने इसे आजमाया और ड्राई आइस (सोडीफाइडीकृत कार्बन डाइआक्साइड) से अच्छा माहौल बनाया गया। फिर 72 घंटे अर्थात् तीन दिन और रात लगातार काम करके पूरे दृश्यबंध को फिल्माया गया। जब इनके नतीजों की प्रोसेसिंग की गई, वे भयानक निकले। इतने लोगों की सारी मेहनत पर पानी फिर गया।

राजकपूर को बेहद चिंता हो गई। उन्होंने एक ऐसे सिनेमैटोग्राफर की सेवाएं ली थीं जिसकी प्रतिष्ठा बहुत अच्छी थी, उसे अच्छा वेतन भी दिया जा रहा था, फिर भी प्रिंट की पहली रशेज के नतीजे बहुत खराब थे। निराश होकर मैं घर लौटा और अपने भविष्य के बारे में चिंतित हो गया। भूल से भी कोई ऐसे कैमरामैन को अपनी फिल्म के लिए नहीं लेगा जिसने इतनी बड़ी भूल की हो। इतने महंगे और महत्त्वपूर्ण दृश्यबंध की गल्ती को कोई भी स्वीकार नहीं करेगा। मेरी पत्नी को मेरी योग्यता पर अकूत भरोसा था। उन्होंने कहा, ‘आपने अपने कैरियर में कभी कोई एक शॉट तक बरबाद नहीं किया। आप यह क्यों, नहीं देखते कि प्रोसेसिंग कैसे हुई है। हो सकता है कि वहां कोई चूक हुई हो। आशा की एक मद्धिम किरण दिखायी दी और अगली सुबह मैं राज के पास दौड़ता गया। उनसे कहा कि मैं प्रोसेसिंग करना जानता हूं, अतः इसे खुद करूंगा। राज को मुझ पर दया आ गई। ऐसा करने की उन्होंने अपनी सहमति दे दी। हाथ से प्रोसेसिंग करने का जो कठिन तरीका मैंने सीखा था, उसी तरीके से मैंने प्रोसेसिंग ऐसे लगकर की मानो मुझ पर भूत सवार हो गया हो। मुझे बेमिसाल नतीजे मिले। संपूर्ण दृश्यबंध के परिष्कृत रूप को देखकर मैं भी चकित था। राजकपूर से तुरंत आने की मैंने गुजारिश की। उन्हें बताया कि प्रोसेसिंग में चूक हुई है। अब वह आकर नतीजे देखें। राज आए, देखा और खुशी से झूम उठे।

आज भी वह दृश्यबंध परदे पर जादुई प्रभाव पैदा करता है। यह एक ऐसा दृश्यबंध है जिसे केवल राजकपूर की कल्पना और आर.के. की टीम ही सृजित कर सकती थी। कुछ वर्ष बाद यह अफवाह फैली कि इस दृश्यबंध को फिल्माने के लिए रूसी तकनीशियनों की सेवाएं ली गयी थीं। हकीकत यह थी कि रूस

में 'आवारा' और 'श्री 420' दोनों फिल्में सिनेमैटोग्राफी की कक्षाओं के पाठ्यक्रम का अनिवार्य हिस्सा थीं। वहां सिनेमैटोग्राफी के विद्यार्थियों को इनके दृश्यों का विश्लेषण करने तथा इनमें प्रयुक्त तकनीकों को समझने के लिए पढ़ाया जाता था। जहां तक प्रोसेसिंग का मामला है, मैं अभी भी नहीं जानता कि यह एक निर्णय की चूक थी अथवा एक नए सिनेमैटोग्राफर को खत्म कर देने की सोची-समझी चाल थी। जहां भी 'आवारा' दिखायी जाती है, अभी भी दर्शक उस पर टूट पड़ते हैं। हालांकि इसके पहले प्रदर्शन पर फिल्म उद्योग से जुड़े लोगों ने इसकी आलोचना की थी। आलोचकों ने भी इसे एकमत से पूरी तरह खारिज कर दिया था। लेकिन जनता ने इसे बहुत उत्साह से स्वीकार किया। यह चिरकालिक हिट फिल्म साबित हुई।

फिर आर.के. मूवीज की तीन फिल्में घोषित हुईं। 'अजंता' बड़ी फिल्म थी। इसमें राजकपूर का किरदार एक बौद्ध संन्यासी का था। इसे टेक्नीकलर में बनना था। राजकपूर इस फिल्म को स्वयं निर्देशित करनेवाले थे। फोटोग्राफी का काम मुझे करना था। दूसरी फिल्म 'आह' थी जिसे राजकपूर के सहायक राजा नवाथे करनेवाले थे। कैमरामैन जयवंत पठारे थे। तीसरी फिल्म 'बूट पॉलिश' थी। इसका निर्देशन प्रकाश अरोड़ा को करना था और मेरे एक सहायक तारूदत्त इसके सिनेमैटोग्राफर थे। मुझे जैक कारडिफ के अधीन आधुनिक रंगीन सिनेमैटोग्राफी सीखने के लिए ब्रिटेन भेजा गया। कारडिफ विश्व के महान सिनेमैटोग्राफर थे। बाद में, वह एक सफल फिल्म निर्देशक भी बने। पिछड़े उपकरणों से प्राप्त नतीजों को वहां कैमरामैनों को दिखाने के लिए 'आवारा' के प्रिंटों को भी मैं अपने साथ ले गया था। लंदन हवाई अड्डे पर जो शख्स मुझे लेने आने वाले थे, वह नहीं आए। सांझ हो चुकी थी, लिहाजा मैं संबंधित दफ्तरों से संपर्क नहीं साध सका। यह मेरी पहली विदेश यात्रा थी। मेरा दुर्भाग्य था कि उस दौरान मैं वहां पहुंचा जब लंदनवासियों की याददाश्त के अनुसार इससे भयानक कोहरा पहले वहां कभी नहीं पड़ा था।

मैं पशोपेश में था और नहीं जानता था कि मुझे क्या करना चाहिए। मैंने अपना भारी भरकम सूटकेस और हाथ का थैला उठाया और पैदल चलने लगा। यह विदेश में ठंड की रात थी। लोग पराये और अधिक रूखे लग रहे थे। पहली बार मुझे लगा कि मैं अवांछित हूं। यह मेरे हाव-भाव से दिखने भी लगा। 'बिस्तर खाली है' का साइनबोर्ड देखकर मैं आश्रय के लिए कई जगह गया। जाहिर है कि वहां काले लोगों के लिए कोई जगह नहीं थी। अब तक मैं निराश हो चुका था। लंदन की कड़ी ठंड में लोगों के मरने के बारे में मैंने सुन रखा था। मुझे लगा

कि मुझे जल्दी कोई आसरा खोज लेना चाहिए। सड़क पर पुलिसकर्मी भी नहीं थे। रात के दस बज रहे थे। लंदन के कोहरे में चार घंटे से मैं पैदल चल रहा था। बुरी तरह थका और आशंकित अपनी बची हुई पूरी ताकत से उस द्वारमार्ग पर पहुंचा जहां एक ताख में खूब रोशनी थी और वेलकम मैट बिछा हुआ था। मैं मैट पर ढेर हो गया। थकान और भूख से मुझे नींद आने लगी। शायद झपकी भी आ गई थी। लगभग एक घंटे के बाद एक वृद्ध युगल मॉरिस ऑक्सफोर्ड कार चलाते हुए वहां आये। वे घर के मालिक थे। अपने दरवाजे पर एक अवांछित मेहमान को देखकर वह अचंभित रह गए। कार की हार्न से मैं जग गया। मेरे पांव तुरंत हरकत में आ गए।

असुविधा के लिए मैंने माफी मांगी। उन्हें बताया कि मैं तुरंत यहां से चला जाऊंगा। कई घंटों से बेरूखी भरे रवैये को बर्दाश्त करने के बाद मैं अपने को किसी और पर थोपना नहीं चाहता था। इस घर का दरवाजा चुनने के पीछे कारण यह था कि घर बंद होने के कारण मुझे लगा था कि इसमें रहनेवाले देर रात हो जाने के कारण शायद न लौटें। वृद्ध अंग्रेज दंपती अपने बेटे के घर से रात्रि का भोजन करके लौटे थे और एक अजनबी और अश्वेत को देखकर पूरी तरह हतप्रभ थे। मुझे अंग्रेजी भी ठीक से बोलनी नहीं आती थी। दूसरों को बोलते हुए सुनकर बड़ी तकलीफ से थोड़ी-बहुत अंग्रेजी सीखी थी। लेकिन उन्होंने मनुष्यता में मेरी आस्था को बनाए रखा।

मुझे घर के भीतर बुलाया, गर्म कॉफी बनायी। टोस्ट बनाया। मेरी राम कहानी धैर्य से सुनी। फिर उन्होंने टेक्नीकलर स्टूडियो से आर.के. स्टूडियो को संबोधित कार्यालयीन पत्रों को देखने की इच्छा व्यक्त की। वे एक अपराधी से नहीं, एक सभ्य व्यक्ति से बात कर रहे हैं, इस बात से संतुष्ट होकर उन्होंने यह उचित नहीं समझा कि अगली सुबह तक जैक कारडिफ को फोन किया जाए। मेरे लिए यह एक वरदान की रात थी क्योंकि उन्होंने मुझे सोने के लिए एक पलंग और अपने घर में रहने की इजाजत दे दी। अगली सुबह वह सज्जन पधारे जिन्हें पिछली रात मुझे लेने आना था। उस दंपती से मिले सहयोग के लिए मैंने उन्हें असीम धन्यवाद दिया। मैं उस दंपती की उदारता को कभी नहीं भूल सकता। इसके बाद रिहायश के लिए मैंने तीन ठिकानों को आजमाया। फिर मुझे 65 वर्षीय एक प्यारी आयरिश वृद्धा के घर ठिकाना मिला। इनके पति की मृत्यु विश्वयुद्ध में हो चुकी थी। इनका नाम श्रीमती फिट्ज पैट्रिक था। वह एक महान सहृदय महिला थीं। पांच महीने तक मैं उनके साथ रहा। उस दौरान उन्होंने मेरी देखभाल एकदम मां की तरह की।

इंग्लैण्ड के टेक्नीकलर लैब और पाइनवुड स्टूडियो में जिन भी ब्रिटिश और यूरोपीय कैमरामैनों से मेरा मिलना हुआ, वे सभी आला दरजे के थे। स्टूडियो फ्लोर और लेबोरेट्री दोनों जगहों के उनके उपकरणों को देखक़र मेरे होश फाख्ता हो गए। तकनीक और टेक्नालॉजी में हम कम से कम उनसे बीस साल पीछे थे। फिर भी उनके नतीजे उत्कृष्ट नहीं थे। उपकरणों की कमी के बावजूद यदि प्रयोग और नवाचार के लिए समय मिले तो हम अपने नवाचारी कौशल और कार्यपटुता के जरिये उनके स्तर के नतीजे दे सकते थे।

जैक कारडिफ 'आवारा' से बहुत प्रभावित थे। जब राज ने उनसे 'अजंता' की फोटोग्राफी करने की गुजारिश की तो उन्होंने उदारता से कहा 'तुम्हारे पास राधू है, तुम्हें जैक कारडिफ की जरूरत नहीं है'। मैं समझता हूं कि मास्टर लेंसमैन की यह खुले दिल से की गई प्रशंसा थी। 'आह' 1953 में रिलीज हुई थी। जनता को इसका दुखांत पसंद नहीं आया था। गाने उम्दा थे। इसके नकारात्मक अंत से फिल्म को कोई मदद नहीं मिल रही थी। राज ने दुबारा शूटिंग की। इसके अंत को सुखद बनाया लेकिन तब तक देर हो चुकी थी। इसे दुबारा प्रदर्शित करने से भी कोई फायदा नहीं मिला। लेकिन राज विपत्ति में भी उदास होनेवाले शख्स नहीं थे। ख्वाजा अहमद अब्बास और वी.पी. साठे से एक हास्य फिल्म बनाने के लिए कहा गया। इसमें राजकपूर को चार्ली चैप्लिन की भूमिका करनी थी। फिल्म का नाम 'राजू' रखा गया किंतु, अंततः इसका नाम बदलकर 'श्री 420' कर दिया गया।

हालांकि 'आह' में भारी घाटा हुआ। 'बूट पॉलिश' बच्चों की फिल्म थी और उससे उम्मीद लगायी जा रही थी कि वह आर.के. स्टूडियो की हालत पटरी पर ला देगी। 'अजंता' को स्थायी रूप से स्थगित कर दिया गया था। लेकिन 'बूट पॉलिश' पूरी करके जब पहला प्रिंट राजकपूर को दिखाया गया तो उन्हें यह और भी बुरी लगी। इसमें कोई गाना नहीं था। यह फिल्म डिवीजन की कोई डाक्यूमेंट्री फिल्म लग रही थी। राजकपूर को अपनी समझ को लेकर गहरा धक्का लगा। उन्होंने आठ गाने जोड़े। गाने को जोड़ने के लिए फिर से स्वयं इसका संपादन किया। इन गानों को दुबारा फिल्माया गया। फिर यह एक संगीतमय फिल्म बन गई और हिट हो गयी। भारत में बनी बाल फिल्मों में यह अभी भी एक उम्दा फिल्मों में से है। बेबी नाज ने प्यारा किरदार निभाया था। मास्टर रतन का किरदार असरदार था। यह बुरा हुआ कि वह विस्थापित होकर पाकिस्तान चले गए। इस फिल्म में सबसे अच्छा अभिनय डेविड ने किया था।

भारत सरकार ने 1952 में चार सप्ताह के लिए भारतीय सिनेमा की 14 बड़ी हस्तियों का एक प्रतिनिधिमंडल अमेरिका भेजा। प्रतिनिधिमंडल ने वहां के 8 शहरों का दौरा किया। लेकिन हालीवुड और अमेरिका ने इसमें कोई उत्सुकता नहीं दिखाई। यह दौरा फीका रहा। लेकिन 1954 में एक फिल्मी प्रतिनिधिमंडल सोवियत संघ और चेकोस्लोवाकिया भेजा गया। इसे अपार सफलता मिली। पांच भारतीय फिल्में भी दिखायी गईं। इनमें 'दो बीघा जमीन' और 'आवारा' भी शामिल थीं। राजकपूर की दोनों फिल्मों को पंसद किया गया। रूसियों में सबसे अधिक हिट राजकपूर और नर्गिस की जोड़ी रही। 'आवारा हूं' गाना अल्बानिया से लेकर बुल्गारिया, चीन तक सभी कम्यूनिस्ट देशों में लोकप्रिय हो गया। भारतीय फिल्म के संपूर्ण प्रतिनिधिमंडल को जन सराहना मिली। इसमें राजकपूर, निरूपा राय, विमल राय, चेतन आनंद, सलिल चौधरी, हृषिकेश मुखर्जी और मुझे मिलाकर कई अन्य लोग भी शामिल थे।

रूसियों ने हमें पूरा देश घुमाया। विज्ञान और टेक्नॉलाजी के क्षेत्र में हुई अपनी तरक्की को गर्व से दिखाया। बोलेशोई बेले, उनके सिनेमा स्टूडियो और फिल्म प्रशिक्षण संस्थान वास्तव में देखने-सीखने लायक जगहें थीं। स्तालिनग्राड, मास्को और लेनिनग्राड में युद्ध की तबाही के निशान साफ दिखने के बावजूद रूसी हर क्षेत्र में पश्चिम का मुकाबला करने के लिए कृतसंकल्प थे। अपना देश और अपनी उपलब्धियों को लेकर उनके चेहरों पर गर्व दिखता था। नाजियों से हुए युद्ध से उनका खूबसूरत देश जिस कदर तबाह हुआ था, उसे दुरूस्त करने के लिए रूसी लोग खूब मेहनत कर रहे थे। अपनी मातृभूमि की रक्षा करने के लिए लाखों रूसियों ने अपनी जानें गवांईं। रूसियों का उत्साह, उनकी ऊर्जा और मेहमानदारी अविस्मरणीय थी। सोवियत संघ विश्व के दस शीर्षस्थ देशों में शामिल होने के लिए कोशिश कर रहा था जिसमें उनकी देश भक्ति के जज़्बे का बड़ा योगदान था।

1981 में, राजकपूर के साथ 'प्रेम रोग' की प्रोसेसिंग के लिए मैं लंदन जा रहा था। हम मॉस्को से होते हुए वहां गए। राज को मॉस्को आमंत्रित किया गया था। इसलिए 2-3 दिन हम वहां ठहरे। जिस देश को हमने पहले देखा था, वह काफी बदल चुका था। वहां लोगों को वेतन मिलना पक्का था, अतः कम ही लोग मेहनत करते थे। कुछ ही लोग काम करने की कोशिश करते थे। सरकार की टैक्सी थी, लिहाजा टैक्सी ड्राइवर टैक्सी नहीं चलाते थे। एक डिनर पार्टी जाने में देरी इसलिए हुई क्योंकि कोई हमें लेने ही नहीं आया। इस काम को करने के बजाय ड्राइवरों ने गर्म आग से अपनी देह सेंकने को ज्यादा महत्त्व दिया। रोसिया

होटल एक बड़ा होटल था जिसके कमरे गंदे और सर्विस बेहद खराब थी। इस पर राजकपूर को कहना पड़ा, 'राधू साहब! यह देश इस तरह नहीं चल सकता। यह खत्म हो जाएगा। याद कीजिए! जो हमने 1954 में देखा था। देखिए! 1981 में इस देश को उन्होंने क्या बना डाला।'

इस भविष्यवाणी के बाद सोवियत संघ टूट गया। किसने सोचा था कि इतने ताकतवर सोवियत संघ को अपने ही आदमी धूल चटा देंगे। वे लोग यह सोचते थे कि दूसरे लोग कड़ी मेहनत करेंगे और वे इसी तरह आसानी से जिंदगी चलाते रहेंगे। 1955 में 'श्री 420' रिलीज हुई। यह पिक्चर बॉक्स ऑफिस को ध्यान में रखकर बनायी गई थी ताकि 'आह' के नुकसान को पाटा जा सके। दूसरे, राजकपूर की चार्ली चैप्लिन के प्रति यह श्रद्धांजलि थी जिनसे 1954 में हमारी मुलाकात हुई थी। इस फिल्म के निर्माण की गुणवत्ता बहुत अच्छी थी। लोगों ने इसे पसंद किया। सभी गाने बेहतरीन थे। मन्ना डे ने लाजवाब काम किया। इसकी थीम आम आदमी और फटेहाल शख्स की जिंदगी पर आधारित थी जो बार-बार दोहरायी जा चुकी थी। इसमें कठिन और भौतिकवादी दुनिया में, नायक सही और गलत तरीकों से जगह बनाने की कोशिश करता है। यह फिल्म भी समाजवादी देशों में जबरदस्त हिट रही। इसमें सेटों का प्रयोग अधिक किया गया था लेकिन वे अत्यंत यथार्थपरक थे। इसकी फोटोग्राफी की सराहना हुई और मुझे पहली बार फोटोग्राफी के लिए फिल्म फेयर पुरस्कार मिला। दो बेहद दिलचस्प प्रयोग मैंने आजमाये जिनके नतीजे शानदार मिले। एक तो भारत में पहली बार फोसर्ड पर्सपेक्टिव को आजमाया गया। इसके माध्यम से शुरू में दूर का दृश्य खींचा जा सकता है और फिर गतिविधि पर केन्द्रित कर दूरी को कम किया जा सकता है। 'प्यार हुआ इकरार हुआ है, प्यार से फिर क्यूं डरता है दिल' के गीत के दृश्यबंध में रिमझिम बारिश के बीच सड़क के एक दृश्य को चित्रित करने के लिए मैंने इसका प्रयोग किया था। इसमें ट्रैफिक और भीड़ से भरी मीलों लंबी सड़क थी और रिमझिम बारिश की पृष्ठभूमि में एक ट्रेन चल रही थी। यह पूरा दृश्य बहुत अच्छा बन पड़ा था।

दूसरा चित्रण समुद्र तट की लहरों का था। प्रकाश का उपयुक्त प्रयोग करके इसे स्टूडियो में फिल्माया गया था जहां पर न तो पानी की एक भी बूंद थी और न ही रेत का एक कण अथवा समुद्र था। आर.के. की टीम से बेहतरीन नतीजे मिलते थे क्योंकि हर तकनीशियन अपने हुनर का उस्ताद था। शंभु मित्र बंगाल के प्रतिभाशाली रंगकर्मी थे। वह एक अपरंपरागत और रोचक पटकथा लेकर बंबई आए। इस पटकथा में विमल राय ने कोई रुचि नहीं ली। अतः ख्वाजा अहमद

अब्बास उन्हें राजकपूर के पास ले गए जो अपरंपरागत फिल्में बनाने के लिए उत्सुक रहते थे। उन्होंने शंभु मित्र के सामने निर्देशक अथवा अभिनेता के रूप में कार्य करने का प्रस्ताव रखा। शंभु मित्र ने हिंदी सिनेमा में पहली बार निर्देशक की भूमिका स्वीकार की और राजकपूर ने छवि विश्वास, मोतीलाल, सुमित्रादेवी, प्रदीप कुमार, नर्गिस और नेमो के साथ पहली बार ग्लैमर विहीन एक आवारा की भूमिका की। कलात्मक दृष्टि से इस पिक्चर को सफलता मिली लेकिन यह फिल्म तब तक फ्लॉप रही जब तक इसे चेकोस्लोवाकिया के कारलोपी वेरी फिल्म महोत्सव में ग्रैंड पुरस्कार से सम्मानित नहीं किया गया।

चूंकि इस फिल्म में एक ही रात के भीतर पूरी घटना घटी है, अतः बहुत सलीके से इसकी प्रकाश व्यवस्था की जानी थी ताकि गोधूलि से भोर तक के प्रभाव और फिल्म के गंभीर मूड को प्राप्त किया जा सके। यह फिल्म 1956 में रिलीज हुई। इसमें शंकर-जयकिशन को नहीं लिया गया था। उनकी जगह सलिल चौधरी को तरजीह दी गई थी क्योंकि इसमें पार्श्व संगीत पर अधिक बल दिया जाना था। भारतीय फिल्म परिदृश्य में पहली बार उन्होंने भांगड़ा का उपयोग किया था और इसके आखिरी गीत 'जागो प्यारे मोहन' को मैं आजीवन याद रखूंगा। नर्गिस इस फिल्म के अंत में एक छोटे दृश्य में आईं थीं। इसमें उन्होंने राज की प्यास बुझायी थी जबकि वास्तविक जिंदगी में ऐसा नहीं होना था। कैमरा लैंस से देखते समय नर्गिस की आंखों में झिलमिलाते हुए सचमुच के आंसू देखकर मैं चकित रह गया। इस दृश्य को किसी और ने नहीं देखा था। यह दृश्य इतना विचलित कर देनवाला था कि इसे लफ़्जों में बयान करना कठिन है। कैमरे का लैंस कभी झूठ नहीं बोलता, उसमें उनके आंसू साफतौर से दिख रहे थे। अब मुझे लगा कि राजकपूर से नर्गिस की अलग होने की अफवाह सही है। आर.के. के इतिहास का एक युग समाप्त होने के करीब था। मैं नर्गिस को लेकर उदास हो गया। दरअसल वह एक महान महिला और भारतीय सिनेमा की सर्वश्रेष्ठ अभिनेत्री थीं। आर.के. की ड्रीम टीम का वह एक अभिन्न अंग थीं। उनके जाने से केवल राज ही नहीं टूटे बल्कि आर.के. की टीम भी काफी कमजोर हो गई।

जब तक आर.के. का प्रतीक चिह्न और आर.के. स्टूडियो बने रहेंगे, लोग राजकपूर और नर्गिस को लेकर चर्चा करते रहेंगे। भारतीय परदे की यह पहली जोड़ी थी जिसे देखकर लगता था कि वे एक दूजे के लिए बने हैं। सोवियत रूस में आम आदमी यही समझता था कि वे पति-पत्नी हैं। जब हम यह बताते थे कि ऐसा नहीं है, तो वे यकीन नहीं करते थे। भारतीय अभिनेत्रियों में नर्गिस सर्वश्रेष्ठ

सुंदरी नहीं थीं। लेकिन उनका व्यक्तित्व गरिमापूर्ण था। उनका आभामंडल मोहक था, उनमें स्त्री सुलभ आकर्षण था। चूंकि उनका चेहरा गतिशील था, अतः उनका चेहरा किसी भी कैमरामैन को आह्लादित कर सकता था। उनके चेहरे में बहुविध मनःस्थितियां व्यक्त करने की क्षमता थी। हालांकि कई कोण उनके चेहरे के अनुकूल नहीं पड़ते थे। वह मेरे कैमरे के निरंतर संपर्क में थीं, अतः मैं उनका सर्वोत्तम प्रकट करने में निष्णात था। राज अपनी पहली फिल्म 'आग' की तीसरी लीड के लिए जद्दन बाई की बेटी 'बेबी' (नर्गिस का घरेलू नाम) से पहली बार मिलने गए। इन दोनों की इस पहली मुलाकात को बॉबी फिल्म में बहुत खूबसूरती से फिल्माया गया है। यहां नर्गिस की भूमिका में डिंपल हैं। राजकपूर शुरू से ही नर्गिस से प्रेम करने लगे थे लेकिन वह इनकी भावनाओं का प्रतिदान नहीं दे पाती थीं क्योंकि उन्हें यह सब मनोविनोद लगता था। राज की शादी हो चुकी थी और उनके बेटे रणधीर का जन्म हो चुका थ। नर्गिस उन दिनों दिलीप कुमार, अशोक कुमार या ऐसे दूसरे बड़े सितारों के साथ काम करती थीं और राजकपूर की तब तक कोई पहचान नहीं बनी थी। 1948 से 1958 के बीच उन्होंने एक साथ पंद्रह फिल्में कीं। इनमें 'आग' (1948), 'अंदाज' और 'बरसात' (1949), 'जान-पहचान', 'प्यार' (1950), 'आवारा' (1951), 'अनहोनी', 'आशियाना', 'बेवफा', 'अंबर' (1952), 'आह', 'धुन' (1953), 'श्री 420', 'चोरी-चोरी' और 'जागते रहो' (1956) हैं।

1950 उनके रिश्ते का निर्णायक बिंदु था। 1948 में नर्गिस के पिता चल बसे थे। उनकी शक्ति का मुख्य स्रोत उनकी मां जद्दन बाई भी 1949 में गुजर गईं। नर्गिस को उस समय भावनात्मक सहारा चाहिए था। राजकपूर मानवीय संबंधों के मामले में सबसे स्वार्थी व्यक्ति थे। नर्गिस के जीवन में उत्पन्न शून्यता भरने के लिए वह उनकी तरफ बढ़ गए। राजकपूर नर्गिस को पागल की तरह प्यार करते थे। राजकपूर उनसे शादी करना चाहते थे लेकिन उनकी मां इस बात को सुनना तक नहीं चाहती थीं। महान महिला और उनकी पत्नी कृष्णा कपूर को सब 'भाभी जी' कहते थे, उन्हें दूसरी औरत की भूमिका अदा करनी थी। राज के शब्दों में, 'नर्गिस एक व्यक्ति के रूप में उदात्त महिला थीं जो कोई उनसे बातचीत करने आता था, उसके दुःख, दर्द और चिंता को भांप लेती थीं। वह किसी के लिए भी प्रेरणा स्रोत बन सकती थीं। वह व्यक्ति में कुछ ऐसी आत्मिक शक्ति भर देती थीं जिससे उसमें कार्य करने की शक्ति आ जाती थी और वह कुछ भी जोखिम उठाने के लिए तैयार हो जाता था। उनके पास दुःख-दर्द हरने की शक्ति थी जो किसी भी व्यक्ति को फिर से संपूर्ण बना देती थी।'

नर्गिस एक ऐसी विरल शख्स थीं जिनकी सच्ची सहानुभूति जनता के सभी वर्गों के साथ थी। वह सच्चे अर्थों में एक महान महिला थीं जो भावनात्मक रिश्तों के आगे झुक जाती थीं। राजकपूर इस बात को बेहतर जानते थे और उसका लाभ उठाते थे। नर्गिस से भावनात्मक लगाव ने राजकपूर के व्यक्तित्व को व्यापक बनाया। आर.के. की पूरी टीम एक परिवार की इकाई के रूप में थी। फिल्मों की सृजनात्मकता को यूनिट पूरी तरह जीती थी और उसमें ही सांस लेती थी। आर.के. स्टूडियो में सबको जोड़नेवाली तंतु और संजीवनी नर्गिस थीं। अंततः यह बात अजंता आर्ट्स के लिए भी सही साबित हुई जिसे उनके पति सुनील दत्त ने काफी समय बाद शुरू किया था। संपूर्ण आर.के. की यूनिट के लिए वह मातृवत् थीं। राज के लिए वह केवल प्रेरणा भर थीं।

नर्गिस के प्यार में सिर से पांव तक डूबने के लिए सिर्फ राज को ही दोष नहीं दिया जा सकता। दरअसल वह एक ऐसी सच्ची महिला थीं जिन्हें अपने रिश्तों में विराम लगाना नहीं आता था। वह प्यार करती थीं और प्यार पाती थीं। उनके लिए प्यार ही सब कुछ था। घर में भाइयों ने उन्हें रोकना चाहा। यहां तक कि उन पर अत्याचार करना भी शुरू कर दिया लेकिन उनका दिल, दिमाग पर शासन करता था। इससे उनके निश्चय में और भी दृढ़ता आयी। यह एक अलौकिक संबंध था और दोनों के मिलन से आर.के. स्टूडियो देश का एक महान स्टूडियो बन सका। आर.के. स्टूडियो उन दोनों की कोशिशों का नतीजा था—एक संतान जो वह वैसे कभी नहीं जन पाए। राजकपूर अपने रिश्ते को शुद्ध पेशेवर रिश्ता कहकर बचाव करते रहे लेकिन यह सच नहीं था। वह भावनात्मक रूप से नर्गिस से पूरी तरह जुड़े हुए थे। वे दिन उनकी पत्नी, बच्चों और माता-पिता के लिए कठिन थे। राजकपूर बेहद ईर्ष्यालु भी थे। नर्गिस किसी दूसरे के साथ फिल्म करे, यह बात उन्हें पसंद नहीं आती थी। दिलीप कुमार के साथ उन्होंने पांच फिल्में की और वे सभी हिट रहीं। 'मुगले आजम' में काम करने के लिए राज ने पहले उन्हें चंद्रमोहन के साथ काम करने से मना किया। बाद में जब यह किरदार दिलीप कुमार को दिया गया तब उनके साथ भी नर्गिस को काम करने नहीं दिया।

राजकपूर मूलतः बहुत भावप्रवण और रोमानी व्यक्ति थे। वह आर.के. की सभी नायिकाओं से भावनात्मक रूप से जुड़े हुए थे चाहे वह नर्गिस हों या पद्मिनी अथवा वैजयंतीमाला। वह अपनी नायिकाओं के उत्साह और सहयोग का पूरा लाभ फिल्म की सृजनात्मकता के लिए उठाना चाहते थे। उनका फिल्मों से लगाव बहुत गहरा था। सृजनात्मक प्रेरणा इतनी अधिक गहरी थी कि वह

शब्दशः अपनी फिल्मों को जीते थे। वह केवल अपनी फिल्मों के लिए जीते थे और परदे पर रोमांस की भावनात्मक चिंगारी को उतारना चाहते थे। उनका यह भावनात्मक लगाव स्वाभाविक था अथवा अपनी नायिकाओं में छिपी सर्वोत्तम प्रतिभा के उपयोग की रणनीति थी, इसका विश्लेषण अभी भी किया जाना बाकी है। नर्गिस राजकपूर से विवाह करना चाहती थीं लेकिन राज अपनी मां से अनुमति न पाने के कारण उन्हें वह दरजा नहीं दे सकते थे। राज अनिश्चितकालीन समय तक संबंध को इस आधार पर चलाना चाहते थे कि कृष्णा उनकी पत्नी के रूप में घर में रहें और नर्गिस उनकी प्रेयसी के रूप में स्टूडियो में बनी रहें। नर्गिस को महसूस हुआ कि राज उनका इस्तेमाल कर रहे हैं और उन्हें वह भावनात्मक सुरक्षा नहीं दे रहे हैं जिसे एक स्त्री परम्परागत पुरुष प्रधान समाज में चाहती है।

दूसरी औरत बनने से इंकार करके उन्होंने उस बात को चुनौती दी जो पिछले कई वर्षों से उनके बारे में उड़ाई जा रही थी। उन्होंने 'मदर इंडिया' के लिए करार किया। सुनील दत्त के साथ उनके लगाव को लेकर अफवाहें राजकपूर के पास आने लगीं। राजकपूर को एहसास हो गया था कि नर्गिस दूर जा रही हैं। उन्होंने उन्हें रोकने की कोशिश भी की। लेकिन उन पर उनकी पकड़ कमजोर हो गई थी। मार्च 1958 में उन्होंने सुनील दत्त से शादी कर ली और फिल्मों को चुपके से अलविदा कह दिया। शादी के बाद उन्होंने केवल अपने भाई अनवर हुसैन की अधूरी फिल्म 'रात और दिन' की जिसके नायक प्रदीपकुमार थे।

उन्होंने सचमुच राजकपूर को सर्वोत्तम देने के लिए प्रेरित किया। 1947 से 1956 के दौरान राजकपूर के साथ उनकी आर.के. बैनर की अविस्मरणीय फिल्मों में 'बरसात', 'आवारा', 'श्री 420', 'जागते रहो', 'बूट पॉलिश' और 'आह' रहीं। आर.के. की फिल्मों की विषयवस्तु में मनुष्यता और अतियथार्थवाद अंतर्निहित होता था जिसमें समाज के वंचितों और सर्वहारा के प्रति सच्चा अपनत्व दिखायी देता है। क्रांति के लिए बिना बिगुल बजाये, इन फिल्मों की विषयवस्तु गंभीर मानवीयता से भरी होती थी और यही कारण था कि सभी कम्यूनिस्ट देशों में इन फिल्मों को अपार सफलता मिली। नर्गिस के चले जाने के बाद राजकपूर की यह मानवीय भाव संपदा सूख गई। मेरे इस कथन के प्रभाव को समझने के लिए नर्गिस के साथ और नर्गिस के बाद की आर.के. की फिल्मों का विश्लेषण करना होगा। नर्गिस ने विवाह के बाद सुनील दत्त को भी इसी तरह प्रेरित किया। आज सुनील दत्त जो भी हैं, वह केवल नर्गिस के लगाव के

कारण से हैं। नर्गिस की मृत्यु के बाद सुनील दत्त भी फिल्म संसार में एक चुके व्यक्ति बनकर रह गए हैं। यह नर्गिस ही थीं जिन्होंने राजकपूर और सुनील दत्त दोनों को अपनी सीमाओं से ऊपर उठने के लिए प्रेरित किया। यदि सुनील दत्त को प्रेरित करने के लिए नर्गिस जीवित होती तो वह एक संसद सदस्य और राजनेता के रूप में राजनैतिक दृश्यपटल पर एक बड़ा प्रभाव छोड़ते। नर्गिस को जानना, प्यार को महसूस करना और एक महान महिला की याद करना है जो कि वह थीं।

नर्गिस के बाद का दौर
(1957-1988)

'जागते रहो' फिल्म की संक्षिप्त भूमिका में अंतिम बार आने के बाद जब नर्गिस ने आर.के. फिल्म्स छोड़ा, राजकपूर बुरी तरह टूट गए। वह इसे स्वीकार ही नहीं कर पाते थे कि नर्गिस (बेबी अथवा बैब्स) ने दरअसल हमेशा के लिए उन्हें छोड़ दिया है। वह संतप्त और देखने में ऐसे दुःखी व्यक्ति लगते थे मानो उनकी आत्मा खो गई हो जो कि दरअसल उनके पास थी। 'आग' फिल्म के बाद नर्गिस ही उनकी प्रेरणा थीं। एक कलाकार के रूप में वह अकेले और बेसहारा थे। नर्गिस के साथ अपरिपक्व संबधों की गहन तीव्रता ने इस विछोह को यंत्रणादायक बना दिया था। नर्गिस बौद्धिक प्रेरणा थीं और राजकपूर को इसकी आवश्यकता थी क्योंकि सभी सृजनात्मक कार्यों के लिए प्रेरणा चाहिए।

राज अपनी प्रेरणा को हमेशा अपने साथ रखना चाहते थे और जब वह उन्हें नहीं रख पाये, वह भावनात्मक रूप से टूट गए। पंडित नेहरू के प्रति श्रद्धांजलि देने के लिए वह 'अब दिल्ली दूर नहीं' बनाने का फैसला पहले ले चुके थे जिसमें याकूब (अल्लाउद्दीन के बड़े भाई) के साथ पंडित नेहरू भी एक सितारा भूमिका में थोड़ी देर के लिए दिखनेवाले थे। नर्गिस ने उन्हें बुरी तरह तोड़ दिया था। उधर नेहरूजी को सलाह दी गई कि व्यावसायिक फिल्मों में उनका दिखना उचित नहीं है। इससे इस फिल्म में राज की रुचि पूरी तरह खत्म हो गई। राज नर्गिसोत्तर दौर के आलस्य से उबर नहीं पाए थे और आर.के. स्टूडियो भी तंगहाली में था, अतः फिल्म अच्छी नहीं चली।

राज नायक के रूप में फिल्में लेने लगे ताकि नर्गिस को भूल सकें और आर.के. का बैनर भी फहराता रहे। प्रसाद की 'शारदा' जैसी कुछ फिल्में अच्छी थीं लेकिन अधिकांश याद रखनेवाली नहीं थी। राजकपूर एक पारखी व्यक्ति, अच्छे अभिनेता और सक्षम फिल्म निर्देशक थे लेकिन पेशेवर रुख के चलते वह फिल्म निर्देशक के काम में कभी भी दखल नहीं देते थे। कई बार यह जानते हुए

भी कि निर्देशक गल्ती कर रहा है, वह अपनी जबान बंद रखते थे और वैसा ही करते थे जैसा उनसे करने के लिए कहा जाता था। इस कारण उनकी तमाम नीरस फिल्में बनीं लेकिन वह वैसी किसी समस्या में नहीं उलझे जैसे दिलीप कुमार 'दिल दिया दर्द लिया' अथवा 'राम और श्याम' में निर्देशन के कारण उलझे थे, जहां निर्देशक की भूमिका नेपथ्य में चली गई थी। ऐसा इसलिए हुआ था क्योंकि दिलीप कुमार का फिल्मों से गहरा जुड़ाव था और वह अपनी कला के लिए किसी प्रकार का समझौता नहीं करते थे।

1959 में आर.के. आर्थिक तंगहाली में था। एक फिल्म तुरंत बनायी जानी थी ताकि यह कलंक धुल सके कि नर्गिस के चले जाने के बाद आर.के. स्टूडियो खत्म हो गया और अब राजकपूर फिल्म नहीं बना सकते हैं। लेकिन राजकपूर की स्थिति डावांडोल थी और नर्गिस द्वारा आर.के. स्टूडियो छोड़ने की पीड़ा से वह भावनात्मक रूप से अभी तक उबर नहीं पाए थे। अर्जुन देव रश्क एक भोले-भाले व्यक्ति पर केन्द्रित एक सशक्त पटकथा लेकर आए जिसके पास डाकुओं को सुधारने का एक अनोखा विचार था। इसकी कहानी और पटकथा, दोनों ही, बहुत उम्दा थे। राजकपूर इस पर मुग्ध हो गए। आर.के. स्टूडियो के लिए यह एक महत्त्वपूर्ण फिल्म थी क्योंकि 'अब दिल्ली दूर नहीं' सच में बेहद खराब फिल्म थी और वितरक नर्गिस के छोड़ने के बाद राजकपूर की सृजनात्मकता को लेकर भरोसा नहीं कर रहे थे। दूसरा कारण यह भी था कि आर.के. के भविष्य के इस मोड़ पर राज फिल्म निर्देशन की बात सोच भी नहीं पा रहे थे। एक असफलता से स्टूडियो का बिकना तय था क्योंकि कर्जा बहुत बढ़ गया था।

इसी बीच दिलीप कुमार ने डाकुओं पर केन्द्रित, ग्रामीण भाव बोध की एक फिल्म 'गंगा जमुना' टेक्नीकलर में बनाने का फैसला लिया। नितिन बोस ने 'ज्वार भाटा' और 'मिलन' फिल्म से दिलीप कुमार को सितारा बना दिया था। दिलीप कुमार ने उनसे यह वायदा किया था कि जब कभी वह कोई फिल्म बनाएंगे तो वह उन्हें निर्देशक के रूप में लेंगे। नितिन दा इससे पहले मेरे घर कभी नहीं आए थे लेकिन वह तब आए। चूंकि जैक कारडिफ से टेक्नीकलर लैब में मैं पहले प्रशिक्षण ले चुका था, उन्होंने मुझसे अपनी पहली टेक्नीकलर फिल्म में काम करने का अनुरोध किया। दिलीप कुमार भी एक हीरा इंसान थे। मैं उन्हें बांबे टॉकीज के दिनों से जानता था।

आर्थिक दृष्टिकोण से भी आर.के. स्टूडियो को छोड़ना और दिलीप ले में खिसक जाना उस समय विवेकपूर्ण लग रहा था। भारत एक और भारत में टेक्नीकलर फिल्म बनाने की इच्छा को रोक पाना

कठिन है क्योंकि रंगीन फोटोग्राफी प्रयोग करने के अच्छे अवसर प्रदान करती है। राजकपूर को हमारी इस बातचीत के बारे में पता था और उन्होंने बहुत चतुराई से 'जिस देश में गंगा बहती है' के निर्देशन का प्रस्ताव मुझे दिया। इस प्रस्ताव को मैं ठुकरा न सका, हालांकि वेतन में कोई वृद्धि नहीं की गई थी। आदमी और उसके चरित्र को पहचानने के मामले में राजकपूर बड़े सयाने व्यक्ति थे। राजकपूर ने बहुत ही कुशलता से मेरे अहं को सहलाया। उस समय तो मैं और भी न नहीं कह सका जब राज ने कहा कि मेरे ऐसा न करने से आर.के. बंद हो जाएगा और यहां काम करनेवाले तमाम जन बेरोजगार हो जाएंगे।

इस बात से मैं प्रभावित हो गया क्योंकि हम दोनों आर.के. स्टूडियो और यहां काम करनेवाले कर्मचारियों से भावनात्मक रूप से जुड़े हुए थे। आर.के. स्टूडियो हम सभी के लिए परिवार का एक हिस्सा था और इसके बंद होने की कल्पना करना भी मुश्किल था। गणपति पूजा उत्सव, होली की हुड़दंग और रंग के ताल में लोगों को डुबोना, आर.के. की फुटबाल टीम का स्थानीय प्रतियोगिताओं में भाग लेना कुछ ऐसी बातें थीं जिनके कारण हम सब एक दूसरे के बहुत करीब थे। आर.के.की संपूर्ण टीम एक परिवार की तरह एक दूसरे की मदद करती थी चाहे उसकी हैसियत कुछ भी हो। मुसीबत के समय मैं उन्हें छोड़ नहीं सकता था, अतः मुझे नितिन बोस को 'गंगा जमुना' के लिए मना करना पड़ा। मेरी हार्दिक इच्छा थी कि काश! मैं इस फिल्म को कर पाता। बाद में 'राम और श्याम' के लिए दिलीप कुमार ने मेरा नाम सुझाया लेकिन राजकपूर चाहते थे कि मैं इस फिल्म को न करूं। इसके बाद दिलीप कुमार ने अपनी किसी भी फिल्म के लिए मेरा नाम नहीं सुझाया। फिल्म साइन करने के तुरंत बाद देवानंद निर्माता को फाली अथवा जाल मिस्त्री या बहुत हुआ तो फरदून ईरानी के पास करार करने के लिए भेजते थे। वह वफादार थे। लेकिन राजकपूर ने कभी किसी निर्माता को मेरे नाम का सुझाव नहीं दिया। चूंकि वह राधू करमाकर की सेवाओं के प्रयोग का पूरा अधिकार अपने पास रखना चाहते थे जबकि वह स्वयं आर.के. से बाहर की फिल्मों में काम करते थे।

1965 के बाद जब मैं बाहर के निर्माताओं की फिल्में साइन करने लगा तो वह मोहन कुमार, राजेन्द्र कुमार और बी. सुभाष को फोन करते थे और नशे की हालत में उन्हें गालियां बकते थे। वह ऐसा इसलिए करते थे क्योंकि वह जानते थे कि मेरे बिना वह काम नहीं कर सकते हैं। वर्षों से काम करने के कारण हमारे बीच एक ऐसी समझ विकसित हो गई थी कि वह इतना भर कहते थे कि उन्हें परदे पर किस तरह का प्रभाव चाहिए और जिस रूप में उन्होंने कल्पना की होती

थी, मैं परदे पर वही प्रभाव पैदा कर देता था। भावनात्मक स्तर पर हम दोनों की समझ पूरी तरह मेल खाती थी और इसलिए वह किसी और निर्देशक के साथ मुझे बांटना नहीं चाहते थे। राजकपूर और आर.के. स्टूडियो के प्रति अपनी वफादारी के चलते मैंने तमाम प्रस्ताव ठुकरा दिये।

मैं अब 43 साल का हो चुका था और एक महान बैनर के तहत मुझे पहली फिल्म निर्देशित करनी थी। संगीत निर्देशक शंकर-जयकिशन की जोड़ी इस फिल्म के सख्त खिलाफ थी। उनका मानना था कि इसकी कहानी बहुत अच्छी नहीं है और इसमें संगीत के लिए गुंजाइश नहीं है। फिल्म की संकल्पना बहुत अच्छी थी। पहले 18 दिन की शूटिंग शिड्यूल बहुत अच्छी तरह हुई लेकिन जब राजकपूर ने इसकी रशेज की प्रिंट देखी तो उन्होंने इसकी शूटिंग बंद करने के लिए कह दिया। उनका मानना था कि इसका हीरो पोंगा पंडित है और कोई हिंदी फिल्म ऐसे रीढ़हीन चरित्र को लेकर नहीं बनी है। हालांकि मेरा यकीन था कि फिल्म इसी हीरो से भी चल सकती है। एक चतुर मसखरे के साथ आदर्शवाद का मेल किया जा सकता है और प्रछन्न रूप से संगीतमय फिल्म की तरह हम इसे एक सार्थक फिल्म बना सकते हैं।

इसका संगीत जबरदस्त था। शंकर जयकिशन की सृजनात्मकता इसमें अपने सर्वोत्कृष्ट रूप में प्रकट हुई थी। इस फिल्म में 13 गाने थे और हर एक गाना सुपरहिट था। शुरुआती गाना 'मेरा नाम राजू' से लेकर 'होठों पर सच्चाई रहती है', फिर लता का बेहतरीन गाना 'ओ बसंती पवन पागल' सभी गाने शानदार और फिल्म के मूड के अनुकूल थे। यहां तक कि रोमेंटिक गाना 'क्या हुआ' और 'है आग हमारे सीने में' तथा 'आ अब लौट चलें' महान कंपोजीशन थे। कामोद्दीपक गीत 'हो मैंने प्यार किया' भी बेहतरीन गाना था जिसने 'गंगा जमुना' से मुकाबला करने में हमारी मदद की। दोनों फिल्मों की गोल्डन जुबली हुई। यद्यपि 'गंगा जमुना' ने बेहतर कारोबार किया। 1959 में यह फिल्म रिलीज हुई और गजब की हिट रही। आर.के. स्टूडियो में एक बार फिर से जीवन का संचार हो गया। पद्मिनी और मधुबाला की छोटी बहन चंचल ने अपनी भूमिकाएं बहुत अच्छी तरह निभाईं लेकिन राका के रूप में प्राण की भूमिका सर्वोत्कृष्ट रही जो अब फिल्म इतिहास का एक अध्याय है।

मुझसे प्रायः कहा जाता रहा है कि राजकपूर ने ही दरअसल 'जिस देश में गंगा बहती है' फिल्म को निर्देशित किया था। यह बिल्कुल असत्य है। ऐसी भी अफवाहें रही हैं कि 'साहब, बीबी और गुलाम' का निर्देशन अबरार अल्वी के स्थान पर गुरूदत्त और 'गंगा जमुना' 'का निर्देशन नितिन बोस के स्थान पर दिलीप

कुमार ने किया था। दूसरी तरफ ऐसी पुष्ट रिपोर्टें थी कि सत्यजित राय और दुलाल गुहा जैसे निर्देशक भी थे जो कैमरा के काम को करने के लिए दबाव डालते थे। लोगों का अनुमान था कि पहली बार निर्देशक बना व्यक्ति किस तरह इतनी परिष्कृत और तकनीकी रूप से उत्कृष्ट फिल्म बना सकता है।

इसी तरह की एक अफवाह यह भी एक थी कि 'आवारा' और 'श्री 420' के सबसे उत्कृष्ट शॉट रूसी कैमरामैनों ने खींचे थे। राजकपूर बेहद हताशा के दौर से गुजर रहे थे और जिस कहानी में उनका यकीन नहीं था, उसके साथ वह न्याय नहीं कर सकते थे। लेकिन मेरे दबाव, रश्क का उत्साह, शंकर जयकिशन का मीठा संगीत और लता की जादुई आवाज तथा 'जिस देश में गंगा बहती है' के श्रेष्ठ अभिनेताओं के कारण यह फिल्म अच्छी चली। बोली जानेवाली व्यावहारिक हिंदी में मैं कमजोर था, अतः सेट पर शूटिंग के समय जब राजकपूर मौजूद होते थे, तो वह अभिनय/संवादों के अदायगी कराने में मेरी मदद करते थे। इसके अलावा वह मुझे अकेले काम करने देते थे, चूंकि वह एक अच्छे अभिनेता थे और दृश्यों को बेहतर ढंग से महसूस कर सकते थे। उनकी इस मदद का मैं स्वागत करता था। लेकिन इस पूरी फिल्म को मैंने ही निर्देशित किया था।

मैं शर्त लगाता हूं कि यदि यह फिल्म फ्लॉप हो गई होती तो कोई भी यह नहीं कहता कि इसे राजकपूर ने निर्देशित किया था। सफलता के सैकड़ों और असफलता के एक भी दावेदार नहीं होते हैं। लोग अक्सर यह भी पूछते हैं कि मैंने निर्देशक के रूप में अन्य कोई फिल्म क्यों नहीं की? मुझे कुछ प्रस्ताव मिले लेकिन उनकी कहानी, स्क्रीन प्ले, मेरी रुचि के अनुकूल नहीं थे। दूसरे, मैं अपनी एक फिल्म 'हरफन मौला' का निर्माण कर रहा था जिसमें मेरी बहुत बड़ी रकम डूब चुकी थी। निर्माता-निर्देशक के काम से हमेशा के लिए मेरा मन छिटक गया था और मुझे पता चल गया था कि स्वतंत्र रूप से निर्माता/निर्देशक के रूप में फिल्म बनाना बहुत कठिन है। जब तक कोई बड़ी प्रोडक्शन यूनिट मेरे पीछे खड़ी न हो, मैं इंतजार करना चाहता था। इस फिल्म के समाप्त होने तक राज पद्मिनी के साथ बहुत अंतरंगता से जुड़ गए थे और कम से कम बाहर से ही सही नर्गिस को भुलाने का भ्रम दे रहे थे। मेरी अपनी राय में नर्गिस का आर.के. स्टूडियो छोड़ना, राज वास्तव में कभी भी भुला नहीं सके। चूंकि वह अपनी सोच में बेहद स्वकेन्द्रित थे, अतः नर्गिस के दृष्टिकोण की वह बहुत अधिक परवाह नहीं करते थे। राज ने 'संगम' के निर्देशन का काम शुरू किया और फिर इसकी कमान अपने पुत्र रणधीर कपूर को सौंप दी। उन्होंने कभी भी अपने मुख्य सहायक एस. कला चंद्रा को मौका नहीं दिया जो 1947 से लेकर 1988 तक मृत्युपर्यन्त उनके साथ

रहे। निर्देशक के रूप में कुछ और फिल्में न करने का मुझे कोई मलाल नहीं है। लेकिन मुझे इस बात का बेहद अफसोस है कि ओरसेन वेलेस की तरह एक संपूर्ण फिल्म नहीं बना सका जैसी उन्होंने 'सिटीजन केन' बनायी थी। गंभीर सिनेमा का कोई भी विद्यार्थी ऐसी फिल्म बनाने के लिए अपना दाहिना हाथ भी दे देगा।

मुझे खुशी है कि 'जिस देश में गंगा बहती है' फिल्म ने अच्छा कारोबार किया। इससे आर.के. के उन तमाम लोगों की नौकरियां बचीं जिनके पास आमदनी के कोई दूसरे साधन नहीं थे। दूसरे, आर.के. की पेशेवर टीम अपने-अपने क्षेत्र की उत्कृष्ट प्रतिभाओं की सहायता से उसके बैनर को फहराये रख सकने में सफल हो सकी। मुझे पूरा यकीन है कि आर.के. की टीम किसी भी तरह की फिल्म बनाने का काम ले सकती थी और सफलतापूर्वक बना सकती थी। हमारे पास प्रतिभाशालियों की ऐसी अकूत संपदा थी। राज़कपूर भी बेहद समर्थ थे और उनका नेतृत्व अत्यंत प्रभावी था। उन्होंने अपनी एक ऐसी टीम बना ली थी कि जो कुछ वह चाहते थे, उसके लिए उन्हें बहुत अधिक स्पष्ट नहीं करना पड़ता था।

हम सभी लगभग हमउम्र थे और हमारा मानसिक धरातल एक था। 'जिस देश में गंगा बहती है' तक आर.के. यूनिट में काम करने में बेहद आनंद मिला। इस फिल्म ने 'जागते रहो' और 'अब दिल्ली दूर नहीं' में हुए घाटे को खत्म करने में मदद की। इस फिल्म के शुरुआती डकैती के दृश्यों के दौरान आग लगने पर मवेशियों के इधर-उधर भागने की शूटिंग में एक गाय जल गई थी लेकिन जल्दी ही उसे बचा लिया गया। मुझे तभी लगा था कि यह शुभ संकेत है। यदि गाय मर जाती तो मेरा मानना है कि फिल्म निश्चय ही बीच में बंद हो जाती। डकैत प्रभावित भिंड/मुरैना क्षेत्र में जब हम शूटिंग कर रहे थे तो उन दिनों डाकुओं के एक गिरोह का एक डाकू नियमित रूप से उत्साही दर्शक की तरह आता था। एक मौके पर जब हम कुछ गल्ती कर रहे थे, तो वह खुद हमारे पास यह बताने के लिए आया कि एक डाकू इस स्थिति में क्या प्रतिक्रिया करेगा और शूटिंग के बाकी दिन वह डकैती के मानद विशेषज्ञ के रूप में निःशुल्क हमारे साथ बना रहा। निःशुल्क परामर्शदाता होने के बावजूद वह हमारी शूटिंग का पूरा आनंद उठाता था। मुझे उम्मीद है कि उसने काफी लंबी जिंदगी जी होगी। फिल्म बनाने में दरअसल उसका योगदान बहुत मूल्यवान था।

हालांकि डाकुओं के आत्मसमर्पण और उनके पुनर्वास के विचार पर राजनैतिक हलकों में कई लोग हंसते थे लेकिन 1960 के दशक के अंत में मध्यप्रदेश/उत्तरप्रदेश में बड़ी संख्या में डाकुओं का आत्मसमर्पण कराने में इस

फिल्म के रिलीज होने के काफी समय बाद जयप्रकाश नारायण सफल हो पाए। इस फिल्म के बाद राजकपूर का दृष्टिकोण व्यावसायिक हो गया। उनकी आदर्शवादी और स्वप्नदर्शी विश्वदृष्टि दब गई। वह आदमकद जिंदगी से ऊपर उठकर बड़े शो मैन बन गए। आज सुभाष घई शो मैन की छवि बनाने की सुनियोजित रूप से कोशिश कर रहे हैं। राजकपूर ने बहुत पहले 1960 के बाद यही किया था। वह अपनी सृजनात्मकता से बड़ी होने की कोशिश करने लगे जो एक फिल्मकार के अपकर्ष का पक्का संकेत है।

सच्चाई यह है कि प्रत्येक फिल्मकार के साथ यह समस्या आती है चाहे वह राजकपूर हों अथवा सत्यजित राय। कोई उन्हें उनके बारे में सही बात नहीं बताता है। फिल्म की सफलता की मीठी सुगंध से आकर्षित होकर मक्खियों की तरह बड़ी संख्या में जी हजूरिया उन्हें घेर लेते हैं और यदि फ्लॉप होने के जरा भी आसार दिखायी देते हैं तो वे न जाने कहां गायब हो जाते हैं। एक फिल्मकार वास्तविकता से नहीं भाग सकता है। सिनेमा दर्शक का मन बेहद चंचल होता है। इन पर पहले से कोई भरोसा नहीं किया जा सकता। हकीकत से दूर काल्पनिक दुनिया में रहनेवाले को जनता की नब्ज महसूस करना मुश्किल होता है। उनके लिए वह चवन्नी वाली भीड़ ही जनता है जो फिल्म देखती है। फिल्म बनाने का एक ही नुस्खा है कि इसका कोई नुस्खा नहीं है। आपको बनावटी नहीं, एक ईमानदार फिल्म बनानी होगी। जनता सावधान रहती है कि कोई उन्हें छलने की कोशिश तो नहीं कर रहा है और इस प्रकार इतनी बड़ी संख्या में फिल्म नाकामयाब होती हैं। फ्लॉप फिल्म बनाने से धन और मेहनत की बहुत अधिक बरबादी होती है। आज के फिल्मकारों को मेरी एक सच्ची सलाह है कि वे एक कृत्रिम मसाला फिल्म नहीं, एक ईमानदार फिल्म बनाएं। शोमैन पी.टी. बरनम ने शायद यह कहा है कि हर मिनट पर एक मूर्ख पैदा होता है। मेरे विचार से रकम खर्चनेवाली जनता के बारे में यह एक दरिद्र विचार है जिनकी पहली और आखिरी मांग अच्छा मनोरंजन है। इससे कुछ न ज्यादा और न ही इससे कुछ कम।

अंग्रेजी क्लासिक 'इनोक आर्डेन' पर आधारित एक फिल्म को 1948 में राज ने बनाना शुरू किया था। इसका रूपांतरण इंदर राज ने किया था। इस प्रोजेक्ट को 'संगम' के रूप में फिर से शुरू किया गया। राधा की भूमिका के लिए राज एक परिष्कृत अभिनेत्री चाहते थे और अपनी देशज कामुकता के चलते पद्मिनी इसके लिए उपयुक्त नहीं लग रही थी। अतः वैजयंतीमाला से संपर्क किया गया जिन्होंने 'गंगा जमुना' में बहुत अच्छी भूमिका निभायी थी। उन्हें दिलीप कुमार के कैम्प का हिस्सा माना जाता था लेकिन वह फिल्म करने के लिए राजी हो गईं।

राज ने उन्हें एक तार भेजा कि 'बोल राधा बोल संगम होगा कि नहीं'। कुछ दिन आत्मविश्लेषण करने के बाद वैजयंतीमाला ने मन बना लिया और अपना जवाब तार से भेजा कि 'होगा, होगा, होगा'। फिल्म का यह हिट गीत था। यह फिल्म टेक्नीकलर में बनायी गई और इसकी अधिकांश शूटिंग यूरोप में की गई। 'संगम' एक भव्य चाक्षुष फिल्म थी। रंगीन फिल्म के क्षेत्र में आर.के. का यह पहला कदम था।

ग्लैमर फिल्म के रूप में इसकी पैकेजिंग की गई थी और इसके हर फ्रेम में गजब की चाक्षुष अपील थी। बारीक कहानी पर आधारित फिल्म का फिल्मांकन करना किसी भी सिनेमैटोग्राफर के लिए चुनौती भरा कार्य था। सुंदर की भूमिका राजेन्द्र कुमार ने निभाई थी जिसके लिए पहले बांग्ला सिनेमा के सितारे उत्तम कुमार को प्रस्ताव दिया गया था। यह एक अच्छी भूमिका थी लेकिन अभिनेता उत्तम कुमार राजकपूर निर्देशक पर भरोसा नहीं करते थे। उन्हें लगा था कि निर्देशक राजकपूर सुंदर की भूमिका कर रहे अभिनेता राजकपूर को अधिक महत्त्व देकर गोपाल की भूमिका को खत्म कर देंगे। लेकिन वह इस बात को कम जानते थे कि निर्माता राजकपूर फिल्म की कामयाबी के लिए कुछ भी कर सकते हैं। चूंकि वह निर्माता पहले थे, फिर हीरो। उत्तम कुमार ने प्रस्ताव ठुकरा दिया और इसके स्थान पर आलो सरकार द्वारा निर्देशित अपनी फिल्म 'छोटी सी मुलाकात' बनाने में लग गए जो बॉक्स आफिस पर पिट गई। उत्तम कुमार की यह मंहगी गल्ती थी।

आर.के. पिक्चर से नर्गिस के चले जाने के बाद तीसरी फिल्म 'जिस देश में गंगा बहती है' साफतौर से बॉक्स ऑफिस को ध्यान में रखकर बनाई गई थी। इसमें तमाम कामोत्तेजक दृश्य और संवाद थे, अतः इसे सफल होना ही था। लेकिन 'संगम' में कोई संदेश नहीं था। आर.के. की परंपरा इस तरह बुझ गई और 'संगम' से विचाररहित मनोरंजन की नई परंपरा शुरू हुई। बॉक्स ऑफिस महत्त्वपूर्ण हो गया। यहां यह नहीं कहा जा रहा है कि पहले आर.के. की फिल्में निःस्वार्थ भाव से बनती थी और उन्होंने सफलता के लिए बॉक्स ऑफिस को तिलांजलि दे रखी थी। अब इस माध्यम में संदेश खो गया था। इस फिल्म में राजकपूर का वैजयंतीमाला से संबंध अत्यंत भावप्रवण था। फिल्म में रोमांस की भावना को विश्वसनीय बनाने के लिए शायद ऐसा किया गया था।

उन दिनों विदेशों में शूटिंग करने में तमाम कठिनाइयों का सामना करना पड़ता था। राजकपूर को केंद्रीय सरकार को विदेशी मुद्रा में एक लाख पाउंड की गारंटी देनी पड़ी थी जिसका भुगतान हिंदुजा ने किया था। इसके बदले उन्होंने

'संगम' के विदेश में वितरण के सभी अधिकार ले लिए थे। उन्होंने जो खर्च किया था, उसकी वसूली केवल अकेले तेहरान से निकल आयी थी। हिंदुजा की प्रारंभिक सफलता का कुछ संबंध 'संगम' की सफलता से भी जुड़ा है। जिन देशों में हमने फिल्मांकन किया, वहां हमें स्थानीय कैमरामैनों को लेना पड़ा जो हमारे साथ सिर्फ रहते थे और उन्हें कुछ भी न करने के लिए मुझसे सौ गुणा अधिक रकम अदा की गई थी। सिनेमा टेक्नीक के बारे में उनकी जानकारी कम थी लेकिन वहां का सिनेमैटोग्राफर कर्मचारी संघ इतना ताकतवर था कि संबंधित देशों में यदि किसी विदेशी इकाई को शूटिंग करनी हो तो उन्हें उनके सदस्यों की सेवाएं लेनी पड़ती थी। इसके विपरीत हम अपने देश में विदेशी फिल्मों को शूटिंग करने की अनुमति देते हैं और उनकी तरह स्थानीय कैमरामैनों की सेवाओं के लिए दबाव नहीं डालते हैं। 18 वर्षों तक मैं डब्ल्यू.आई.सी.ए. के अध्यक्ष के रूप में इस बारे में सरकार को नियम बनाने के लिए राजी नहीं कर सका क्योंकि विदेशी मुद्रा के कारण सरकार आसानी से दबाव में आ जाती थी। यदि राष्ट्रीय सम्मान आहत होता हो तो एक स्वाभिमानी सरकार को ऐसे स्पष्ट भेद-भाव वाले कानूनों को लागू रहने की अनुमति नहीं देनी चाहिए। 'संगम' की ग्लैमर फोटोग्राफी के लिए मैंने अपनी मूल प्रवृत्ति पर अंकुश रखा और इस फिल्म में पार्टी के दृश्यों का फिल्मांकन बेमिसाल रहा। कैमरा संचालन अपूर्व था और फ्रेमिंग शॉट अनन्य थे। मेरी यह पहली रंगीन फिल्म मेरे लिए निजी जीत सरीखी थी। इसके अलावा, प्रकाश की गहराई से शॉटों को देखने में दर्शकों को आसानी रही क्योंकि क्लोज अप शॉट तक में भी चेहरे फोकस से बाहर नहीं गए। पार्टी के दृश्यों में बड़ी मेहनत करनी पड़ी। 'संगम' की प्रतिस्पर्धा में दिलीप कुमार की 'लीडर' थी जो इसके विपरीत फ्लॉप हो गई।

लेकिन यदि 'संगम' भूल थी, तो 'मेरा नाम जोकर' भयंकर भूल थी। राजकपूर ने ख्वाजा अहमद अब्बास से व्यक्ति केन्द्रित पटकथा लिखने के लिए कहा। शोमैन समझते थे कि वह शो से भी ज्यादा महत्त्वपूर्ण हैं। 'मेरा नाम जोकर' पूरी तरह व्यक्ति केन्द्रित फिल्म थी जिसमें नॉस्टेलेजिया, आत्मवृत्त, असफलता का भय और चिंताएं, धोखा और अपमान, भव्यता और बेहिसाब कामुकता का जटिल घालमेल था जिसे एक विचित्र ढंग से गढ़ा गया था। यह फिल्म अंततः दर्शकों के लिए अमूर्त बन गई। यह आत्मरति थी और इसमें सब कुछ की अति थी। यहां तक कि राजकपूर और पद्मिनी का वजन भी बहुत बढ़ गया था। पहला हिस्सा बहुत अच्छा था जिसमें बचपन के दृश्य थे। लेकिन दूसरे हिस्से में अति भावुकता थी और रूसी सर्कस के जरिये फिल्म को लंबा खींचा गया था जिसमें

रूसी-हिंदुस्तानी भाई-भाई की कसरत की गई थी। तीसरा हिस्सा लज्जाजनक था और विश्वसनीय नहीं था लेकिन फिर भी दूसरे हिस्से की तुलना में एक दर्जा बेहतर था।

समग्र रूप से यह फिल्म पिट गई। राजकपूर ने अपने जीवन दर्शन को व्यक्तिगत स्पर्श देकर फिल्म बनाई थी जिसे दर्शकों ने नकार दिया। राजकपूर ने इसे अपना निजी अपमान समझा और इस सिनेमा के बारे में दर्शकों की अवमानना को उन्होंने कभी नहीं माफ किया। वह यह कभी समझ नहीं पाए कि उन्होंने कहां गल्ती की है। इसके मुकाबले देवानंद की फिल्म 'जॉनी मेरा नाम' पूरी तरह से मनोरंजक फिल्म थी। यह अच्छे गानों के कारण हिट होकर खूब चली। 'मेरा नाम जोकर' का संगीत दूसरी नाकामयाबी थी। इसमें आर.के. बैनर के उच्च मानदंडों के अनुरूप संगीत नहीं था। शैलेन्द्र (1970) और शंकर (1971) गुजर चुके थे। आर.के. की संगीत टीम खस्ताहाल थी। लता मंगेशकर से अपने झगड़े के कारण शंकर ने 'कल आज और कल' का गायन शारदा को सौंप दिया जिसके कारण लता ने 'मेरा नाम जोकर' और 'कल आज और कल' दोनों में से किसी के लिए गाना नहीं गाया। इन दोनों फिल्मों के फ्लॉप हो जाने से आर.के. स्टूडियो की नींव हिल गई। रणधीर कपूर की पहली फिल्म फ्लॉप हो गई और राजकपूर पूरी तरह टूट गए। मेरे पूरे कैरियर में इस फिल्म के सर्कस के दृश्य सबसे कठिन शॉट थे। इन शॉटों के प्रति मेरे मन में विशेष अनुराग था। यद्यपि बॉक्स ऑफिस पर यह फिल्म बुरी तरह नाकामयाब रही लेकिन इसकी फोटोग्रॉफी आला दरजे की थी। मुझे इसके लिए पहली बार राष्ट्रीय पुरस्कार मिला।

इसके तुरंत बाद 'बॉबी' फिल्म शुरू की गई। यह फिल्म विरोधियों से बदला लेने के लिहाज से ही नहीं, आर.के. के बैनर को लहराये रखने के लिए भी शुरू की गई थी। आर.के. के परदे से राजकपूर हमेशा के लिए गायब हो गए और अभिनय करने की जिम्मेदारी हमेशा के लिए दूसरों को सौंप दी। उन्होंने अपनी आवाज से मुकेश को भी अलग कर दिया। शंकर को आर.के. बैनर से हमेशा के लिए हटा दिया और लता को एक बार फिर अपने कैंप में लाया गया। राजकपूर ने शंकर को कभी माफ नहीं किया जिन्होंने बेफिजूल अपनी संरक्षिता शारदा के लिए लता मंगेशकर से लड़ाई मोल ली। अगली फिल्म में लक्ष्मीकांत प्यारेलाल का नाम इश्तहार में छपा।

दुर्भाग्यवश इस फिल्म में भी कोई संदेश नहीं था। यह एक स्थूल व्यावसायिक फिल्म थी। इसमें फिर बॉक्स ऑफिस को महत्त्व दिया गया और नर्गिस युग की सामाजिक प्रतिबद्धता अतीत की बात हो गई। बॉक्स ऑफिस को लुभाने की

कोशिश में वह कामोत्तेजक, ऐन्द्रिक और शृंगारिक चीजों की तलाश करने लगे। राज-नर्गिस की युवा जोड़ी के रूप में राज ने ऋषि कपूर और डिंपल कपाड़िया की भूमिका तैयार की। प्रसिद्ध लेखक आर.के. लक्ष्मण की पटकथा को रद्द कर दिया गया। ख्वाजा अहमद अब्बास और वी.पी. साठे ने एक प्रेम कहानी लिखी। लक्ष्मीकांत प्यारेलाल ने तरोताजा कर देनेवाला संगीत दिया और लता मंगेशकर की वापसी से फिल्म को अभूतपूर्व सफलता मिली। अब तक आर.के. के अधिकांश दिग्गज गुजर चुके थे या स्टूडियो छोड़कर चले गए थे।

जिस आदर्शवाद से हम आकर्षित हुए थे और जिसके कारण हम एक दूसरे से जुड़े हुए थे, वह अब आर.के. में नहीं रह गया था। 24 वर्षों से मेरे मासिक वेतन में कोई वृद्धि नहीं हुई थी। राजकपूर को इस बेहद बदले हुए रूप में स्वीकार करना कठिन होता जा रहा था। राजकपूर का नया रूप मेरी रुचि के अनुकूल नहीं था और सच पूछो तो यह मुझे निरर्थक सा लगता था। आर.के. स्टूडियो का पारिवारिक वातावरण भी अब अतीत की बात हो गई थी। पहले राजकपूर सबके बराबर थे। अब वह भाग्यविधाता बन गए थे और उसी तरह बरताव करते थे।

1973 में 'बॉबी' रिलीज हुई। इसके थोड़े समय बाद ही मैंने आर.के. को छोड़ दिया। फिल्म उद्योग में मेरा नाम था लेकिन मेरे पास सांसारिक दौलत बहुत कम थी। 1974 तक मेरे पास फोन और रेफ्रिजेरटर तक नहीं था। मेरे पास एक एंबेसडर मार्क-II कार थी जिसे संगम की सफलता के बाद राजकपूर ने मुझे तोहफे में दिया था और ऋण की सहायता से (आर.के. से ऋण नहीं लिया) जुहू स्थित अपना घर किसी तरह पूरा करा पाया था। 1974 में, 'बॉबी' फिल्म की सफलता के कारण मेरे घर पर आयकर अधिकारियों का छापा जरूर पड़ा। जब उन्हें मेरे घर में खुले तौर पर कोई रकम नहीं मिली तो मेरे घर की गैर फिल्मी फर्नीशिंग, फर्नीचर और फिक्सचर को देखकर उन्होंने पूछा कि क्या मेरा कोई और भी घर है। इससे मुझे बहुत तकलीफ हुई।

मैं जानता था कि मुझे अपने बड़े हो रहे बच्चों और लंबे समय से कष्ट सह रही पत्नी के साथ न्याय करने हेतु आर.के. स्टूडियो से नाता तोड़ना होगा। यह एक कठिन फैसला था लेकिन यह इतना असंभव नहीं था क्योंकि अल्लाउद्दीन और हसरत जयपुरी को छोड़कर कोई और सहकर्मी वहां नहीं रह गया था। इसके अलावा अचरेकर, मुकेश, शैलेन्द्र, शंकर-जयकिशन अब इस दुनिया में नहीं थे। आर.के. स्टूडियो एक नए दौर में प्रवेश कर रहा था और मैं वहां अपने को असहज पा रहा था। 24 वर्षों के दौरान कैमरा विभाग के इंचार्ज के रूप में मैंने अपना सर्वोत्तम दिया। आर.के. स्टूडियो को स्थापित किया, जनता की प्रशंसा मिली

लेकिन अब इसे छोड़ने का समय आ गया था। कलात्मक दृष्टि से भी राज वैसे आदमी नहीं रह गए थे। 'मेरा नाम जोकर' की नाकामयाबी के बाद से वह खासतौर से बदल गए थे, अब फिल्मों की थीम साफ तौर से व्यावसायिक होती थी और उनका ट्रीटमेंट तो और भी अधिक व्यावसायिक होता था। मिगेल द सर्वेन्तीज के स्वप्नदृष्टा किरदार डॉन क्विकसॉटाइक की तरह वह अपनी कल्पना में आत्ममुग्ध थे।

आर.के. स्टूडियो छोड़ने के बाद जब तक राज ने मुझे नहीं बुलाया, मैं कभी वहां वापस नहीं गया। 'बॉबी' के बाद हमने 'सत्यम् शिवं सुंदरम्' (1978) 'प्रेम रोग' और 'राम तेरी गंगा मैली' बनाई। 'राम तेरी गंगा मैली' राज के साथ मेरी आखिरी फिल्म थी। यह एक विचित्र रिश्ता था। एक तरफ कपूर खानदान की युवा पीढ़ी एक बूढ़े हो रहे सिनेमैटोग्राफर को बदलना चाहती थी। लेकिन दूसरी तरफ राजकपूर ने किसी और के साथ कभी काम नहीं किया था। 1949 से ऐसा टीमवर्क था और हमारे बीच ऐसी समझ बनी थी। दरअसल 'आवारा' के बाद निर्देशक के रूप में उन्होंने मेरे सिवा किसी और के साथ कभी काम नहीं किया था क्योंकि वह जो कल्पना करते थे, उसे सृजित करने के लिए मुझ पर आश्रित रहते थे। भारतीय सिनेमा के वह जीनियस थे और उनके जैसा व्यक्ति देखने के लिए हमें कई युग लगेंगे। पत्नी कृष्णा कपूर, अपने बेटे-बेटियों के अलावा उनकी अपनी समझ ही उनकी ताकत थी।

अपनी हीरोइनों के साथ रोमेंटिक लगाव के बावजूद सभी अशांतियों के बीच उनके पारिवारिक जीवन पर कभी कोई आंच नहीं आई, इसका पूरा श्रेय भाभीजी को दिया जाना चाहिए। उन्होंने घर चलाया और राज की विचित्र समय सारिणी (डिनर 4 बजे प्रातः और ब्रेक फास्ट 12 बजे दोपहर) के साथ तालमेल रखा। उन्हें अपने से दूर जाने की छूट दी। भाभी जी के लिए मेरे मन में गहरा स्नेह था क्योंकि वह अपने भाइयों की तरह हमारी देखभाल करती थीं, खासतौर से उन दिनों जब शूटिंग अथवा प्रोसेसिंग के काम के लिए हमें महीनों विदेश में रहना पड़ता था। चूंकि राजकपूर अब नहीं थे और मैंने रणधीर कपूर के साथ कभी काम नहीं किया था, अतः 'हिना' में काम न करने का मन मैंने बना रखा था। भाभी जी ने मुझे बुलाया और कहा आर.के. से जुड़े व्यक्तियों में सिर्फ तुम्हीं बचे हो और उनके पिता अब दुनिया में नहीं हैं, यदि तुम भी काम नहीं करोगे तो मेरे बेटे अगर गल्ती करेंगे तो उन्हें कौन रास्ता दिखाएगा। भाभी जी की यह बात मेरे मन को छू गई। अपनी खराब सेहत और दोनों आंखों में कम रोशनी के बावजूद मैंने काम करने के लिए तुरंत हामी भर दी। यह ईश्वर की कृपा थी कि मेरी आंखों की खराबी

के बावजूद 'हिना' की फोटोग्राफी बहुत सुंदर बन पड़ी। राज 'हिना' का बुनियादी काम पहले ही कर चुके थे। पटकथा चुन ली थी। संगीत, ट्रीटमेंट तथा स्क्रीन प्ले आदि तय कर चुके थे। उपयुक्त हीरोइन न मिलने के कारण वह फिल्म शुरू नहीं कर पाए थे।

रणधीर ने अपने पिता की कमान बखूबी संभाली और पाकिस्तानी अभिनेत्री जेबा बख्तियार को चुना। कई वर्षों के बाद सामुदायिक सद्‌भाव की बेहतरीन थीम पर आधारित यह फिल्म आई। निर्देशक के रूप में रणधीर कपूर बहुत अच्छे रहे। फिल्म को अच्छी तरह संभाला और राजकपूर द्वारा तैयार की गई पटकथा से अलग नहीं गए। राजकपूर हमेशा मुरी पहाड़ियों के सौन्दर्य से अभिभूत रहते थे। मुरी पहाडियां अब पाकिस्तान में हैं। यह फिल्म पहाड़ियों और वहां के बाशिंदों के सौन्दर्य और सम्मोहन को रूपायित करने में सफल रही। राज को यह फिल्म देखकर गर्व होता। आर.के. परिवार के लिए मैं दिल से दुआ करता हूं कि वे राजकपूर की फिल्मी विरासत और नर्गिस युग की परंपरा को जारी रखें। राजकपूर के निधन के बाद आर.के. स्टूडियो में वैसे शांतपूर्ण दिन नहीं रहे। राजकपूर सिनेमा को जीते थे और उसके लिए सांस लेते थे। राजकपूर की फिल्म परंपरा फिल्म उद्योग में जारी रहनी चाहिए। मैं प्रार्थना करता हूं कि कपूरों की हर पीढ़ी केवल व्यावसायिक और कलात्मक सफलताएं ही न प्राप्त करे बल्कि उसकी परंपरा को बनाए रखे तथा अपनी समग्र उपलब्धियों के लिए अपने घर दादा साहब फाल्के पुरस्कार भी लाये क्योंकि पृथ्वीराज कपूर और राजकपूर दोनों को ही यह प्रतिष्ठित पुरस्कार मिला था।

भाग-4

कट एंड पैक अप

(1974-1993)

फिल्मों में सरकार क्या कर रही है

भारत में तमाम वाणिज्यिक उद्यम सरकारी अनुदान अथवा सहायता पर निर्भर हैं लेकिन इसके विपरीत हिंदी फिल्म उद्योग कभी भी सरकारी अनुदान अथवा सहायता पर आश्रित नहीं रहा है। शुरुआती दौर में फिल्मों और फिल्म उद्योग के बारे में सरकार उदासीन रही है। बाद में पंडित नेहरू की कला में अभिरुचि और इंदिरा गांधी की नर्गिस से मैत्री के कारण कुछ जागरूकता आई। हालांकि तरह-तरह के कर, उपकर और मनोरंजन कर लगाकर सरकार इस उद्योग को पहले से लूटती रही है। एक दौर ऐसा भी था कि सिनेमा के बिक्री किए गए हर टिकट में सिनेमा हॉल के मालिक का हिस्सा सरकारी लूट (मनोरंजन कर) से कम होता था। इस कारण प्रदर्शकों और वितरकों को प्रवेश टिकटों की संख्या घटाकर सरकार को दिखानी पड़ती थी। यह कर चोरी इस हद तक बढ़ गई थी कि वितरक जानते थे कि प्रवेश टिकटों की साप्ताहिक बिक्री का सही विवरण प्रदर्शक नहीं दे रहे हैं। लेकिन वे इस मामले में कुछ भी नहीं कर पाते थे क्योंकि उनके पास इतने कर्मचारी ही नहीं होते थे कि लेखाबहियों की जांच कर सकें अथवा प्रवेश टिकटों की गिनती कर सकें।

भारत में अंग्रेजी सरकार फिल्म उद्योग के काम-काज में ज्यादा दखल नहीं देती थी लेकिन उनका सेंसर बोर्ड जिन फिल्मों को राजद्रोही और सरकार के खिलाफ समझता था, उन पर कैंची चलाने का काम पूरी सतर्कता से करता था। कई बार उनसे चूक जरूर हो गई थी जैसे फिल्म 'किस्मत' का यह गाना 'दूर हटो ऐ दुनियावालों, हिंदुस्तान हमारा है' उनकी नजर से बच गया था। सिनेमैटोग्राफ अधिनियम 1918 के प्रावधानों के अनुसार सेंसर बोर्ड गठित किया गया था जिसके तहत क्षेत्रीय सेंसर बोर्ड गठित किए गए थे। प्रत्यक्षतः इन बोर्डों के गठन का उद्देश्य भारत में अमेरिकी फिल्मों को रोकना और नियंत्रित करना था लेकिन दरअसल राष्ट्रीयता के उभार को रोकने के लिए ये जमकर काम करते थे।

युवा गुजराती फिल्म निर्माता डी.एन. संपत सेंसर बोर्ड का पहला शिकार बने। इन्होंने 'भक्त विदुर' बनाई थी। चूंकि देखने में वह महात्मा गांधी जी से बहुत मिलते-जुलते थे, उन्होंने विदुर (महाभारत के प्रसिद्ध चरित्र) को लेकर एक राजनैतिक फिल्म बनाने का निर्णय लिया। फिल्म के इस किरदार को सफेद टोपी पहनायी गई, चरखा पर सूत कातते हुए दिखाया गया। धृतराष्ट्र के मंत्रियों को डंकी बहादुर की पदवी से नवाजा गया जो सरकार द्वारा दी जानेवाली पदवी दीवान बहादुर पर व्यंग्य था। इस फिल्म को देखकर दर्शकों ने नारे लगाए और भड़क गए जिसके कारण पुलिस को लाठी चार्ज करना पड़ा। इसके बाद इसके प्रदर्शन पर रोक लगा दी गई। भारतीय फिल्म उद्योग पर पहली बार सरकार की कड़ी मार महसूस की गई।

1947 के बाद भारत सरकार का फिल्म उद्योग के प्रति नजरिया जरूर सौम्य और सद्भावपूर्ण रहा। 1948 में फिल्म डिवीजन ने कार्य शुरू किया। इसके प्रभारी प्रख्यात सिनेमैटोग्राफर कृष्ण गोपाल थे। बंबई कांग्रेस के अनुभवी राजनेता एस. के. पाटिल की अध्यक्षता में 1952 में एक फिल्म जांच समिति गठित की गई। इसने 1950 के हालातों के मद्देनजर भारतीय सिनेमा के स्वस्थ विकास के लिए कुछ सिफारिशें कीं। दामले, फतेहलाल और शांताराम का प्रसिद्ध प्रभात स्टूडियो पुणे में जहां स्थित था, वहीं यू.एन.डी.पी. की सहायता से फिल्म निर्माताओं की भावी पीढ़ी को प्रशिक्षण देने के लिए सरकार ने भारतीय फिल्म संस्थान की स्थापना की। फिल्म संस्थान से निकले व्यक्तियों को मुख्य धारा के सिनेमा ने हमेशा तिरछी निगाह से देखा है। अब इसका नाम भारतीय फिल्म और टेलीविजन संस्थान कर दिया गया है। विश्व सिनेमा के उत्कृष्ट सैद्धांतिक पक्ष से परिचित इन प्रशिक्षित युवाओं का फिल्म उद्योग द्वारा स्वागत किया जाना चाहिए। उक्त संस्थान में विद्यार्थियों को कुरासावा, रोजेलिनी, गोदार, आइंस्टाइन, फोर्ड और सिनेमा के अन्य महान फिल्मकारों की कृतियों को जानने-समझने का मौका मिलता है।

यह सही है कि इन प्रशिक्षितों को व्यावसायिक सिनेमा की तकनीकी बारीकियां कम पता होती हैं और उनमें उस परिष्कार की कमी होती है जो केवल समर्पण, उत्साह और ऊर्जा से काम करने से आती है। लेकिन इसे अनुभव से सीखा ज़ा सकता है। जहां तक मेरी बात है, मैंने हमेशा भारतीय-फिल्म और टेलीविजन संस्थान से प्रशिक्षित लोगों का स्वागत किया है और यथासंभव सहायता क़ी है। भारतीय फिल्म और टेलीविजन संस्थान ने कई बार अपने विद्यार्थियों के लिए व्याख्यान देने हेतु और अभ्यास सत्रों और परीक्षाओं को लेने

के लिए मुझे आमंत्रित किया है। दरअसल मेरा छोटा पुत्र ब्रोजो 1978 से 1983 के बीच, पांच वर्षों तक, भारतीय फिल्म और टेलीविजन संस्थान में संपादन और निर्देशन पाठ्यक्रम का विद्यार्थी रहा है। पुणे में स्थापित भारतीय फिल्म अभिलेखागार भारत सरकार की एक दूसरी महत्त्वपूर्ण उपलब्धि है। वैसे भी हमें अपनी सर्वोत्तम फिल्मों की विरासत को सुरक्षित रखना चाहिए तथा फिल्म निर्माण करनेवाली भावी पीढ़ी को सहायता देनी चाहिए। हमारे फिल्म इतिहास का यह अविश्वसनीय युग रहा है जिसमें अपर्याप्त, पुराने यंत्रों तथा अस्तरीय सहायक सुविधाओं की सहायता से भारतीय फिल्मकारों और तकनीशियनों ने उत्कृष्ट कार्य किया था।

फिल्म जांच समिति द्वारा फिल्म वित्त निगम की भी स्थापना की गई। यह अब आई.एम.बी.ई.सी. में विलय के बाद राष्ट्रीय फिल्म विकास निगम बन गया है। राष्ट्रीय फिल्म वित्त निगम की कला फिल्मों अथवा ऑफ बीट फिल्मों को जन्म देने में दूरगामी भूमिका रही है। सरकारी खर्च पर घटिया फिल्म बनाने में एन.एफ.डी.सी. की भी भूमिका रही है। स्पेन के महान चित्रकार पाब्लो पिकासो ने कहा है कि कला का व्यापार करनेवाले अधिकांशतः ढोंगी होते हैं। कला फिल्मों के नाम पर बनाये जानेवाले खराब सिनेमा का मैं हिमायती नहीं हूं। ऐसी फिल्में प्रायः दुरूह, धीमी, असंयमित और डिब्बे में बंद रखने लायक होती हैं। इन्हें कभी प्रदर्शित नहीं किया जाना चाहिए। फिल्में केवल दो प्रकार की होती हैं—अच्छी और बुरी। बुरी फिल्म के निर्माण से कोई समझौता नहीं किया जा सकता है।

सिनेमा एक कला माध्यम है। इसकी अपनी भाषा है। इसका सम्मान किया जाना चाहिए। दर्शकों का फिल्म देखने का मुख्य प्रयोजन तनावमुक्त होना और प्रदर्शित दृश्यों का आनंद उठाना होता है। दर्शक सिनेमा हॉल में शुद्ध मनोरंजन के लिए आता है और अपने दैनन्दिन दुनिया की उठा-पटक से भागकर फैंटसी, जादू तथा वीरोचित कारनामों की दुनिया में पहुंच जाता है। किसी भी प्रभावी फिल्म में अच्छी कहानी और एक्शन का होना हमेशा जरूरी है। सिनेमा को जो बुनियादी रूप से संप्रेषण का माध्यम मानते हैं, वे इसे माध्यम के बजाय ऊब पैदा करने का साधन समझते हैं। भोलेभाले दर्शकों पर बुरी फिल्में थोपी नहीं जानी चाहिए। लेकिन यह सब कला फिल्मों को निरुत्साहित करने के लिए नहीं कहा जा रहा है। विमल राय, सत्यजित राय, ऋत्विक घटक, तपन सिन्हा, वी. शांताराम, राजकपूर की फिल्में ऑफ बीट फिल्में रही हैं जिनमें निर्माण मूल्यों से समझौता किए बिना कहानी कही गई है और इसे लेकर उनमें कोई मिथ्याभिमान भी नहीं

रहा है।

सिनेमा से कभी क्रांति नहीं आई है। यदि किसी को मेरी कठोर बातें बुरी लगी हों तो मैं उनसे इस विषय पर अपने दृढ़ विश्वासों के लिए माफी चाहता हूं किंतु मैं ऑफ बीट सिनेमा की सराहना करता हूं कि उसने उन विभिन्न सामाजिक मुद्दों पर विचार किया है जिन्हें आजकल मुख्य धारा का व्यावसायिक सिनेमा नहीं उठा रहा है। सामाजिक जिंदगी, सांप्रदायिकता, जातिवाद, नारीवाद, सहकारी आंदोलन, राजनीति का अपराधीकरण, मजदूरों का पलायन जैसे विभिन्न विषयों पर उनके द्वारा तमाम कोशिशें की गई हैं, लेकिन मैं अभी भी अपने दृष्टिकोण पर कायम हूं कि मुख्यधारा के व्यावसायिक सिनेमा ने विभिन्न सामाजिक मुद्दों को अधिक प्रभावी ढंग से प्रस्तुत किया है। इनका विवरण नीचे दिया जा रहा है :

1. पश्चिम और भारतीय मूल्यों का संघर्ष : इंदिरा मां (1934)
2. परिवार द्वारा तय की गई शादी और सामाजिक बाधाओं के खिलाफ विद्रोह : देवदास (1935)
3. जातिवाद के खिलाफ विद्रोह : अछूत कन्या (1936), अछूत (1940), ऊंच-नीच
4. विधवा विवाह को प्रोत्साहित करना : बाल योगिनी (1936)
5. उद्योग में श्रमिकों की भागीदारी की वकालत : प्रेसीडेंट (1936)
6. यांत्रिक खेती को प्रोत्साहित करना : धरती माता (1937)
7. नवयुवतियों की बूढ़ों से शादी कराये जाने के खिलाफ संघर्ष : दुनिया न माने (1937)
8. सामाजिक-आर्थिक विषमताओं को रेखांकित करना : अधिकार (1938)
9. परंपरागत विचारों और नैतिकताओं को चुनौतियां : आदमी (1939)
10. राष्ट्रीयता और एकता की अपील : सिकंदर (1940)
11. पत्रकारिता में मूल्यों के लिए संघर्ष : नया संसार (1941)
12. ग्रामीणों की ऋणग्रस्तता के खिलाफ संघर्ष : धरती का लाल (1949)
13. समाजवादी व्यवस्था लाने के लिए : रोटी (1942), उदयार
14. टी.बी. जैसी संक्रामक बीमारियों के बारे में जागरूकता : दुश्मन (1938)
15. चिकित्सा सेवा और रक्तदान मुद्दे : माई सिस्टर (1941)
16. विदेशी सामानों का बहिष्कार : विजय लक्ष्मी (1943)
17. मद्य निषेध : ब्रेंडी की बाटली (1939), अंगूर (1943), पति भक्ति (1932), गृह लक्ष्मी (1934)

18. भारतीय उद्योग की दशा : मजदूर (1934), हमराही (1946)
19. ग्रामीण और कुटीर उद्योग के बारे में जागरूकता : चरखा (1925)
20. सामुदायिक एकता का प्रदर्शन : एकता, पड़ोसी, मेनका
21. अनुसूचित जातियों का कल्याण : माला पिल्ला
22. जमींदारी प्रथा की बुराइयां : रायतु बिड्डा (1940)
23. शिक्षित बेरोजगारों की दशा : वंदे वातरम् (1948)
24. अविवाहित मां की समस्याएं : देवता
25. काला बाजारी तथा तस्करी की समस्याएं : अपना देश (1948)
26. दहेज प्रथा की बुराइयां : राजामणि, दहेज (1950)
27. स्वदेशी आंदोलन : वेल्ली (1947)

सामाजिक सरोकारों से जुड़ी ऐसी फिल्में जिन्हें कुछ व्यावसायिक सफलता मिली हो और जिनकी निर्माण की गुणवत्ता भी सुदृढ़ रही हो, इसकी शुरुआत राष्ट्रीय फिल्म विकास निगम से शुरू नहीं हुई है। मुझे याद है कि दिल्ली की एक महान प्रतिभा बंबई आई थी और कहा था कि पूरा फिल्म उद्योग अक्षम है और वह हाथ कैमरे से एक सप्ताह में फिल्म पूरी कर देंगे। उन्होंने लाखों की फिल्म एक्सपोज करने में 8 दिन लगाए। उनका कैमरे का काम घटिया और काला था क्योंकि उन्होंने रोशनी का उचित प्रयोग नहीं किया था, लिहाजा पूरी फिल्म नष्ट करनी पड़ी। वह महान प्रतिभा पूरी तरह परिदृश्य से गायब हो गई। आज राष्ट्रीय विकास निगम एक दिग्भ्रमित संगठन है जिसका कोई लक्ष्य या उद्देश्य नहीं है। जिन फिल्मों को वे लोकप्रिय बनाना चाहते हैं, उन पर विवेकशील और समझदार दर्शकों ने कम ध्यान दिया है। मैं यह नहीं कहूंगा कि दर्शक जो चाहता है, उसे वही मिलता है, बल्कि मेरा यह कहना है कि राष्ट्रीय फिल्म विकास निगम की सहायता से फिल्म बनानेवालों और उनकी फिल्मों से ज्यादा परिपक्व दर्शक हैं।

सरकार को फिल्म व्यवसाय में नहीं होना चाहिए। अच्छी फिल्में आर्थिक दृष्टि से पर्याप्त सफल होनी चाहिए। ऐसी फिल्में कतई नहीं बनायी जानी चाहिए जो अपनी लागत निकालकर लाभ भी न कमा सकें। 1991 में शुरू हुए उदारीकरण से यह सुनिश्चित किया जाना चाहिए कि राष्ट्रीय फिल्म विकास निगम अपने संसाधन जुटाये और हालीवुड की हिटों से मिली कमाई पर निर्भर न रहे। मुझे लगता है कि अच्छे सिनेमा के लिए धन उपलब्ध है और राष्ट्रीय फिल्म विकास निगम अपनी सार्थकता खो चुका है। इसे अब फिल्म निर्माण का काम बंद कर देना चाहिए और व्यापार के लिए धन मुहैया करना चाहिए। इसे सभी कस्बों और

शहरों में 500 सीटों वाले छोटे सिनेमाघरों के निर्माण पर अपना ध्यान केंद्रित करना चाहिए।

प्रसंगवश, मैं बताना चाहता हूं कि फिल्म महोत्सव एक दूसरा छल प्रपंच है जिसे सरकार स्थायित्व प्रदान कर रही है। फिल्म उद्योग में क्या बचाया जाए, इस पर फिल्म महोत्सव के दौरान अफसरशाही जिस कुव्यवस्था के बीच सोचती है, वह ऐसा दर्शनीय दृश्य होता है, जिस पर यकीन करना मुश्किल है। अफसरों के पास बेहतर जानकारी होनी चाहिए, लेकिन उन्होंने तीसरे दर्जे की फिल्में प्रदर्शित करके इसे मजाक बना दिया है। अतः ऐसे अर्थहीन फिल्म महोत्सवों को बंद कर देने की जरूरत है। इसकी जगह 2-3 वर्षों में बनी विश्वस्तरीय कुछ चुनिन्दा फिल्में और फिल्मकारों को आमंत्रित करने की अनुमति फिल्म उद्योग को दी जानी चाहिए ताकि विदेशी फिल्मों और फिल्मकारों और उनकी तकनीकों के बारे में बेहतर जागरूकता पैदा की जा सके। इसके अलावा तकनीक, शैली, प्रगति और फिल्म निर्माण के बारे में किये गए समझौतों के बारे में भी विचार-विमर्श की व्यवस्था की जाए। फिल्मकार कई बार यथाअपेक्षित परिणाम नहीं दे पाते हैं। उनकी सफलताओं के साथ उनकी असफलताओं का भी विश्लेषण करने की आवश्यकता है। अधिकारियों की जगह पर फिल्म जन के प्रतिनिधिमंडलों को फिल्म महोत्सवों में भेजे जाने की जरूरत है।

यद्यपि 1991 के बाद सिनेमैटोग्राफी से जुड़े यंत्रों के आयात पर प्रतिबंधों को कम किया गया है लेकिन वस्तुतः भारतीय फिल्म उद्योग में उच्च गुणवत्तावाले आयातित कैमरे, ध्वनि, संपादन/थियेटर उपकरणों और अच्छी गुणवत्तावाली फिल्मों का हमेशा अकाल बना रहता था। भारतीय तकनीशियनों और सिनेमैटोग्राफरों द्वारा पुराने अजूबे उपकरणों से उत्कृष्ट गुणवत्ता की फिल्में बनाना ही भारतीय फिल्मकारों की अपने में एक बड़ी उपलब्धि है। 1962 में ब्रिटेन के टेक्नीकलर लैब में जब 'संगम' तैयार हो रही थी तब वहां के उन प्रीव्यू थियेटरों में इसकी खबर फैल गयी थी, जहां फ्रांसीसी/अंग्रेजी/अमेरिकी फिल्मों की प्रोसेसिंग होती थी। कई विदेशी फिल्मकार हमारे काम की गुणवत्ता देखने आए थे। हमारे उत्कृष्ट नतीजों से प्रभावित हुए थे। 'संगम' फिल्म में प्रयोग में लाये गए कैमरा यंत्रों के बारे में पूछने पर जब उन्हें यह पता चला कि 1941 आरीफ्लेक्स कैमरा का प्रयोग इसके लिए किया गया है तो उन्होंने इस पर यकीन करने से सीधे मना कर दिया। मेरी बात की पुष्टि के लिए मेरी अनुपस्थिति में उन्होंने राजकपूर से पूछा। जब उन्होंने यंत्रों के पुराने होने की ताकीद की तो उन्होंने मुझे बधाई दी। स्थायी आधार पर यूरोप में काम करने के लिए मुझे दो-तीन लुभावने प्रस्ताव भी

मिले लेकिन मैंने निःसंकोच उन्हें ठुकरा दिए।

टेक्नीकलर स्टूडियो में कुछ और दिलचस्प अतिथि आए हुए थे। इनमें लाहौर-पाकिस्तान के फिल्मकारों और कलाकारों का एक दल भी था। 'संगम' को देखकर उन्होंने आश्चर्य व्यक्त करते हुए कहा कि यह हालीवुड के किसी भी फिल्म के समकक्ष है। उन्होंने अपने फिल्म उद्योग की दशा पर क्षोभ भी व्यक्त किया कि वहां तकनीकी सुधार नहीं दिख रहा है और पाकिस्तानी सरकार के संरक्षणवादी रुख के चलते यह बरबाद होता जा रहा है। हमें उनकी फिल्में देखने का मौका मिला और वे यकीनन खराब थीं। जहां तक तकनीकी मूल्यों की बात है, वे मुझे उन फिल्मों की याद दिलाती थीं जो स्टिल कैमरा और अस्वाभाविक तरीके से हम 1940 के दौर में बनाते थे। पाकिस्तानी फिल्म उद्योग के लिए समय ठहर गया था और उन्होंने सुधार की कोई कोशिश नहीं की थी। पाकिस्तान की शीर्ष अभिनेत्री शबनम और उनके पति रोबिन घोष से सुखद मुलाकात हुई। घोष उन दिनों पाकिस्तानी फिल्म उद्योग के उत्कृष्ट फिल्म कंपोजर थे। वह भारत आने और भारतीय फिल्मों में काम करने को उत्सुक थे। उन्होंने राजकपूर से इस बारे में चर्चा भी की लेकिन ऐसा मौका नहीं बना। उस समय कइयों के चेहरे लाल हो गए जब फ्रांस के एक फिल्मकार ने कहा कि संगम का गाना 'दोस्त दोस्त न रहा, प्यार, प्यार न रहा' फ्रांसीसी फिल्म से सीधे उठाया गया है।

फिल्म की गुणवत्ता के बारे में बात करें तो विश्व की सबसे घटिया फिल्में ऊटी स्थित हिंदुस्तान फोटो फिल्म के कारखाने में बनी हैं। मई 1955 में रणजीत फिल्म्स के प्रख्यात सिनेमैटोग्राफर के.जी. (जिन्होंने 1948 में फिल्म डिवीजन की स्थापना की थी और पश्चिमी भारतीय सिनेमैटोग्राफर संघ के पहले महासचिव थे) को उद्योग में फिल्म तकनीक के चयन के लिए गठित समिति का सदस्य चुना गया था। इस प्रतिनिधिमंडल का नेतृत्व एक मंत्री कर रहे थे। सबसे विचित्र वे हालात थे जिनके अंतर्गत एक फ्रांसीसी फिल्म कारखाने को भारत के फिल्म निर्माण के लिए उपयुक्त मानकर चुना गया था जबकि फ्रांस का वह कारखाना पुरानी तकनीक का प्रयोग कर रहा था और विश्वयुद्ध के पहले 1939 में बंद हो चुका था।

यद्यपि के.जी. ने तकनीक की गुणवत्ता, पुरानी और जंग लगी मशीनरी को बेतहाशा कीमत पर खरीदने का प्रतिरोध किया लेकिन यह लेन-देन रिकार्ड समय में किया गया और ऊटी स्थित यह कारखाना सफेद हाथी की तरह घाटा देता रहा। मुझे बताया गया है कि इसके पास उपलब्ध निर्माण की तकनीक पुरानी हो चुकी है, अतः निर्माण कार्य करने के बजाय कई वर्षों से वे विदेशों से भारी-भरकम

फिल्में मंगाते हैं और कैमरा कैन की लंबाई में काटकर इन्हें बेचते हैं। फ्रांस से पुरानी और घिसी-पिटी तकनीक लेने के कारण संपूर्ण फिल्म उद्योग को जहां बहुत बड़ी क्षति हुई, वहीं सरकारी खजाने का बहुत बड़ा घाटा हुआ। मुझे अक्सर संदेह होता है कि कितनी रकम लेकर यह सौदा हुआ होगा और इस खरीद-फरोख्त में किस-किस की गंदी अंगुलियां सनी होंगी। मुझे लगता है कि तमाम घोटालों में, यही एक घोटाला है जो लापरवाह जनता की निगाहों से बचा रहा है। 1960 और 1970 के दशकों में विदेशी मुद्रा के संकट के दौर में सरकार ने कोडक से अच्छी गुणवत्तावाले कच्चे मालों के आयात को प्रतिबंधित अथवा नियंत्रित कर दिया था। सभी फिल्मकारों को गेवा कलर अथवा फ्यूजी कलर के कच्चे माल पर निर्भर रहना पड़ता था जिसके परिणाम घटिया मिलते थे। सरकार को फिल्म का कारोबार करने की कोई जरूरत नहीं है।

सेंसर बोर्ड का बने रहना बाबूशाही/अफसरशाही की सनक का दूसरा विचित्र उदाहरण है। ऐसे समय में जब केबल टीवी पर बेहद अश्लील फिल्में दिखायी जा रहीं हो और अमेरिकी टी.वी. सीरियल 'बे वॉच' के समय सड़क खाली हो जाते हों, सेंसर बोर्ड को बंद कर देने की जरूरत है। आज के बच्चे, उनके कपड़े, उनके बोलने का लहजा, जीवन-शैली सभी अमेरिकी होते जा रहे हैं, ऐसे में सेंसर बोर्ड नैतिक संरक्षक के रूप में काम नहीं कर सकता है। इसने अपनी पूरी सार्थकता खो दी है। लेकिन ऐसे दकियानूसी संस्थान नैतिक मूल्यों की रक्षा करते रहते हैं और मदर ग्रूंडी अथवा सीनेटर मेकार्थी जैसे सरकार विरोधी विचारों के प्रसार को रोकते हैं।

भारतीय अफसरशाही से भगवान बचाए! यह एक ऐसा संस्थान है जिससे फिल्म उद्योग को निश्चित रूप से दूर रहना चाहिए। उनको मेरी सलाह है—देखो! मगर दूर से। दफ्तरशाही के पास हर स्थिति के लिए अड़ंगेबाजी तैयार रहती है। राष्ट्रीय पुरस्कार एक दूसरा क्षेत्र है जहां सरकार का हस्तक्षेप है। यह एक वार्षिक कर्मकाण्ड है। जब तक केन्द्र सरकार राजनैतिक और अफसरशाही के हस्तक्षेप से मुक्त, एक वस्तुपरक और निष्पक्ष तंत्र नहीं बनाती, उसे पुरस्कारों की बंदरबांट से बचना होगा जिसमें असंख्य कमियां हैं। लंबे समय से मुख्य सिनेमा अथवा व्यावसायिक सिनेमा के प्रति इसका दृष्टिकोण पूर्वाग्रहग्रस्त रहा है और केवल राष्ट्रीय फिल्म विकास निगम से सहायता प्राप्त फिल्मों और राजनैतिक संपर्कों को ही राष्ट्रीय पुरस्कार प्राप्त होने के बेहतर मौके मिलते रहे हैं। जैसा कि हर सरकारी काम में होता है, इसमें विभिन्न राजनेताओं की सिफारिशें तथा सांप्रदायिक, जातिगत और क्षेत्रीय संतुलन कार्य करते हैं। निश्चित रूप से ये पुरस्कार सिनेमा

कृति के शुद्ध कला मूल्यों पर आधारित नहीं होते हैं। सरकार को ऐसे अर्थहीन पुरस्कारों को देने का काम नहीं करना चाहिए और भारतीय फिल्म उद्योग को अमेरिकन मोशन पिक्चर अकादमी की तर्ज पर भारतीय फिल्म अकादमी बनानी चाहिए।

आखिरकार हम पिछले तीस अथवा इससे अधिक वर्षों से विश्व में सबसे अधिक फिल्म बनाते रहे हैं। भारतीय फिल्म उद्योग में अपने समानधर्मा और सहकर्मी द्वारा मूल्यांकन करने से हर एक का सपना पूरा होगा। अफसोस है कि ऐसे किसी विचार पर काम ही नहीं हुआ है और सरकार इस खाली क्षेत्र में अपने पुरस्कारों के रंग-ढंग के साथ कूद पड़ी है। यह बात बार-बार सिद्ध हो चुकी है कि एक बार फिर हम ऊंचे मानदंडों से बहुत दूर है। जले पर नमक यह है कि महाराष्ट्र, उत्तर प्रदेश, उड़ीसा और अन्य राज्यों ने भी अपने यहां फिल्म विकास निगमों की स्थापना कर ली है। इनका काम विभिन्न राज्यों में फिल्म उद्योग को विकसित करना और उन्हें उदारता से सब्सिडी देकर सहायता देना है। हर कर दाता को यह पूछना चाहिए कि वहां क्या अच्छी फिल्म बन रही हैं? आइए, राष्ट्रीय फिल्म पुरस्कारों के दुःखदायी सवाल पर फिर लौंटे और फिल्म क्षेत्र में संपूर्ण जीवन की उपलब्धियों पर प्रदान किए जानेवाले दादा साहब फाल्के पुरस्कारों पर विचार करें।

धुंधीराज गोविंद फाल्के जिन्हें प्यार से दादा साहेब कहा जाता है, भारत में पहली फिल्म बनानेवाले प्रथम व्यक्ति नहीं हैं। आर.जी. टोरनी ने 'पुण्डालिक' बनाई जिसे 1912 में *गिरीग्राम बंबई में कोरनेशन* थियेटर में पहली बार प्रदर्शित किया गया। लेकिन दादा साहब फाल्के ने पहली व्यावसायिक हिंदी फिल्म 'राजा हरिश्चंद्र' बनाई जिसने संपूर्ण देश में अच्छा कारोबार किया था। दरअसल भारतीय फिल्म उद्योग के 'जनक' की पदवी में सखाराम सुर्वे अथवा सुर्वे दादा को भी शामिल किया जाना चाहिए जिन्होंने 21 गिन्नी में लंदन से मोशन पिक्चर कैमरा आयात करके 1898 में पहली भारतीय डाक्यूमेंट्री फिल्म बनाई थी। 1895 में लूमियर ब्रदर्स द्वारा पेरिस में प्रदर्शित पहली फिल्म के मात्र तीन साल बाद यह फिल्म बन गई थी।

दादा साहब फाल्के ने 40 से अधिक फिल्में बनाईं। वह एक स्वप्नदृष्टा और शोमैन थे। इनकी मृत्यु गरीबी में हुई। उन्होंने सातवीं कला सिनेमा पर अधिकार प्राप्त किया और इस देश में फिल्म निर्माण के प्रत्येक विभाग के लिए बुनियादी मानदंड स्थापित किए। कैमरामैन, प्रोसेसर, पटकथा लेखक, प्रिंटर, डेवलेपर, प्रोजेक्शनिस्ट और यहां तक कि वितरक भी उनके अपने थे। उन्होंने भारत में

फिल्म निर्माण के बुनियादी सिद्धांत बनाए। उनका बहुआयामी व्यक्तित्व केवल किशोर कुमार अथवा कुछ हद तक राजकपूर और सत्यजित राय से मिलता-जुलता है। दादा साहब फाल्के पुरस्कार हर वर्ष सिनेमा माध्यम में विशिष्ट योगदान देने, इसका विकास और तरक्की करने, इसमें नवाचार करने के लिए प्रदान किया जाता है और यह पुरस्कार जीवन की समग्र उपलब्धियों के लिए दिया जाता है। उस महान फिल्म निर्माता की जन्मशताब्दी मनाने के लिए 1969 में इस पुरस्कार को शुरू किया गया जिनकी मौत गरीबी में हुई। पुरस्कार में एक शॉल, एक प्रशस्ति पत्र और एक लाख रुपये नकद (1984 से) दिया जाता है।

हमें यह याद रखना चाहिए कि तमाम महान हस्तियों को पुरस्कार नहीं मिले। नोबेल का प्रतिष्ठित पुरस्कार महात्मा गांधी को नहीं मिला जबकि उनके कुछ अनुयायियों मसलन दक्षिण अफ्रीका के विशप डेस्मंड टूटू और बर्मा की अंग सान सू की यी को मिला। लियो टॉलस्टाय को साहित्य के लिए नोबेल पुरस्कार नहीं मिला जबकि अनेक अनाम लेखकों को ये पुरस्कार दिए गए जो विस्मृति के गर्त में चले गए हैं। तमाम विशिष्ट व्यक्तियों को दादा साहब फाल्के पुरस्कार से नहीं नवाजा गया जो दर्शाता है कि यह पुरस्कार कितने अयोग्य व्यक्तियों को दिया गया है।

यदि पुरस्कार विजेताओं के योगदान का विश्लेषण किया जाए तो इन्हें पुरस्कार मिलने के कारणों को जानकर हैरत होगी। 1969 से 1993 के बीच दिये गए पुरस्कारों का विश्लेषण आंख खोलनेवाला होगा। इस बीच 25 व्यक्तियों को पुरस्कार दिए गए हैं। इनमें चार फिल्म निर्माता हैं, सात अभिनेता हैं, चार अभिनेत्रियां हैं, पांच निर्देशक हैं और पांच संगीतकार हैं।

बी.एन. सरकार (1970), बी.एन. रेड्डी (1974), एल.वी. प्रसाद (1982) बी. नागी रेड्डी (1986) महान निर्माता रहे हैं जिन्हें ये पुरस्कार मिले हैं। लेकिन एस.एस. वासन को क्यों अनदेखा किया गया जिन्होंने व्यावसायिक सिनेमा को पहली हिट फिल्म 'चंद्रलेखा' दी। महान अभिनेताओं में निश्चित रूप से एम.जी. रामचंद्रन, उत्तम कुमार और संभवतः एन.टी. रामाराव हकदार थे। इन महान अभिनेताओं ने प्रेरक भूमिका निभाई है और क्षेत्रीय फिल्म उद्योग से जुड़े दायित्वों को बहुत वर्षों तक निभाया है। अभिनेत्रियों में जहां नर्गिस को अनदेखा किया गया, वहीं अतुलनीय सुचित्रा सेन को भी यह पुरस्कार नहीं मिला जो भारत की शायद सबसे महान अभिनेत्री हैं।

निर्देशकों में गुरूदत्त और विमल राय निश्चित रूप से इसके हकदार थे। सबसे चौंकानेवाली बात यह है कि जब फिल्म संगीत को सम्मानित किया गया

तो एस.डी. बर्मन, सी. रामचंद्र, हेमंत कुमार, मदन मोहन और सलिल चौधरी जैसे संगीत निर्देशकों तथा गीता दत्त, पी. सुशीला, मोहम्मद रफी जैसे सदाबहार गायकों को छोड़ दिया गया। साहिर लुधियानवी, शैलेन्द्र और शकील बदायूंनी जैसे अमर गीतकारों को अनदेखा करना निश्चय ही अन्याय है। मेरे ख्याल से अफसरशाही और राजनेता समझते हैं कि केवल निर्माता, अभिनेता/अभिनेत्रियां और संगीत निर्देशक आदि ही फिल्म बनाते हैं क्योंकि एक भी तकनीशियन को यह पुरस्कार नहीं मिला है। सिनमैटोग्राफर, संपादक, कला निर्देशक, साउंड रिकार्डिस्ट, मेकअपमैन, कास्ट्यूम डिजाइनर, लाइट ब्वॉय और लैब तकनीशियन तक को भी उचित मान्यता नहीं दी गई है। ऐसा लगता है कि मानो फिल्म की दुनिया में उनका कोई वजूद नहीं हैं और उनके योगदान के बिना फिल्म बनायी जाती है। खतरा यह है कि फाल्के पुरस्कार कहीं फालतू-नकली पुरस्कार न बन जाए।

सभी कामों में विलंब करना, ढुलमुल रवैया अपनाना और अड़चनें डालना जैसे अफसरशाही के हथकंडों को लोग अब समझ गए हैं। अर्धशिक्षित अफसरशाही और निरक्षर राजनेता भारत की तरक्की में रोड़ा अटकाते हैं और नियंत्रित करते हैं। विदेशी मुद्रा प्राप्त करने और विदेश में 'संगम' फिल्म की शूटिंग की इजाजत लेने में आई कठिनाई का सामना राजकपूर जैसे कद्दावर फिल्मकार को भी करना पड़ा। यदि कोई गेवा रंग की घटिया स्तर से समझौता नहीं करता था तो फिल्म की कच्ची सामग्री को आयातित करना बहुत बड़ी यंत्रणा थी। रिकार्ड और अफसरशाही की दृष्टि में सारे विश्व में, विशेषकर दक्षिण अमरीका और ईरान में 'संगम' बड़ी हिट फिल्म थी। सच्चाई यह है कि विदेशी वितरकों ने इससे जबरदस्त कमाई की थी। 1 करोड़ रुपये से कम निवेश करके (30 लाख विदेशी मुद्रा के रूप में निवेश किया गया था, इसकी शूटिंग यूरोप में की गई थी। इंग्लैण्ड के टेक्नीकलर लैब में इसके रंगों की प्रोसेसिंग की गई थी) फिल्म से 12 करोड़ रुपये कमाये गए जिसमें 5 करोड़ विदेशी मुद्रा में मिले। सबसे दिलचस्प बात यह रही कि 'संगम' ईरान में सबसे बड़ी हिट रही और भारत के वितरक हिंदुजा ने काफी रकम कमाई। यह फिल्म वहां एक वर्ष चली और ईरान के शाह ने भी इसे देखा और पसंद किया। हिंदुजा ने इस फिल्म की गोल्डन जुबली मनाने की सोची और राजकपूर और वैजयंतीमाला को आमंत्रित किया। तेहरान में इनका राजसी स्वागत हुआ। ईरानियों की बेहिसाब प्रशंसा से प्रेरित होकर शाह ने इनके सम्मान में शाम की दावत दी। हिंदुजा को भी आमंत्रित किया गया जो तब तक फिल्म वितरक और ठेकेदार थे और रजा पहलवी परिवार

के माध्यम से व्यापार में बहुत बड़ा ठेका लेने की असफल कोशिश कर चुके थे। राजमहल में 'संगम' की स्वर्ण जयंती के अवसर पर आयोजित स्वागत समारोह से हिंदुजा के लिए राजमहल के द्वार खुल गए। इसके बाद उन्होंने हथियारों के बड़े-बड़े सौदों में लंबे समय तक सांठ-गांठ करके कारोबार में बेतहाशा लाभ उठाया। इंग्लैण्ड, भारत और कई जगहों में हिंदुजा की तकदीर संवारने में 'संगम' की बुनियादी भूमिका थी।

राजकपूर को आर्थिक सहायता देने से मिले लाभों से जिस दूसरे उद्योग की नींव पड़ी, वह पुरी लोगों का है, जिन्होंने 'इंडिया टुडे' पत्रिकाओं का समूह शुरू किया। संपादक और प्रकाशक अरुण पुरी आर.के. फिल्म्स के शुरुआती दिनों के फाइनेंसर थे। भारत सरकार ने एक अच्छा काम किया था कि उन्होंने 1954 में चेकोस्लोवाकिया और 1956 में चीन के लिए पृथ्वीराज कपूर के नेतृत्व में फिल्मी हस्तियों के दो प्रतिनिधिमंडल भेजे थे। रूस के प्रतिनिधिमंडल में मुझे भी शामिल होने का सौभाग्य मिला था। ऐसे प्रतिनिधिमंडल आपस में विचारों के आदान-प्रदान करने तथा भारतीय फिल्म उद्योग की छवि बनाने के लिए बेहद उपयोगी हैं। पंडित जवाहरलाल नेहरू और इंदिरा गांधी की पहल पर ये प्रतिनिधिमंडल भेजे गए थे। लेकिन बाद में इन्हें फिर नहीं भेजा गया।

अफसरशाही में गधापच्चीसी होती है। इन्हें अफ्रीका, दक्षिण पूर्व एशिया और दक्षिण अमरीका में भारतीय फिल्मों की अपार लोकप्रियता का फायदा उठाना चाहिए था। अल्बानिया से लेकर बुल्गारिया, क्यूबा आदि सभी कम्यूनिस्ट देशों में राजकपूर जैसे सितारों की ख्याति को भारतीय डिप्लोमेसी का एक स्थायी रूप दिया जाना चाहिए था और भारत से उनके व्यापारिक संबंधों को एक सुदृढ़ आधार प्रदान किया जाना चाहिए था। ऐसा कभी नहीं किया गया। हमारी भारतीय विदेश सेवा मद्य और शिष्टाचार के बारे में अधिक चिंतित रहती है, यदि उसे इनसे फुर्सत मिल जाए तो भारत के आर्थिक और सामाजिक संबंधों को मजबूत करने जैसी मामूली बातों के बारे में वे सोचें।

कहते हुए दुःख हो रहा है कि फिल्मी हस्तियों के ऐसे प्रतिनिधिमंडल फिर कभी नहीं भेजे गए। व्यापारिक प्रतिनिधिमंडलों के साथ सांस्कृतिक संबंधों और आदान-प्रदान को नियमित रूप दिया जाना चाहिए था। इधर, भारत सरकार को भारतीय व्यापारियों के अस्तित्व की सुध आई है और उन्हें प्रधानमंत्री और अन्य मंत्रियों के कई सरकारी प्रतिनिधिमंडलों का अंग बनाया गया है। लेकिन व्यापारिक हितों की दृष्टि से फिल्म के लोगों को अभी भी मान्यता नहीं मिली है जबकि फिल्म निर्यात से सरकारी खजाने को काफी विदेशी मुद्रा मिलती रही है। मिश्र, तुर्की,

इंडोनेशिया, नाम्बिया आदि देशों में अमिताभ बच्चन की लोकप्रियता और उनके लिए दीवानेपन पर यकीन करना मुश्किल है।

भारत के हितों के लिए इन प्रवृत्तियों का अध्ययन करने और इन अवसरों का लाभ उठाने की अनदेखी हमेशा की गई है। हां, सांस्कृतिक मंडल जरूर जाते हैं लेकिन वे उन चापलूसों से भरे होते हैं, जिनकी संरक्षक ताकतवर अफसरशाही होती है अथवा इनके नाते रिश्तेदार इसमें शामिल होते हैं। सांस्कृतिक प्रतिनिधिमंडल के अंग के रूप में केवल शास्त्रीय नर्तकों अथवा शास्त्रीय गायकों को विदेशों में प्रोत्साहित करने से सीमित प्रयोजन सिद्ध होता है, अतः वे विदेशों में कुछ चुनिंदा दर्शकों को बोर करते रहते हैं। यह एक दूसरी तरह का घोटाला है। चूंकि यह संकीर्णताओं से भरा है और भारत की सांस्कृतिक विरासत की यह एक दरिद्र छवि को दर्शाता है, इसे तुरंत बंद किया जाना चाहिए।

भारत में तीसरी आंख के उस्ताद

यह नेपोलियन ही था जिसने सबसे पहले प्रतिभा के लिए खुला अवसर की नीति अपनाकर इनाम के तौर पर जल्दी तरक्की देने की पहल की और अपनी ग्रैंड आर्मी में काबिल सैनिकों को तरक्की दी। वह मानते थे कि हर आम सैनिक मार्शल बन सकता है। नेय तथा फोशे सरीखे उसके प्रतापी जनरलों ने अपनी जिंदगी की शुरुआत मामूली सैनिक से शुरू की थी। लेकिन नेपोलियन भाग्य में भी यकीन करते थे। योग्यता को ही वह काफी नहीं मानते थे, क्योंकि तमाम लोग भाग्यशाली हो सकते हैं और मौका मिलने पर कमाल का काम कर सकते हैं। लेकिन मौके को पकड़ लेने अथवा जल्दी इसका लाभ उठा लेने की काबलियत सिर्फ चंद लोगों को मिलती है। ऐसे लोग प्रतिभाशाली तो होते ही हैं, दर हकीकत जब उन्हें मौका मिलता है तो उसका लाभ उठाने का साहस भी उनमें होता है। मौका हर एक का दरवाजा खटखटाता है, लेकिन क्या उस समय आदमी की दिमागी हालत अथवा हालात ऐसे होते हैं कि अपनी जान लड़ाकर वह उसका लाभ उठा सके?

यहीं भाग्य अपनी भूमिका निभाता है। नेपोलियन इस हकीकत को जानते थे। यही कारण था कि अपने जनरलों को तरक्की देने के समय यह पता कर लेते थे कि भाग्य उनके साथ है अथवा नहीं। भाग्य वीरों की ही नहीं, उनकी भी मदद करता है जो निर्दिष्ट काम को मेहनत से करते हैं। सिनेमा उद्योग भाग्य पर भरोसा करता है और तमाम लोगों को भाग्यशाली होने का मौका मिला है। कुछ कैमरामैन किस्मत के धनी रहे हैं लेकिन बाकी, प्रशिक्षित और हर तरह से प्रतिभाशाली होने के बावजूद किसी बड़े मुकाम पर नहीं पहुंच पाये। जो कोई दर्जा हासिल नहीं कर पाता, उसके लिए हिंदी सिनेमा की निर्मम और कठोर दुनिया में कोई एक कतरा आंसू भी नहीं बहाता और जो हकीकतन कोई बड़ी जगह हासिल कर लेता है, उनकी बेहिसाब चापलूसी की जाती है।

यह उद्योग इसलिए एक कठिन मुकाम है। ऐसा इसलिए है क्योंकि जनता की नजरों में मिली हर कामयाबी कम से कम पचास नाकामयाबियों के बाद

मिलती है जो उनकी याददाश्त से ऐसे गायब हो जाती है कि उनका कोई निशान भी नहीं मिलता। सपनों का यह उद्योग मर्दों-औरतों और घरों को तबाह कर देता है। यही वजह है कि शोहरत और नसीब की तलाश में बड़ी संख्या में बंबई आनेवाले युवक-युवतियों के आंखों के जगमगाते तारे बदनसीबी से बुझ जाते हैं।

सिनेमैटोग्राफी विज्ञान है या कला? कैमरामैन एक महंगे आधुनिकतम यंत्र 'मूवी कैमरा' का इस्तेमाल करता है और फिर प्रकाश की सहायता से तीसरी आंख अथवा कैमरे के जरिये प्रकाश से चित्रकारी करता है। इसे वह किस तरह अंजाम देता है और निर्दिष्ट सांसारिक कर्म से ऊपर उठाकर इसे किस तरह एक सौन्दर्य कृति में तब्दील कर देता है, इसका रहस्य कला की दुनिया में है।

निर्देशकों के विजन को सिनेमैटोग्राफर सेलूलाइड पर उतारते हैं। कैमरा के कोणों का विवेकपूर्ण उपयोग करके वे अभिनेता और अभिनेत्रियों को ग्लैमरस बना देते हैं। ये वे लोग होते हैं जो कला-निर्देशकों की कलाकारियों, मेकअपमैनों के हुनरों, कास्ट्यूम डिजाइनरों की सृजनात्मकता को आंदोलित करते हैं और फिर अंत में संगीत-निर्देशकों की धुनों, नृत्य-निर्देशकों के नृत्यों-दृश्यबंधों और फाइट-कंपोजर के मारामारी के हैरतअंगेजी कारनामों को सेलूलाइड पर साकार करते हैं। कैमरा, फिल्म टेक्नोलॉजी तथा फिल्म से जुड़े दूसरे क्षेत्रों में हुई बेहिसाब तरक्की की वजह से सिनेमैटोग्राफर को नए-नए प्रयोगों से परिचित रहना पड़ता है। 1968 में ब्रिटिश सिनेमैटोग्राफर सोसाइटी का मैं पूर्णकालिक सदस्य बन गया था और नवीनतम जानकारियों से अपने को लैस रखने के लिए उनकी पत्र-पत्रिकाएं पढ़ता रहता था।

हमारे कुछ कम ही कैमरामैन विदेशी तकनीकों और टेक्नोलॉजी से संपर्क बनाए रखने की जहमत उठाते हैं। जहां तक तकनीकी योग्यता का सवाल है, हमारे जमाने के कुछ ही भारतीय सिनेमैटोग्राफरों को सिनेमैटोग्राफी का औपचारिक प्रशिक्षण लेने का मौका मिला था। तमाम प्रशिक्षित सिनेमैटोग्राफरों में जोसेफ वर्शिंग, बांबे टॉकीज के दिलीप गुप्ता, नवकेतन के जाल मिस्त्री के नाम मुझे याद आते हैं लेकिन अधिकांश सिनेमैटोग्राफरों ने अनुभवों की कठिन पाठशाला से ही सीखा था।

चूंकि हर कैमरामैन परीक्षण प्रणाली के जरिये अनुभवों की पाठशाला से हुनर सीखता था, लिहाजा वह अपने सहायकों तक को भी अपने हुनर के गुर नहीं बताता था। दो कारणों से ऐसा होता था। एक तो ये हुनर और युक्तियां बेहद तकलीफ उठाकर वे सीखते थे, उन्हें डर होता था कि कम श्रम करके उनके

सहायक आसानी से इसे हासिल करके कहीं उनसे आगे न निकल जाएं। उन दिनों ऐसी असुरक्षा थी और आज भी ऐसी ही असुरक्षा व्याप्त है। दूसरे, सिनेमैटोग्राफरों के पास सैद्धान्तिकी की पृष्ठभूमि नहीं होती थी, अतः वे कैमरा के कोणों, उनके रखने की जगहों और प्रकाश के बारे में बिरले ही अपनी कोई निजी सैद्धान्तिकी विकसित कर पाते थे। वे ज्यादातर अपनी सहज बुद्धि और अपने अनुभवों से काम करते थे। अतः उनके लिए अपने सहायकों को उन पेशागत हुनरों और कैमरा की युक्तियों को सिखाना कठिन होता था जिन पर कड़ी पहरेदारी की जा रही हो। फिर भी इस बात से इंकार नहीं किया जा सकता है कि कुछेक सिनेमैटोग्राफर ऐसे थे जिन्हें आज भी आदर दिया जाता है।

इसके पहले कि हम उन सिनेमैटोग्राफरों के बारे में बात शुरू करें जिन्होंने घटिया, रद्दी, नाकाफी और पिछड़े यंत्रों से प्रकाश से चित्रकारी की है और बेमिसाल नतीजे हासिल किये हैं, सौंदर्यशास्त्र के बारे में जानना उपयोगी होगा क्योंकि कैमरामैन का यह कर्त्तव्य है कि वह अपनी बुनियादी तैयारी पूर्णतया अच्छी तरह से करे, खासतौर से ऐसे समय में जब सभी फिल्में रंगीन बनायी जा रही हों। श्याम और श्वेत फोटोग्राफी में प्रकाश और अंधेरे की छायाएं होती हैं। लेकिन रंगीन फिल्मों के आने से विभिन्न रंग आभाओं और रंगतों का इस्तेमाल सुरुचि और कल्पनाशीलता से करने की जरूरत है। रंगों और प्रकाश के प्रयोग करने की संवेदनशीलता एक अच्छे कैमरामैन में होनी चाहिए जिससे उसके काम को एक टैक्सचर मिले जिसे अनुभूति के स्तर पर महसूस किया जा सके। उसके काम में ऐसा पेशेवराना स्पर्श हो जिससे दृश्य के पीछे छिपे विचार को समझने में दर्शकों को सहायता मिले।

महान रूसी निर्देशक सेरजई आइंजेस्टाइन का कहना है कि कलर स्क्रीन ऐसा होना चाहिए जिसमें बिंब और कथ्य, नाटक और एक्शन तथा संगीत का रंगों के साथ स्वाभाविक संबंध दिखायी दे। ऐसे स्क्रीन को बनाने के लिए हर सिनेमैटोग्राफर को सौन्दर्यशास्त्र का अध्ययन अवश्य करना चाहिए ताकि प्रकाश और रंगों की बारीक छटाओं का वे कुशलतापूर्वक प्रयोग कर सकें। सौन्दर्यशास्त्र एक ऐसा ज्ञान है जो ऐतिहासिक रूप से निर्धारित मानवीय मूल्यों के सार तत्वों, उनके सृजन, बोध, रसास्वादन और समावेशिता से जुड़ा है। समाज की सौन्दर्य दृष्टि को बदलने की यह एक ऐसी प्रणाली है जिसका प्रभाव मनुष्य की संपूर्ण भौतिक और सांस्कृतिक क्रियाकलापों पर पड़ता है।

जन्मजात प्रतिभा, स्वनिर्मित उच्च मानदंड, अध्यवसाय, कड़ी मेहनत और हुनर के बिना कला संभव नहीं है। ये सभी आवश्यक और अपरिहार्य गुण निरर्थक

हैं, अगर दुनिया के बारे में कलाकार के पास अपनी कोई कलात्मक सोच नहीं है, उसके बारे में निजी दृष्टिकोण नहीं है और सौन्दर्य के सिद्धांतों को बिंबों में बदलने की उसके पास सुसंगत प्रणाली नहीं है। एक कलाकार की विश्वदृष्टि उधार ली गई सच्चाइयों का कुल जोड़ नहीं होती बल्कि जिंदगी, प्रकृति और समाज को देखने, मानवीय संस्कृति को आत्मसात करने और संसार के प्रति संचित दृष्टिकोण पर आधारित जिंदगी से पैदा होती है। विश्वदृष्टि केवल प्रतिभा और हुनर को ही रास्ता नहीं दिखाती बल्कि यह स्वयं भी सृजन की गत्यात्मक प्रक्रिया से प्रभावित होकर अपना आकार ग्रहण करती है।

सृजन कार्य और इसके समझने के नियम साथ-साथ चलते हैं। शेक्सपियर, माइकेल एंजेलो, टॉलस्टाय, द विंची केवल महान कलाकार ही नहीं थे, वे महान प्रयोगधर्मी और अन्वेषक भी थे। कला के प्रति अभिरुचि विकसित करने के लिए सौन्दर्यशास्त्र आवश्यक है। महान कलाकार वह है जो सृजन की स्थापित सीमाएं लांघता है जबकि एक कलाकार सभी नियमों का, खासतौर से मूल नियमों तक को भी तोड़ नहीं पाता है। कला में सृजनात्मकता ही जिंदगी पैदा करती है, अन्यथा यह निष्प्राण और नीरस हो जाए। कैमरा एक ऐसा यंत्र है जो कैमरे की कला को ही उद्‌घाटित नहीं करता बल्कि प्रकाश, रंग और जिंदगी की बारीक अर्थ-छटाओं को भी आंकता जाता है। आधुनिक टेक्नोलॉजी सुंदरता के प्रति मनुष्य की धारणा को बदलती है।

आइए! सिनेमैटोग्राफी पर फिर लौटें। हमें याद रखना चाहिए कि सिनेमा एक सार्वभौमिक भाषा है जिसे किसी भी सीमा में नहीं बांधा जा सकता। श्याम और श्वेत सिनेमैटोग्राफी की स्याह और सफेद की धुंधली-धुंधली तासीर और इनके आपसी खेल से मूड फोटोग्राफी को मदद मिलती है। प्रकाश से धूसर रंग की असीम छटाएं मिलना एक अच्छे सिनेमैटोग्राफर के लिए सही मायनों में एक रंग उत्सव है। जहां तक श्याम और श्वेत फोटोग्राफी का संबंध है, इसके लिए यह कहना सटीक होगा कि यह प्रकाश से चित्रकारी करना है।

मुझे निजी तौर से अफसोस है कि हमने उन मूडों को खो दिया है जिन्हें आंका जा सकता था। हालांकि यहां इसका मतलब यह नहीं है कि रंगीन फोटोग्राफी प्रकाश से चित्रकारी करने की इजाजत नहीं देती। उस जमाने में तकनीकी सीमाएं थीं और प्रयोगशाला की सुविधाएं नाकाफी थी। किंतु सिनेमैटोग्राफी के क्षेत्र में हाल में हुई अभूतपूर्व प्रगति के कारण रंगीन फोटोग्राफी भी प्रकाश से चित्रकारी कर सकती है। श्याम और श्वेत फोटोग्राफी में प्रभावी ढंग से विपरीत प्रभाव पैदा करने का अतिरिक्त गुण है। श्याम रंग बुराई का प्रतिनिधित्व करता है जबकि

सफेद अच्छाई का सूचक है। धूसर रंग इन दोनों के दरम्यान रहस्य की एक विराट दुनिया रचता है जिसमें कुछ तलाशना हर एक को हमेशा दिलचस्प लगता है।

रंगीन फोटोग्राफी जिंदगी को सुंदर, प्रसन्न और चटखीले रंग में प्रस्तुत करती है। मनुष्य में जिंदादिली और विशुद्ध आनंद को बरकरार रखती है। आदमी जिंदगी की भयानक हकीकत से भागना चाहता है और सिनेमा उसे यह करने का मौका देता है। खुद को शिक्षित करने के लिए कोई सिनेमा नहीं देखता। विद्यालय, महाविद्यालय अथवा विश्वविद्यालय और पुस्तकालय इस काम को बेहतर ढंग से कर सकते हैं। क्रांतिकारी अथवा विद्रोही बनने के लिए भी कोई सिनेमा नहीं देखता। सिर्फ मनोरंजन के लिए लोग सिनेमा हॉल जाते हैं।

लेकिन पलायनवादी मनोरंजन के साथ भाऊ शांताराम अथवा सत्यजित राय जैसे अच्छे और प्रतिबद्ध फिल्मकार समाज के कई पहलुओं के बारे में दर्शकों को सोचने के लिए मजबूर करते हैं जबकि इनका मुख्य उद्देश्य मनोरंजन करना होता है। भारतीय सिनेमा में, मोटे तौर से 1970 से व्यावसायिक और विशुद्ध मनोरंजन का ज्वार इस हद तक बढ़ा है कि इन दिनों की फिल्मों में कोई कहानी नहीं होती। मसाला संवादों के साथ सीधे विदेशी फिल्मों की नकल करना फिल्म बनाने का बेईमान तरीका है। दरअसल इसमें कोई पटकथा नहीं होती। विविध प्रसंगों के साथ कुछ नाच-गाना जोड़ देना ही आज का सिनेमा (1990) है।

कई दफा फिल्म सिर्फ एक ही हिट गाने के इर्द-गिर्द घूमती रहती है जिसका पूरी तरह से दोहन किया जाता है। इस तरह फिल्म निर्माण एक क्रूर पैरोडी बन जाता है जो फिल्म को एक प्रहसन में बदल देती है। दर्शकों की रुचि के नाम पर अर्थहीन गाने होते हैं अथवा गानों में बेहिसाब अश्लील, द्विअर्थी शब्द होते हैं और पंक्तियां होती हैं। इनमें कइयों में निचले दर्जे की अश्लीलता होती है। ऐसे गाने बेहद आम हैं। पूरी फिल्म फाइट मास्टर अथवा नृत्य-निर्देशक निर्देशित करते हैं। कई बार यह उम्मीद बंधती है कि यह दौर कुछ वक्त के लिए है जो विवेक और अनुभव की ठंडी रोशनी में गुजर जाएगा लेकिन मेरी सहज बुद्धि कहती है कि इन दिनों हिंदी फिल्म उद्योग में जिस तरह बौद्धिकता की कमी है, उसे देखते हुए यह सिलसिला लंबे वक्त तक बना रहेगा।

1930 और 1940 के दौर में कलकत्ता के ब्रह्म समाज और वैष्णवों के चलते भद्रलोक संस्कृति के नेतृत्व में फिल्म उद्योग चलता था। 1950 और 1960 के दौर में बौद्धिक और वामपंथी सर्वेसर्वा हो गए। लेकिन इसके बाद जब से अपराधियों और कालाधन रखनेवालों ने परिदृश्य की बागडोर अपने हाथ में ली है, फिल्म उद्योग बेसहारा ही नहीं, नैतिक नेतृत्व से भी वंचित हो गया है। तुरत-फुरत कमाने

की चाह रखनेवाला कोई भी ऐरा-गैरा इस उद्योग में है और इस कारण प्रतिबद्ध फिल्मकारों और तकनीशियनों के बजाय ऑपरेटरों और दलालों की यहां खुली बाढ़ आई हुई है। यहां केवल रुपया बोलता है और वह भी धृष्ट, ढीठ, अश्लील लहजे में।

अधकचरे, अनाड़ी और निर्लज्ज फिल्मकारों ने विभिन्न मूडों की बारीकियों और भाव छटाओं को नकार दिया है। जाहिर है कि इनकी संवेदनात्मक पृष्ठभूमि और तकनीकी दक्षता संदिग्ध है।

रंगों की सैद्धान्तिकी पर फिर लौटें! सबसे पहले गोयथे ने महसूस किया था कि मनोदशाओं पर रंगों का असर पड़ता है। पीला रंग प्रफुल्लित करता है जबकि हरा रंग शांत करता है। पश्चिमी दुनिया में नीला रंग अशांतपूर्ण माना जाता है विशेषकर जब कोई खराब मनोदशा में हो। लेकिन एशिया में नीला एक प्रसन्न रंग है। काला मृत्यु और अशुभ का प्रतीक है, जबकि निर्मलता और अच्छाई का प्रतिनिधित्व सफेद करता है। सभी व्यक्तियों पर रंगों का मनोवैज्ञानिक असर पड़ता है। दृश्य की कल्पना करते समय निर्देशक को इन सब बातों का ध्यान रखना चाहिए। दूसरी ओर, परिधान निर्देशक और कला निर्देशक को फिल्म निर्देशक के साथ-साथ चलना चाहिए। किंतु आज के जमाने में फिल्म बनाने के लिए जब शॉट लिये जा रहे होते हैं, तब पटकथा लिखी जा रही होती है और साथ ही संवाद लिखे जा रहे होते हैं तो ऐसे में सेट पर हड़कंप मचा रहता है। मुझे उस निर्देशक से हमदर्दी होती है जिन्हें रंग व्यवस्था के लिए सामंजस्य और संश्लेषण तक के बारे में सोचने का भी समय नहीं मिलता।

ऐसे में मनःस्थितियों को सृजित करने की कोई कोशिश नहीं होती है। हर चीज को बस सुंदर बनाने का जतन चलता रहता है। फिल्म को पिक्चर पोस्टकार्ड की तरह सुंदर बनाने के सिद्धांत पर चलनेवाले सिनेमैटोग्राफरों का अपना एक ब्रैंड है। इस शैली में गुणवत्ता से फिल्म में उदात्तता पैदा की जाती है जिसमें सिनेमैटोग्राफर और निर्देशक की कमियां छिप जाती हैं। इसके विपरीत महान जापानी फिल्म निर्देशक ओज्यू अपनी हर फिल्म के हर फ्रेम को रंग उत्सव में तब्दील कर देते थे। उनके पास रंगों के प्रयोग का सिद्धांत था। उनके हर फ्रेम की रंग योजना पूर्व निर्धारित होती थी। उनके रंगों के तालमेल में और शॉट लेने के पीछे तार्किक आधार होता था।

1952 में 'आवारा' फिल्म बनने के बाद जब 'अजंता' फिल्म बनने की योजना चल रही थी, राजकपूर ने मुझे टेक्नीकलर फोटोग्राफी के गहन अध्ययन के प्रशिक्षण के लिए भेजा। इस फिल्म में राजकपूर को बौद्ध संन्यासी का किरदार

निभाना था, लेकिन अन्ततः यह फिल्म नहीं बनी। रंगीन फोटोग्राफी का यह प्रशिक्षण सच्चे अर्थों में महान कैमरामैन जैक कारडिफ की देखरेख में था। इन्होंने 'द ब्लैक नारसिस' की सिनेमैटोग्राफी की थी। बाद में वह 'माई घीसा' के सफल निर्देशक बने। रंगीन फोटोग्राफी के गुरू के रूप में वे मुझे मिले, यह मेरे लिए सौभाग्य की बात थी क्योंकि वह दरअसल जीनियस थे। उन्हें दो बार आस्कर से सम्मानित किया गया था और अमेरिकन मोशन पिक्चर अकादमी ने उन्हें सम्मानित कर पहली बार किसी गैर अमेरिकी अंग्रेज को सम्मानित किया था। लंदन के पाइनवुड और रोम के साइनसिटा सरीखे यूरोप के प्रमुख स्टूडियो में मुझे तकनीकी ज्ञान अच्छी तरह सीखने को मिला।

जैक कारडिफ एक धैर्यवान अध्यापक थे। उन्होंने मेरी सभी जिज्ञासाओं का उत्तर अच्छी तरह दिया। उन्होंने मेरी सोचने की प्रक्रिया की सराहना की और अपना सर्वश्रेष्ठ मुझे दिया। एक दिन मैंने उनसे कहा कि क्या वह 'आवारा' फिल्म देखना चाहेंगे जिसे मैं अपने साथ इंग्लैड लेता आया था। जैक हिचकिचाए। आखिरकार वह व्यस्त व्यक्ति थे। फिल्म की लंबाई को लेकर भी उनमें हिचक थी। रात के औपचारिक भोजन के बाद ही उनके पास खाली समय होता था। रात का भोजन वह अपनी पत्नी के साथ करते थे और निश्चय ही वह बहुत देर रात तक जगना नहीं चाहते थे। विनम्रतावश और शायद इसलिए भी कि वह मुझे निराश नहीं करना चाहते थे, उन्होंने कहा कि कुछ रीलें देखने में उन्हें खुशी होगी। इसके बाद उन्होंने पूछा कि क्या वह अपनी पत्नी को भी साथ ला सकते हैं। (एक भारतीय शायद अपनी पत्नी, अपने तमाम संबंधियों और मित्रों को लाने में जरा भी नहीं शर्माएगा और ऐसा करने पर कभी माफी मांगने के बारे में भी नहीं सोचेगा) फिल्म दिखाने की तारीख तय हुई और अंग्रेजी रिवायत की दृष्टि से काफी देर से दरअसल रात के दस बजे शुरू हुई।

कारडिफ इस फिल्म में इस तरह खो गए कि वह रात के एक बजे उसके खत्म होने तक देखते रहे। जैक ने फिल्म की तारीफ की और तकनीकी पहलुओं से जुड़े कुछ सवाल पूछे। फिर वह नास्टेलजिक मूड में आ गए और अपने युवाकाल के दौर में श्याम और श्वेत में की गई शूटिंग को याद करने लगे। उनका परवर्ती काम रंगीन था और उन्हें लगा कि श्याम और श्वेत में फिर से काम करना रोचक होगा। जब मेरा प्रशिक्षण पूरा हो गया, राजकपूर लंदन आए और जैक कारडिफ से अजंता फिल्म की सिनेमैटोग्राफी करने की गुजारिश की। जैक 'आवारा' से इस कदर प्रभावित थे कि उन्होंने कहा, 'तुम्हें जैक कारडिफ की जरूरत नहीं, तुम्हारे पास राधू है। वह भी इसे अच्छी तरह कर लेगा। 'एक बेहद दरियादिल,

प्रतिभाशाली सिनेमैटोग्राफर और निर्देशक की इस टिप्पणी से मैं हमेशा आनंदित होता रहा हूं। यह जानना दिलचस्प होगा कि विश्व के दस सर्वश्रेष्ठ सिनेमैटोग्राफरों में मुझे शुमार किया जाता था। बलराज साहनी के प्रतिभाशाली पुत्र परीक्षित साहनी ने मास्को में फिल्म निर्माण का प्रशिक्षण लिया था, उन्होंने मुझे बताया था कि रूसी सिनेमैटोग्राफी के पाठ्यक्रम में 'आवारा' और 'श्री 420' फिल्में भी थीं। रूस में सिनेमैटोग्राफर बनने के आकांक्षी युवाओं को इनका अध्ययन करना जरूरी था। सिनेमैटोग्राफी पाठ्यक्रम में इन दोनों फिल्मों का विश्लेषण फ्रेम दर फ्रेम किया जाता था। जैक कारडिफ के अलावा जी. ग्रीन एडवर्ड टिसे (आइंजेस्टाइन के कैमरामैन) कारमेन और आंद्रे कनीस सरीखे महान कैमरामैनों ने मेरे कैमरे के काम को सराहा और मेरी प्रेरणा के स्रोत बने रहे।

कुछ अनुभवी कैमरामैन सहजता से रंगीन फोटोग्राफी के काम में अपने को नहीं ढाल पाए। 'प्यासा' और 'कागज के फूल' जैसी उत्कृष्ट फिल्मों की फोटोग्राफी करनेवाले वी.के. मूर्ति सरीखे कैमरामैन और 'मधुमती' और 'दीदार' में अपनी फोटोग्राफी के शानदार जौहर दिखानेवाले दिलीप गुप्ता भी अपने आपको सहजता से रंगीन फोटोग्राफी में ढाल नहीं पाए। यह भारतीय सिनेमा की क्षति रही।

क्या एक अच्छे कैमरामैन का विकास एक अच्छे निर्देशक के रूप में हो सकता है? सिद्धांततः इस पर यकीन न करने का कोई कारण नहीं है। आखिरकार कैमरामैन का मुख्य काम निर्देशक के विचार को समझकर उसे परदे पर रूपायित करना है, चाहे यह फिल्म के रूप में हो अथवा अभिनेताओं के अभिनय के माध्यम से हो। हालांकि सिनेमा के इतिहास में ऐसे तमाम दृष्टांत मौजूद हैं, जब कैमरामैन मामूली निर्देशक तक बनने में नाकामयाब रहे। इसके दो अच्छे उदाहरण हालीवुड की दुनिया के रूडोल्फ मैट और जेम्स वांग हॉवे हैं।

लेकिन इसके महत्त्वपूर्ण अपवाद जैक कारडिफ और उनके सहयोगी फ्रेडी फ्रांसिस और जार्ज स्टींवेंस रहे हैं। हमारे देश में नितिन बोस, पी. सी. बरूआ और विमल राय बेहतरीन कैमरामैन थे जो महान निर्देशक बने। नई पीढ़ी में गोविंद निहलानी और अशोक मेहता हैं जिनका विकास बहुत अच्छी तरह हो रहा है। फिर तमाम ऐसे कैमरामैन हैं जो अपने आपको सिनेमैटोग्राफर से अलग नहीं मानते थे, वे भी लाजवाब निर्देशक बने। स्टेनली क्यूब्रिक इसके यशस्वी उदाहरण हैं। इन्होंने '2001 ए स्पेस ओडेसी' और 'ए क्लॉक वर्क आरेंज' बनायी थी। तमाम और दूसरे निर्देशक हैं जिन्होंने कैमरा विभाग में एक प्रशिक्षु के रूप में शुरुआत की और कैमरामैन के तौर पर स्वतंत्र रूप से कार्य करने की स्थिति में पहुंचने के बाद

निर्देशन की ओर मुड़ गए। बहरहाल एक समूह के रूप में विचार करें तो फोटोग्राफी निर्देशक की तुलना में एक निर्देशक के रूप में कैमरामैन ज्यादा कामयाब रहे।

वर्तमान समय की सिनेमैटोग्राफी पर नजर डालने के पहले पूर्ववर्ती महान सिनेमैटोग्राफरों को श्रद्धांजलि देना जरूरी है। दादा साहब फालके पहले ऐसे कैमरामैन थे जिन्होंने लंदन से एक हफ्ते का प्रशिक्षण लेने के बाद पौराणिक फिल्मों के बनाने से शुरुआत की। उन्होंने स्पेशल इफेक्ट के जादू को विकसित किया। उस समय मौजूद घटिया उपकरणों के प्रयोग के परिप्रेक्ष्य में उनके काम को आज भी उत्कृष्ट कलाकृतियों में गिना जाता है। बाबू भाई मिस्त्री, मल्लिक ब्रदर्स, प्रहलाद दत्त, पीटर पेरिरा ने इस विरासत को जारी रखा और अपने निजी मूल्यवान योगदान से इसे समृद्ध किया। 1920 और 1930 के दौर में सामाजिक सिनेमा बनाने का चलन चला और महान फिल्म संस्थानों का जन्म हुआ।

राधा मूवी के पास जतीन दास और कलकत्ता के न्यू थियेटर्स के पास पी.सी. बरूआ, देवकी बोस और नितिन बोस कैमरामैन थे। इसी तरह जहां रणजीत मूवी से कृष्ण गोपाल, गोवर्धन भाई पटेल, प्रभात स्टूडियो से धईबर और वसंत अवधूत जुड़े थे तो वहीं, बांबे टॉकीज से वर्शिंग जुड़े हुए थे। सभी विचारों का स्रोत हालीवुड था। हालीवुड के जादुई दौर की कृतियों का अनुकरण करने की चाह सबमें रहती थी। केवल तकनीकी जादूगरी, बौद्धिक प्रवीणता और परिश्रम के बल पर सीमित उपकरणों के बावजूद यह वह दौर था जब सब कुछ संभव लगता था। लेकिन हालीवुड हमेशा हालीवुड बना रहा। अपने दृश्यों को बेहतर बनाने के लिए सभी सिनेमैटोग्राफर प्रयोगशाला से जुड़े पहलुओं की जानकारी रखते थे। वे फिल्मों का अच्छी तरह एक्सपोजर करने, प्रकाश व्यवस्था के माध्यम से गहराई पैदा करने, क्लासिक कंपोजिशन और ग्लैमरस क्लोज अप तैयार करने में हमेशा जुटे रहते थे। इसके अलावा वे कैमरा संचालन में पूरी तरह दक्षता हासिल करने के लिए भी प्रयत्न करते रहते थे। इन उस्तादों के अपने घराने थे जो कैमरामैनों की नई पीढ़ी के लिए गुरूकुल थे। न्यू थियेटर्स घराने में विमल राय, कमल बोस और दिलीप गुप्ता थे। राधा मूवी घराने में अजयकार और मैं शामिल था। प्रभात घराने से एस.एन. भागवत और के. बैकुंठ जुड़े हुए थे जबकि बांबे टॉकीज घराने में ई. मोहम्मद, वी. बाबा साहेब और जी. बालकृष्णन थे।

यह वह दौर था जब कुछ भी असंभव नहीं लगता था। लखनऊ विश्वविद्यालय के शुरुआती दौर के विज्ञान स्नातक के जी. या कृष्ण गोपाल इस

पेशे में आए। वह फिल्म के संवेदनात्मक घुमावों और उनके उतार-चढ़ावों के प्रति अत्यधिक सचेत थे तथा स्टूडियो फ्लोर से फिल्म प्रोसेसिंग लैब के बीच बराबर समय बिताते थे। मैं उस महान व्यक्ति का अत्यंत प्रशंसक था जिन्होंने कलर प्रोसेसिंग मशीन (बाई पैक-ट्राई पैक) एडीटिव फिल्म प्रिंटर्स और एक्स-रे शीट फिल्म प्रोसेसर से संबंधित तमाम तकनीकी पेटेंट पंजीकृत करा रखे थे। वह लंबे समय अर्थात् 1955 से 1968 तक डब्ल्यू.आई.सी.ए. के अध्यक्ष रहे। 1948 में फिल्म डिवीजन की स्थापना भी उन्होंने की थी। प्रसंगवश मैं बताना चाहता हूं कि 1952 में जन्मे अपने सबसे बड़े पुत्र का नाम मैंने उन पर ही रखा था।

प्रभात टॉकीज में वी. शांताराम द्वारा निर्देशित 'अमृत मंथन' में पहली बार फिल्म में क्लोज अप का प्रयोग किया गया था। प्रभात टॉकीज के वी. शांताराम द्वारा निर्देशित 'सैरंध्री' पहली रंगीन फिल्म थी जिसकी प्रोसेसिंग जर्मनी में की गई थी। वी. शांताराम का रुझान यथार्थपरक वातावरण बनाने के प्रति था जिसका लाभ वी. अवधूत ने उठाया। जर्मनी के यू.ई.एफ.ए. स्टूडियो से जोसेफ वर्शिंग ने प्रशिक्षण प्राप्त किया था। पहले पृष्ठभूमि सपाट होती थी जिसे वह प्रकाश और छाया के जरिए गहराई से चित्रित करते थे और अपने आकृतियों को उस पृष्ठभूमि के अनुकूल बना लेते थे। काष्ठशिल्पी से कैमरामैन बने पांडुरंग नाइक एक और प्रयोगशील व्यक्ति थे। स्टूडियो फ्लोर से ऊपर, प्रकाश व्यवस्था रखने के बारे में सबसे पहले उन्होंने सोचा था और उसे चबूतरे के ऊपर रखते थे। इन्होंने निगेटिवों में बेमिसाल संगति और कोमल रंग विन्यास हासिल किये।

चंदूलाल शाह ने उनकी योग्यता को पहचाना और उन्हें प्रशिक्षण दिलाने के लिए इंग्लैंड भेजा। रणजीत स्टूडियो के गोवर्धन भाई पटेल ने कैमरे से स्त्री चेहरों को आंकने और उन्हें कोमल बनाने में विशेष रुचि ली। यही नहीं, लैप डिजाल्व पद्धति को सहजता से अपनाकर सटीक रूप से मिक्सिंग करके इन्होंने स्त्री चेहरों को काव्यात्मकता के साथ उकेरा। वाडिया मूवीटोन्स में निडर 'नाडिया' स्टंट थ्रिलर की विशेषज्ञ थीं, यहां रुस्तम मास्टर कैमरामैन थे जिन्होंने 'बैक लाइट' के साथ प्रयोग किए थे। रुस्तम मास्टर अंततः सोहराब मोदी के मुख्य कैमरामैन बन गए जिन्होंने 'सिकन्दर' और 'पृथ्वी वल्लभ' सरीखी महाकाव्यात्मक फिल्में प्रस्तुत की। ये दरअसल महान सिनेमैटोग्राफर थे जिनके नाम सुनहरे अक्षरों में लिखने की जरूरत है। बड़े स्टूडियो ताकतवर बन गए जिन्हें तानाशाह चला रहे थे जो असहमति का स्वर बर्दाश्त नहीं करते थे। बी.एन. सरकार, चंदूलाल शाह, होमी वाडिया, सोहराब मोदी, हिमांशु राय ताकतवर और निर्णायक व्यक्ति थे जो यह

तय करते थे कि कौन सी फिल्म बनायी जाएगी। यही नहीं, उनकी सनकों के आधार पर फिल्में बनायी जाती थीं । इन स्टूडियो की हर हिट फिल्म की नकल होती थी, क्योंकि उन्हें लगता था कि हिट फिल्म बनाने का एकमात्र यही सूत्र है। इनका असली मकसद मुनाफा कमाना होता था।

जैसा कि अनुमान था, वही घटित हुआ, इन स्टूडियो की फिल्में रूढ़िबद्ध और बासी होती गईं। कहानी की विषयवस्तु और निर्देशन शैली की एकरसता तथा कैमरे के फीके काम ने पहले जैसी सृजनात्मकता की भावना को गायब कर दिया। किंतु 1940 में हुए राजनैतिक परिवर्तन से उत्साह का दौर शुरू हुआ। तमाम प्रतिभाशाली युवा निर्माताओं और निर्देशकों ने स्टूडियो के घरानों की सोच से बाहर निकलकर स्वतंत्र निर्माण इकाइयां बनाईं। स्टूडियो द्वारा बनाई गई सभी तत्कालीन परिपाटियों को इन्होंने तोड़ा। इससे उन प्रतिभाशाली कैमरामैनों का आगाज हुआ जो पढ़ाई करने अथवा प्रशिक्षु के रूप में काम करने के बाद अवसर की प्रतीक्षा कर रहे थे और अपने विचारों को व्यवहार में आजमाने के लिए तैयार थे। इन स्वतंत्र निर्माण इकाइयों को सुविधा मुहैया प्रदान करनेवाले स्टूडियो की रातों-रात बन आई। ये स्टूडियो फिल्म निर्माण खुद नहीं करते थे। आर्थिक कामकाज का यह एक नया सिलसिला केवल घरानों की जागीरदारी टूटने के कारण ही शुरू हुआ। युवा और सक्रिय दिमागों के बौद्धिक उत्साह ने नए विचारों के माध्यम से इस उद्योग में नई जान फूंक दी जिससे मोहन स्टूडियो, श्री सांउड, रूपतारा, मार्डन जैसे नए स्टूडियो की श्रृंखला स्थापित हुई। इस बदलाव के नतीजे के फलस्वरूप रजनीकांत पाण्डया उभरकर आए जिन्होंने रामचंद्र, जाल मिस्त्री, जिम्मी कपाडिया, रतनलाल नागर तथा कुछ दूसरे कैमरामैनों को प्रशिक्षित किया। डब्ल्यू.आई.सी.ए. के वह मार्गदर्शक थे जिसकी स्थापना 1953 में श्री साउंड स्टूडियो में हुई थी। स्वतंत्र फिल्म निर्माण के इस दौर में सुरेन्द्र पई, आर.डी. माथुर, राजेन्द्र मालोने, चंदू भाई, हरदीप, के.के. मिस्त्री, वी.एन रेड्डी और के.एच. कापाडिया सरीखे दिग्गज उभरकर आये।

प्रतिभाशाली फिल्म निर्माताओं द्वारा स्वतंत्र निर्माण इकाइयों की स्थापना प्रगति का अगला कदम था। शांताराम ने प्रभात से अलग होने के बाद राजकमल कला मंदिर की स्थापना की। नवयुग, फिल्मिस्तान, प्रफुल्ल, प्रकाश, आर.के. स्टूडियो, महबूब, कारदार जैसे अन्य स्टूडियो की भी स्थापना हुई।

इन स्वतंत्र निर्माण इकाइयों के पास दक्ष कैमरामैन थे। कारदार फिल्म्स के द्वारका दिवेछा एक बेहद जिंदादिल और उत्साही शख्स थे। उन्होंने अपनी सृजनात्मक शैली विकसित कर ली थी। उनकी अंतिम फिल्म 'शोले' थी जिसके

स्पेशल इफेक्ट का काम विदेशी तकनीशियनों ने किया था। इस शैली की विरासत अनवर और रमन भाई ने संभाली। आर.के. स्टूडियो में वी.एन. रेड्डी ने 'आग' फिल्म की फोटोग्राफी की थी। हर एक के विशिष्ट सहयोग को लेकर जाल मिस्त्री ने 'बरसात' की फोटोग्राफी की थी। इसके बाद मेरी बारी थी। 'आवारा' से लेकर 'हिना' तक 45 वर्षों तक आर.के. स्टूडियो से मेरा संबंध रहा। तारादत्त, शरद कडवे और जयंत पठारे भी इसी शैली की विरासत के देन थे। फिर उधर महबूब स्टूडियो के फरेदून ईरानी थे जिन्होंने 'आन' की थी। मोहन भवनानी के लिए के. के. मिस्त्री ने 'अजीत' की थी। वी.एन रेड्डी ने 'हलचल' एवं 'कालीघटा' आर. डी माथुर ने 'मुगलेआजम' और वर्शिंग ने 'महल' फिल्म की फोटोग्राफी की थी इन सभी का फिल्मांकन खूबसूरती से किया गया था और रिलीज होने पर इन्होंने हलचल भी पैदा की थी।

इस बीच 35 मिमी रंगीन फिल्म निर्माण की एक नई प्रणाली आई जिसे 'बोहरा कलर' कहते थे। इसके शुरुआती नतीजे ज्यादा खराब नहीं थे। हर प्रिंट को हाथ से रंगा जाता था। फ्रेम दर फ्रेम को रंगने के लिए बेतहाशा मेहनत, असीम धैर्य और हुनर की जरूरत थी। पीठ तोड़ने वाले इस काम को प्यार से करनेवाले इन कलाकारों को सलाम! इसी दौर में कलकत्ता की निर्माण इकाइयों में बननेवाली तमिल/तेलगू फिल्मों ने मद्रास में निर्माण सुविधाओं को स्थापित कर लिया। वहां विसेंट मारकूस बार्टले पहले से ही शूटिंग किया करते थे। घोष, एडी ईरानी, एस. नाइक, मचवे दादा जागीरदार और वी. कामत पहले ही वहां चले गए थे। वी.के. मूर्ति ने कल्पनाशील एवं उद्यमी गुरूदत्त के साथ मिलकर 'प्यासा', 'कागज के फूल' (पहली सिनेमास्कोप फिल्म) और 'साहब बीबी और गुलाम' जैसी उत्कृष्ट फिल्में बनायीं।

जाल और फाली मिस्त्री बंधुओं का अपना ही एक विशिष्ट दर्जा था। वे सेंट जेवियर्स कॉलेज (फजलभाय टेक्नीकल इंस्टीट्यूट) के छात्र रह चुके थे। कहते हैं कि बंबई में प्रदर्शित हर विदेशी फिल्म को वह देखते थे और सिनेमा हॉल में महत्त्वपूर्ण फ्रेमों को फिल्मा लेते थे, फिर उन फ्रेमों को बड़ा करके प्रकाश और शॉट कंपोजिशन का विस्तृत अध्ययन करते थे। फाली अपने काम की बारीकी पर इतना अधिक ध्यान देते थे कि फिल्म में इमल्सन की संगति बनाए रखने के लिए एक ही बैच नम्बर का पूरा रॉ स्टॉक खरीद लिया करते थे। उनके पास गैजटों का एक बड़ा बक्सा था जिसे एक स्टूडियो से दूसरे स्टूडियो घसीटते रहते थे। वह भारत के एकमात्र कैमरामैन थे जिन्हें 'गाइड' के लिए आस्कर हेतु नामांकित किया गया था। जाल और फाली दोनों ने ग्लैमर लाइटिंग की अपनी एक तकनीक

विकसित की थी और हम सब की ही तरह वह भी 'सिटीजन केन' के डीप फोकस शॉटों और फोर्ड के इन्फ्रारेड के रात्रि दृश्यों से बेहद प्रभावित थे।

इन दोनों प्रतिभाशाली भाइयों से मेरी गहरी मैत्री थी। लेकिन एक दिन मैं चकित रह गया। जाल मिस्त्री मेरे पास एक खास प्रस्ताव लेकर आए। 1973 में आर.के. स्टूडियो मैं छोड़ चुका था। मेरे पास काम नहीं था और वे बेहद व्यस्त थे। जब उनके कुछ निर्माताओं के काम की तारीखें एक ही दिन पड़ती थीं तो मैं उनका कुछ काम कर दिया करता था। जाल का सुझाव था कि हम तीनों एक साझा कंपनी बनाएं और बड़ी बजट की उन सभी फिल्मों का काम हथिया लें जो कैमरे के उत्कृष्ट कार्य के लिए ऊंची दर देने में सक्षम हों। प्रस्ताव बहुत लुभावना था। लेकिन मैं डब्ल्यू.आई.सी.ए. का अध्यक्ष था, अतः इसे नामंजूर करना मेरी नैतिक जिम्मेदारी थी। दरअसल, इससे बड़ी तादाद में दूसरे कैमरामैनों की आमदनी पर बुरा असर पड़ता। हालांकि, उनके इस पेशेवराना रूख का अनुकरण किया जाना चाहिए।

कैमरे का हुनर

सिनेमैटोग्राफर मूलतः एक तकनीशियन होता है लेकिन वह एक कलाकार भी होता है। सही मायनों में, वह एक ऐसा चित्रकार है जिसके पास रंग नहीं, प्रकाश होता है। यही कारण है कि कैमरामैन अपने काम की यांत्रिक गुणवत्ता को हमेशा बनाए नहीं रख पाते। अफसोस! उनके मूड का असर भी उनके काम पर पड़ता है। यहीं निर्देशक अपनी मौजूदगी महसूस कराता है। वह दृश्यबंध के बारे में अपने विचार सिनेमैटोग्राफर को समझाता है और यह सिनेमैटोग्राफर का कर्तव्य है कि वह उसे सजीव बनाए। उचित परिप्रेक्ष्य में उसे एक रूप दे। महान चलचित्र तभी बने हैं जब निर्देशक और सिनेमैटोग्राफर के बीच विचारों का यह संयोग घटित हुआ है।

मैं सचमुच आभारी हूं कि मुझे कुछ ऐसे निर्देशक मिले जो मुझे समझ सके और दूसरी ओर मैं भी उन्हें समझ सका। जतीन दास, नितिन बोस और राज कपूर के प्रति मैं गहरी कृतज्ञता महसूस करता हूं। उनका ऋणी भी हूं। नितिन बोस के अधीन बांबे टाकीज की फिल्मों 'मिलन' और 'मशाल' से मुझे ब्रेक मिला। 'आवारा' तथा 'श्री 420' के उत्कृष्ट परिणाम राजकपूर के कारण संभव हुए। राज ने प्रयोग के लिए जो मुझे छूट दी, जिस तरह पूर्णता प्राप्त करने की इच्छा को परवान चढ़ाया, उससे मेरे काम में एक नया आयाम जुड़ा। उनकी दृष्टि और कल्पना का लाभ मुझे भी मिला। यही नहीं, उनकी आंखों से दुनिया को मैं देख सका।

आर.के. स्टूडियो और उनके प्रोडक्शनों ने भारतीय तकनीशियनों के सपनों को साकार किया। हालांकि इसकी तुलना अमेरिका और यूरोप के सबसे मामूली स्टूडियो से भी नहीं की जा सकती। फिर भी, 1949 से 1973 के 24 वर्षों के लंबे सृजन काल तक जिस आर.के. स्टूडियो के कैमरा विभाग का मैं मुखिया रहा, वह भारत का, सही अर्थों में, सर्वोत्कृष्ट स्टूडियो था। हम हमेशा सर्वोत्तम परिणामों के लिए प्रयोग करते रहते थे। ऐसे प्रयोगों की सीमा अनंत थी। हम युवा थे और

भारत को कुछ अरसा पहले आजादी मिली थी, इसलिए माहौल में आदर्शवादिता मौजूद थी। कई असफल प्रयोगों को सावधानीपूर्वक विश्लेषित करने के बाद 'आवारा' के स्वप्न दृश्यबंध में कोहरे के प्रभाव को सृजित किया गया था। 'श्री 420' में कई तकनीकी चतुराइयां आजमायी गईं। 'प्यार हुआ इकरार हुआ' गीत का फिल्मांकन वास्तव में इनडोर सीन के रूप में फिल्माया गया था जबकि यह आउटडोर सीन लगता था। इसके पहले ऐसे नतीजे प्राप्त करने की न तो कोशिश की गई थी और न ही मिली थी। बसों और कारों से भरी व्यस्त सड़क को हम 'फोर्स्ड पर्सपेक्टिव' सेट से दर्शाते थे। इसमें छह इंच के सभी मॉडल होते थे। 'फोर्स्ड पर्सपेक्टिव' एक ऐसी प्रणाली है जिसमें सामने की वस्तुएं और व्यक्ति आदमकद होते हैं और दूरी का आभास पैदा करने के लिए पृष्ठभूमि में केवल मॉडलों का प्रयोग किया जाता है। इन दृश्यबंधों के बारे में चार्ली चैप्लिन से बहुत सराहना मिली थी।

स्टूडियो में फिल्माये गए सड़क के इन कुछ दृश्यों में हवा के साथ रिमझिम बारिश को दिखाया गया है। ये सभी दृश्य बहुत प्रभावशाली बने हैं। श्याम गए, रात आई, बालम आजा, को हमने समुद्र तट पर पछाड़ मारती लहरों के साथ फिल्माया। इसका समुद्र तट दरअसल स्टूडियो में बनाया गया था। ऐसी और अन्य तकनीकी उपलब्धियों से हमें असीम सुख मिलता था क्योंकि लंबी और कठिन कोशिशों के बाद हमें ऐसे नतीजे मिलते थे। कुछ वर्षों बाद, फिल्म उद्योग में यह आम चर्चा थी कि राजकपूर ने इन दृश्यों को फिल्माने के लिए रूसी यंत्रविदों को बुलाया था जिसके कारण इन्हें इतनी खूबसूरती से फिल्माया जा सका है। 1954 में रूसियों ने 'आवारा' खरीद ली थी और उत्तरी कोरिया से लेकर क्यूबा तक सभी कम्यूनिस्ट देशों में यह फिल्म हिट हो गई थी। लेकिन सच यह है कि इतने पहले, 1949 में राजकपूर के नाम को रूसियों ने न तो सुना था और न ही हमारे पास 'स्पेशल इफेक्ट' के लिए इतनी रकम ही थी।

सिनेमैटोग्राफर का काम आसान नहीं है। सफल होने के लिए उसे अपने कार्य में अच्छी तरह से दक्ष होना चाहिए। ईमानदारी से दृश्यों का फोटो खींचना ही काफी नहीं है। निर्विघ्न और सुसंगत परिष्कार प्राप्त करने के लिए सिनेमैटोग्राफर को फिल्म प्रोसेसिंग प्रयोगशाला के काम से भी भलीभांति परिचित होना चाहिए। मैं निजी तौर से लैब प्रोसेसिंग के काम पर नजर रखता था ताकि कल्पित दृश्य को मैं लैब में हूबहू पा सकूं।

यदि निगेटिवों की उचित ढंग से प्रोसेसिंग लेबोरेट्री में न की जाए तो सभी वांछित प्रभाव खो जाते हैं। बंबई में लेबोरेट्री प्रोसेसिंग की गुणवत्ता भयानक है।

लैब में 'कलर एनालाइजर' नहीं होते थे और सही रंग पाने के लिए कैमरामैन को अपने चाक्षुष विवेक पर निर्भर होना पड़ता था। 'कलर एनालाइजर' जैसे यंत्र से सही-सही नतीजे मिल सकते थे लेकिन ऐसा न होने से त्रुटियां होने की आशंका बनी रहती थी। दूसरे, वहां स्टूडियो में बिजली की घटने-बढ़ने की समस्या रहती थी। युगों पुराने बल्बों और मेकअप के ग्रेडों के बीच तालमेल न होने से भी रंग की एकरूपता प्रभावित होती थी। दूसरी समस्या रंग संगत को लेकर होती थी। एक दृश्य से दूसरे दृश्य के रंग में अंतर आ जाता था। भारतीय कैमरामैन के पास उपलब्ध कलर स्टॉक की 'फिल्म इमूल्सन' की एक बैच की गुणवत्ता से दूसरे बैच की गुणवत्ता में अंतर रहता था। इमूल्सन में 10 प्रतिशत का अंतर मान्य होता है लेकिन नतीजों पर इसका असर पड़ता था। मैंने सभी कलर लैबों को आजमाया और वहां काम के प्रति उदासीनता से बहुत निराश हुआ। सही नतीजे पाने के लिए लैब के तकनीशियन कड़ी मेहनत करने के लिए भी तैयार न थे। 'संगम' की प्रोसेसिंग लंदन के टेक्नीकलर लैब में की गई थी जबकि आर.के. फिल्म की नवीनतम फिल्म 'हिना' की प्रोसेसिंग मद्रास के प्रसाद लैब में की गई। एल.वी. प्रसाद ने मेरा परिचय अपने पुत्र से व्यक्तिगत रूप से कराया और कहा, 'राधू मेरे मित्र हैं। ध्यान रखना, इन्हें जो चाहिए, वह मिल जाए।'

उनके बेटों ने अपने पिता की इच्छाओं का सम्मान किया और हमें बेहद अच्छे नतीजे मिले।

जब तक समग्र रूप से कथ्य की मांग न हो, एक दृश्य को दूसरे दृश्य से उम्दा फिल्माने की लालच में बह जाना ठीक नहीं है। कैमरा को कहानी के मनोभावों का पीछा करना चाहिए और समग्र प्रभाव के अनुकूल दृश्य में प्रभाव पैदा करना चाहिए। जब तक कैमरा ऐसा नहीं करता, उस फोटोग्राफी को अच्छा नहीं कहा जा सकता चाहे वह अद्वितीय ही क्यों न हो। सिनेमैटोग्राफर की तमाम परेशानियों में एक यह भी है कि सिने तारिकाएं हर हाल में ग्लैमरस दिखना चाहती हैं चाहे किरदार का मिजाज, दृश्य का मूड कुछ भी हो। इससे कहानी की अन्तर्वस्तु कमजोर होती है। यदि कोई फोटोग्राफी समान रूप से पूरी फिल्म में अभिनेत्री को खुश करने में नाकामयाब रहती है तो वह यह सुनिश्चित करने के लिए एड़ी-चोटी एक कर देगी कि वह सिनेमैटोग्राफर उसकी अगली फिल्म के इर्दगिर्द भी दिखायी न दे।

सिनेमैटोग्राफर का काम फिल्म के कार्य-व्यापार की केवल तस्वीर खींचना ही नहीं है। कैमरा के कोणों को सुव्यवस्थित करके लाइन, टोन और मूड के अनुसार प्रकाश और छाया के साथ खेल करते हुए उन्हें कहानी कहनी चाहिए और बड़े

परदे पर पूरी फिल्म को सजीव कर देना चाहिए। परदे पर भ्रम पैदा करने के साथ लंबे समय तक उसे बनाए रखना चाहिए। परदे पर हकीकत का भ्रम पैदा करने के लिए कैमरा का पूरा हुनर इस पर लक्षित होना चाहिए कि दर्शक सिर्फ वहीं देखे जो निर्देशक उन्हें दिखाना चाहता है। जब निर्देशक खुद ही नहीं जानता कि वह क्या चाहता है तो ऐसे में क्या होगा?

इस समस्या का सामना सिर्फ सिनेमैटोग्राफर को ही नहीं, दूसरों को भी करना पड़ता है। संगीत निर्देशक शंकर-जयकिशन की मशहूर जोड़ी के शंकर इस बात को पूरे यकीन के साथ कबूल करते थे कि जिन भी निर्देशकों के साथ उन्हें काम करने का मौका मिला, उनमें अधिकांश निर्देशक यह भी नहीं जानते थे कि वे क्या चाहते हैं। वह बस इतना भर चाहते थे कि गाना हिट हो। शंकर कहते थे कि दरअसल सिर्फ चार-पांच निर्देशक ही अपना काम जानते हैं कि किस किस्म का संगीत उन्हें काम में लाना है और कब काम में लाना है। राजकपूर तथा 'कठपुतली' से चर्चित हुए अमिय चक्रवर्ती के लिए उनमें गहरी इज्जत थी। काश! मैं जान पाता कि वे बाकी तीन निर्देशक कौन थे।

कई निर्देशकों के पास शूटिंग की पटकथा भी तैयार नहीं होती थी। यहां तक कि संवाद सेट पर लिखे जाते। प्रतिभाशाली पहले से तैयारी न करे, तो फिर भी वाजिब है। हालांकि ऐसे प्रतिभाशाली फिल्म क्षेत्र में कम होते हैं। हकीकतन जिंदगी में इनकी संख्या और भी कम होती है। कुछ निर्देशक सिनेमैटोग्राफर को यह भी नहीं बता पाते हैं कि वह क्या चाहते हैं, वह उनसे सिर्फ कहते हैं कि कुछ कर दीजिए। अधिकांश निर्देशक दिग्भ्रमित रहते हैं। सुस्पष्ट लक्ष्य न होने के कारण सताते रहते हैं। सिनेमा उद्योग में अन्य कइयों के लिए भी यह उतना ही सच है।

कई इस उद्योग में इसलिए हैं क्योंकि दूसरे व्यापार अथवा पेशे में वे नाकामयाब हो चुके होते हैं अथवा उनके पास उड़ाने के लिए अकूत रकम है अथवा उस ग्लैमर और धन के मोह में आते हैं, जिसकी उम्मीद खासतौर से फिल्म हिट होने पर बनती है। ऐसे तमाम दिग्भ्रमित व्यक्तियों का आखिरी ठिकाना निर्देशक बनना है। मुझे याद है, एक ऐसे निर्देशक थे जो 'गन्स आफ नवारोन' की तर्ज पर फिल्म का क्लाइमेक्स चाहते थे। उस निर्देशक को शायद यह पता नहीं था कि उस फिल्म में वैसा असर पैदा करने के लिए कितनी लागत, कितना समय और समर्पित पेशेवरों की टीम को कितनी मशक्कत करनी पड़ी थी। पूरी फिल्म का मुख्य हिस्सा पहाड़ी/चट्टान पर टिका था जहां भारी भरकम तोपें चल रही थीं। छोटे-छोटे बारीक ब्यौरों के लिए विशेषज्ञों के कामकाज के

अलावा इस फिल्म में तोप-गोला और उसके चलाने की कठिन प्रक्रिया को प्रस्तुत किया गया था और फिर स्पेशल इफेक्ट को जीवंत बनाने के लिए बहुत सा काम किया गया था।

दूसरी ओर, हमारे वे फिल्म निर्माता, फिल्म निर्देशक जो मामूली दृश्यों के लिए जितना प्रकाश वास्तव में अपेक्षित होता है, उसके एक-तिहाई हिस्सा प्रकाश के लिए किराया देने में नाक भौंह सिकोड़ते थे, इस तथ्य को जाने बिना कि ऐसे नतीजे कैसे मिले हैं, वह अपने छोटे बजट में 'गन्स ऑफ नवारोन' के असर को पाना चाहते थे। ऐसे फिल्म उद्योग को भगवान बचाए ! जहां ऐसे प्रतिभाशाली निर्देशक मौजूद हैं।

सिनेमैटोग्राफर जिन प्रमुख समस्याओं से सामना करते हैं, उनमें काम करने की घटिया शर्तें भी हैं। यहां मेरा मतलब काम का बेवक्त समय अथवा धूल भरे फटेहाल सेटों की गंदी हालत अथवा असुरक्षित बिजली केबिलों से उतना नहीं, जितना उन हालातों से है जिनके तहत और जिन यंत्रों के साथ उन्हें मजबूरन काम करना पड़ता है। राजकपूर के लगाव और जागरूकता के चलते आर.के. स्टूडियो में फिल्म निर्माण के लिए यथासंभव उम्दा उपकरण मौजूद थे चाहे वह कैमरा हो अथवा लाइट। यह सही है कि हमारे उपकरण हालीवुड से 25-30 साल पिछड़े थे, जबकि इधर अच्छी गुणवत्ता के उपकरणों को उदारता से आयात करने की मंजूरी मिली हुई है। वैसे अमेरिकी अथवा यूरोपीय मानकों की दृष्टि से आर.के. स्टूडियो के हमारे उपकरण बेहतर थे, फिर भी राजकपूर अपेक्षित प्रभावों को प्राप्त करने की योजना बनाते समय उपकरणों की कमी पर ध्यान देते थे। ऐसी मनोवृत्ति आमतौर से ईमानदार आदमी की होती है और उनके नतीजे खुद बोलते हैं। राजकपूर की कार्य प्रणाली में नतीजों की तुलना में समय और धन का महत्त्व कम होता था क्योंकि आर.के. स्टूडियो की टीम का रुख पूरी तरह से पेशेवराना था। इसमें स्त्री-पुरुष सभी प्रतिभाशाली थे। यद्यपि आर.के. को एक फिल्म बनाने में लगभग 4 वर्षों का समय लग जाता था, लेकिन खर्च किए गए फुटेज और प्राप्त अनुभवों के नजरिये से देखा जाए तो शायद तीन औसत फिल्मों के बराबर इसमें कोशिश लगती थी। भारतीय कैमरामैनों की ऐसी बड़ी संख्या है जिन्हें बेहद दबाव, समय की कड़ी बंदिश में ही नहीं, दरअसल बिना उपकरणों अथवा अस्थायी उपकरणों की हालत में काम करना पड़ता है। अधिकांश निर्माता ऐसा सोचते हैं कि उन्होंने अपने कैमरामैन को आर्रीफ्लेक्स 2 सी और एक जूम लेंस, ऐन्जीनियेक्स 10 एक्स अथवा कैनन मइक्रो और इंटीरियर के लिए घटिया प्रकाश व्यवस्था देकर उच्चतम स्तर के उपकरण दे दिए हैं। आउडडोर शूटिंग में बुनियादी

रूप से अपेक्षित 'बेबी लाइट' तथा दूसरी प्रकाश व्यवस्था को भी वे अनिच्छा से देते हैं और बदले में वे चमत्कार की उम्मीद रखते हैं।

एक ऐसा दौर था, जब हमारे पास विदेशी मुद्रा की बेहद कमी थी। तब भारत खराब फिल्म सामग्रियों को खपाने की जगह था। यदि ईस्टमैन कलर उपलब्ध हो तो किसी को गेवा कलर अथवा अगफा कलर जैसे घटिया कलर स्टॉक पर काम करने की मजबूरी आज नहीं है। आईपीसीएल (कोडेक) परीक्षित ईस्टमैन कलर का स्टॉक (निगेटिव) ब्रिटेन, आस्ट्रेलिया, अमेरिका और भारत में उपलब्ध है। इन देशों के हर चार शहरों की एक्सपोज्ड सामग्री में से 50 प्रतिशत की प्रोसेसिंग बंबई में होती थी और बाकी 50 प्रतिशत की प्रोसेसिंग सिडनी में होती थी। प्रोसेसिंग मुंबई में की गई हो अथवा सिडनी में इनके नतीजों में फर्क नहीं दिखता था सिवाय यह कि लंदन में खरीदी गई निगेटिव की सामग्री में संतृप्ति थोड़ी कम होती थी और प्रिंट में कुछ ज्यादा पेस्टल होता था। इसके अलावा सिडनी के लैब की यह शिकायत रहती थी कि बंबई में प्रोसेस की गई सामग्री पर 'स्नो' बहुत अधिक होता है। बहरहाल आज के कैमरामैन के लिए फिल्म स्टॉक कोई बड़ा सिरदर्द नहीं है।

संसार की दूसरी जगहों की ही तरह, भारत में भी, कैमरामैन उतना ही अच्छा होता है जितना अच्छा बनने की छूट उसका निर्देशक उसे देता है। जहां तक युवा पीढ़ी के कैमरामैनों की बात है, मैं अशोक मेहता और मनमोहन सिंह के काम का प्रशंसक हूं। मुझसे अक्सर यह पूछा जाता है कि क्या यह नई पीढ़ी श्याम और श्वेत में वही नतीजे ला सकती है जैसा हम पुराने जमाने के लोग पैदा करते थे। वर्तमान पीढ़ी के युवा कैमरामैनों के पास सैद्धान्तिकी की पृष्ठभूमि है जो हमारी पुरानी पीढ़ी के पास नहीं थी। कुछ और व्यावहारिक अनुभवों से लैस होकर ये युवा किसी भी बुलंदी पर बेहिचक पहुंच सकते हैं। जन्मजात और ईश्वर प्रदत्त प्रतिभा ही हम सभी के लिए सीमा बन जाती है।

वैसे, यह बात पुराने जमाने के लोगों पर भी लागू होती है। लेकिन कई पुरानों को लेबोरेटरी प्रोसेसिंग का अनुभव मजबूरन सीखना पड़ता था जिसका अनुभव वर्तमान पीढ़ी के कइयों को नहीं है। मैं अपना काफी समय लैब में हर फ्रेम को देखने में लगाता था ताकि बेहतर नतीजों को सुनिश्चित कर सकूं। आज के सिनेमैटोग्राफरों को अपनी फिल्मों के प्रोसेसिंग में अपेक्षित समय देते हुए मैंने कभी नहीं देखा। श्याम और श्वेत सिनेमैटोग्राफी में लैब अनुभव सिद्धान्तों को व्यर्थ बना देते हैं। लेकिन रंगीन फिल्म के निर्माण में दोनों पीढ़ियां लगभग समान धरातल पर हैं।

सिनेमैटोग्राफर को 'गिमिक्स' पर ध्यान केन्द्रित नहीं करना चाहिए। किसी तड़क-भड़क अथवा चमकीले प्रभाव के चक्कर में बिना पड़े उसे दृश्य के मनोभावों पर ध्यान लगाना चाहिए। उसे निर्देशक के विचार और दृष्टि को सटीक ढंग से रूपायित करना चाहिए। प्रायः आलोचक 'बाउंस लाइट' को लेकर ऊंची-ऊंची बातें करते हैं। यह वह तकनीक है जिसका प्रयोग सुब्रतो मित्र ने 'अपराजितो' में तथा सत्यजित राय ने कुछ अन्य फिल्मों में किया था। मेरा विनम्र निवेदन है कि यह कोई नई तकनीक नहीं है और सिर्फ मैं ही नहीं, कई कैमरामैन दृश्य की प्रकाश योजना के रूप में इसका प्रयोग तब करते थे जब स्टूडियो के सेट पर उन्हें आउटडोर का भ्रम पैदा करने की जरूरत पड़ती थी।

लेकिन जहां बड़े सेटों को दिखाया जाता है, उन दृश्यों में केवल बाउंस लाइटिंग का प्रयोग व्यावहारिक नहीं है। यह तकनीक क्लोजअपों और मिडशॉटों के लिए अधिक संगत है। सबसे दक्ष और अनुभवी कैमरामैन के लिए भी सबसे दुर्लभ उपलब्धि स्टूडियो के अंदर दिन में बाहर के दृश्य जैसा ही नतीजा प्राप्त करने की होती है क्योंकि सूर्य के प्रकाश की गुणवत्ता का मुकाबला कोई भी मनुष्यजनित प्रकाश नहीं कर सकता। प्रायः एक प्रवृत्ति देखी गई है कि व्यावसायिक सिनेमा के सिनेमैटोग्राफर से 'कला' सिनेमा के सिनेमैटोग्राफर की तुलना की जाती है जिसमें व्यावसायिक सिनेमा के सिनेमैटोग्राफर को दोयम दर्जा दिया जाता है।

मैं पूरे यकीन के साथ वी.के. मूर्ति द्वारा फिल्मायी गई गुरुदत्त की फिल्म 'साहब बीबी और गुलाम' के उम्दा शॉटों के साथ सत्यजित राय निर्देशित जलसाघर की फ्रेम दर फ्रेम तुलना कर सकता हूं। यहां एक दूसरे से कोई कमतर नहीं है। प्रसंगवश, राय की फिल्मों में 'जलसाघर' मेरी प्रिय फिल्मों में है। इसकी संकल्पना उत्कृष्ट है, प्रस्तुति अनोखी है। यह एक महान निर्देशक का अद्वितीय सृजन है। लेकिन इस पर मैं अक्सर चकित होता हूं कि सुब्रतो मित्र इतनी जल्दी क्यों चुक गए और उन्होंने कुछ और ज्यादा फिल्में क्यों नहीं कीं। आइए! इस पर सोचें, कला फिल्मों में सिनेमैटोग्राफरों की चुकने की दर बहुत अधिक है और इनमें बहुत कम व्यावसायिक सिनेमा में आकर कामयाब हो पाए हैं, जहां निरन्तरता जरूरी है।

महान सिनेमैटोग्राफर बनने की महत्त्वाकांक्षा रखनेवालों को मेरी एक सीधी सलाह है। कुछ बुनियादी बातों पर अधिकार प्राप्त करो, विषय के प्रति नजरिया पक्का हो, और जिंदगी के हर जगे हुए पल में सीखने के लिए तैयार रहो। महान कैमरामैनों के चरणों में बैठकर विनम्रता से हमने सीखा है। हालीवुड के महान

चलचित्रों से हमने सीखा है जिनके हर फ्रेम को विश्लेषित करके हम नई-नई तरकीबें सीखते थे और नई तकनीक पर अधिकार प्राप्त करते थे। दूसरी महत्त्वपूर्ण चीज धैर्य है। सिनेमैटोग्राफी के क्षेत्र में अब संभावनाओं से लबरेज लोगों की भारी भीड़ है और मुकाबला बहुत कठिन है। ऐसे सार्थक कार्यभार कम और बहुत दूर हैं जिनसे शोहरत मिलने की उम्मीद हो। खतरे की बात यह है कि इन बेशकीमती कामों के लिए मारामारी करनेवालों की संख्या बहुत अधिक है। धैर्य, समर्पण, नियमित अध्ययन आदि से महत्त्वाकांक्षी कैमरामैन कुछ दूरी तक जा सकते हैं। इसके आगे कुछ पाना उनके भाग्य और सितारों पर निर्भर है चाहे वे जमीनी हों अथवा दैवीय। दरअसल ये सब आपकी किस्मत में लिखा होता है। आखिरकार अज्ञात बातों के बारे में कौन भविष्यवाणी कर सकता है!

सिनेमैटोग्राफर के लिए सर्वाधिक चुनौतीभरा काम दृश्य में गहराई पैदा करना है। तीसरे आयाम का भ्रम अपने हुनर की सूझबूझ से प्रकाश और छाया के जरिये पैदा किया जाता है। इस मामले में किसी कैमरामैन की हुनरमंदी का फैसला उसके कौशल के आधार पर किया जाता है। लेंस को संकरा करके तथा अतिरिक्त प्रकाश का इस्तेमाल करके गहराई प्राप्त की जाती है। इनडोर शूटिंग में जितना छोटा अपरचर होता है, उतनी ही अधिक फील्ड की गहराई होती है और उतनी ही अधिक प्रकाश की आवश्यकता पड़ती है। हर कैमरामैन प्रख्यात फिल्मकार ओरसेन वेलैस की फिल्म 'सिटीजन केन' के डीप फोकस के प्रयोगों से भली-भांति परिचित होता है। इस फिल्म में उन्होंने एफ 18 और एफ 11 जैसे छोटे इनडोर अपरचरों का प्रयोग किया था, जबकि इनडोर शूटिंग के लिए आमतौर से एफ-28 से एफ-4 के बीच सीमा होती है। मैंने 'श्री 420' में एक किरदार को सामने बहुत निकट से और दूसरे को सुदूर पृष्ठभूमि में एक साथ फोकस में रखने के लिए एफ-16 के अपरचर का उपयोग सफलतापूर्वक किया था।

सिनेमैटोग्राफर का काम केवल अकेले आदमी का नहीं है। यह पूरी टीम की कोशिशों का नतीजा होता है। यहां एक कैमरामैन के ही बराबर ट्राली ब्वाय और लाइटिंग ब्वाय महत्त्वपूर्ण होते हैं। अपने पेशे के पिछले दौर पर जब नजर डालता हूं तो मुझे लगता है कि सभी स्तरों पर महान विभूतियों के साथ काम करने का मुझे सौभाग्य मिला है। इस उद्योग से मैं 1936 से जुड़ा रहा हूं। उस दौर के तीन बड़े कैमरामैनों अर्थात् जतीन दास, कृष्ण गोपाल और नितिन बोस से मैंने काम सीखा था। फिर 'आवारा' और उसकी परवर्ती फिल्मों के लिए आर.के. से जुड़ा था। दरअसल आर.के. से जुड़ने के बाद राजकपूर ने बतौर निर्देशक किसी दूसरे कैमरामैन के साथ कभी काम नहीं किया। इसे मैं खुशकिस्मती समझता हूं कि

प्रतिभाशाली नौजवानों से लबरेज महान आर.के. की टीम का मैं हिस्सा बन सका।

मेरी खुशकिस्मती यह भी थी कि मुझे काम के लिए दूसरों से संपर्क नहीं करना पड़ा। इसके विपरीत निर्माताओं और निर्देशकों ने मुझसे संपर्क किया क्योंकि मेरी कोई फिल्म फ्लॉप नहीं हुई, मुझे एक भाग्यशाली कैमरामैन माना गया। हां! दो फिल्में 'मेरा नाम जोकर' और 'अमन' फ्लॉप हुईं थीं। इन दोनों फिल्मों का निर्माण मंहगा था और इसके अलावा निजी अनुभूतियों पर आधारित होने के कारण इनका तालमेल दर्शकों से ठीक से बैठ नहीं पाया। मैं नवागंतुकों के लिए खासतौर से भाग्यशाली था। दिलीप कुमार, किमी काटकर, कुमार गौरव, विजेता पंडित, डिंपल कपाडिया, हेमामलिनी, ऋषि कपूर, मंदाकिनी, जेबा, पदमिनी कोल्हापुरी की पहली फिल्में मेरे साथ सुपरहिट रहीं। मैं पांच दफा भाग्यशाली रहा। कई बार मौत से बचा।

एक बार जलने से बचा, एक बार रेतीली दलदल में जान बची। एक बार कार दुघर्टना में मरने से तब बचा जब लंदन की बर्फीली सड़क पर मैं बहुत तेजी से कार चला रहा था। मैं तीन बार गहरी चोटों से उबरने में भी कामयाब रहा। पहली दफा उस समय, जब मैं फिल्म को हाथ से धो रहा था (अम्ल और सिल्वर नाइट्रेट) और मेरे फेफड़ों में तकलीफ हो गई थी। दूसरी बार, मेरी मांसपेशियों में तकलीफ आ गई थी। तीसरी बार, मेरी आंखों में मोतियाबिंदु हो गया था जिससे मेरी दोनों आंखें बुरी तरह खराब हो गयी थीं। दरअसल मेरी दोनों आंखें (कैमरा देखनेवाली) उच्च्य रक्तचाप के कारण पूरी तरह तबाह हो गयी थीं और दाहिनी आंख में खून का थक्का बनने लगा था।

दूसरी ओर, मोतियाबिंदु के कारण बायीं आंख का इस्तेमाल मैं आंशिक रूप से ही कर पाता था। आधी आंख होने के बावजूद मेरे काम की गुणवत्ता पर कोई असर नहीं पड़ा और मैंने 'हिना'और 'कमांडों 'सहित कई और फिल्में पूरी कीं। कई अड़चनों के बावजूद मैं लगातार काम कर सका, इसके लिए मैं सिर्फ ईश्वर को धन्यवाद देता हूं। ऊंचाई पर दबाव के चलते जब मेरे फेफड़ों की रक्तवाहिनियां फट गई थीं तो एक बार फिर लगा कि अंत समय आ गया है। लेकिन फौजी डॉक्टरों से समय पर चिकित्सा सहायता मिलने तथा हेलीकॉप्टर से फौजी अस्पताल ले जाने के कारण मेरी जिंदगी बच सकी। अतः मैं अपने को खुशकिस्मत समझता हूं कि लंबे समय तक मैं काम कर सका।

निश्चित रूप से मैं अपने को खुशकिस्मत मानता हूं कि छोटी उम्र में ही मैंने अपनी जगह बना ली थी और सिनेमैटोग्राफर के रूप में उस पेशे को कर

पाया-जिसे मैं प्यार करता था। मैंने तमाम ऐसे लोग देखे हैं जो जिंदगी भर अनचाही जगहों में फंसे रहे। ऐसे में अपने मनचाहे काम कर पाने को मैं ईश्वर की अपने पर कृपा मानता हूं। मैं हमेशा एक धार्मिक व्यक्ति रहा हूं। अभी भी हर दिन प्रार्थना करता हूं। ईश्वर की कृपा के लिए उन्हें धन्यवाद देता हूं। अपने मन की शांति के लिए 4 घंटे ध्यान लगाता हूं।

अपनी सभी फिल्मों, पहली स्वतंत्र फिल्म 'किस्मत का धनी' (1945) से लेकर 'परमवीर चक्र' (1994) तक मैंने प्रभाव और तकनीक की दृष्टि से हमेशा कुछ न कुछ नया करने की कोशिश की है। मैंने कुछ नए प्रयोगों को आजमाया है। दरअसल सिनेमैटोग्राफर के रूप में मेरी कामयाबी के पीछे सिर्फ एक यही रहस्य है कि मैंने कैमरे के सर्वोत्कृष्ट कोणों से शॉट लिया है। कैमरा सर्वसुविधा-संपन्न यंत्र है। यह आदमी की आंख की तुलना में बेहतर देख सकता है और बहुमुखी क्रियाकलापों को अधिक अच्छी तरह आंकने में सक्षम है।

अधिकांश कैमरामैन आंख के स्तर के कोण अर्थात् आई लेवल एंगल पर काम करते हैं और कुछ श्रेष्ठ टॉप एंगल का प्रयोग करते हैं। यह टॉप एंगल चीजों को आधिपत्य जमानेवाले कोण से दिखाता है जो प्रभुता और वर्चस्व का कोण है। लेकिन सिनेमा का सबसे बड़ा दर्शक हमारे जैसा आम आदमी होता है और परदे पर वह आंख के स्तर से नीचे देखता है। अतः मैं कैमरे को हमेशा घुटने तक रखता था ताकि हर एक शॉट में आम आदमी के नजरिये को पा सकूं। कैमरा को बेहद नीचे रखने की पीठतोड़ू कार्यशैली को मैं क्यों तरजीह देता था, इसे मेरे सहकर्मी और सहायक भी कभी नहीं समझ पाए। यह दर्शकों को देखने के लिए नया कोण, नया परिप्रेक्ष्य, विजन की नई भूमि देता था। तदनुसार वे उनकी ओर आकर्षित हो जाते थे। अधिकांश दर्शक शायद यह न समझ सकें कि दूसरों की तुलना में कैमरे का मेरा काम उन्हें क्यों लुभाता है। सैम्युअल जॉनसन ने कहा है कि पूरी जिंदगी ही एक प्रयोग है। आप जितना प्रयोग करेंगे, उतना ही अधिक रोमांच जीवन जीने को सार्थक बनाएगा और आगे बढ़ने के लिए प्रेरित करेगा।

मीठे गीतों का स्वर्ण युग

आर्देशिर ईरानी के प्रारंभिक प्रयासों से फिल्मों में ध्वनि का प्रवेश हुआ और 1931 में प्रदर्शित 'आलमआरा' से भारतीय सिनेमा में एक नए युग की शुरुआत हुई। अमेरिका में जिस समय फिल्मों में ध्वनि का प्रयोग हुआ, लगभग, उसी समय हमारे यहां भी इसका प्रयोग शुरू हुआ। 'आलमआरा' की साउंड रिकार्डिंग के लिए हालीवुड से विलफोर्ड डेमिंग को बुलाया गया। चूंकि ऐसे बुलाने में बहुत अधिक लागत आती थी, उन्होंने कुछ सीमित प्रशिक्षण देकर अपना कार्य पूरा किया। इसके पहले सिनेमा हॉलों में कुछ आर्केस्ट्रा जैसी व्यवस्था की जाती थी जिसमें कम से कम एक पेटी मास्टर अथवा हारमोनियम वादक और एक तबलची होते थे जो मूक फिल्मों के लिए पार्श्व संगीत देते थे ताकि प्रोजेक्टर की आवाज सुनायी न दे। फिल्म के नायक मास्टर विट्ठल (अभिनेत्री नंदा के पिता) को छोड़कर फिल्म के दस गानों को खलनायक सहित लगभग सभी किरदारों ने गाया।

सवाक् सिनेमा अथवा टॉकी ने पूरे देश भर में सनसनी फैला दी। माडर्न पिक्चर्स की 'शीरी फरहाद' में जहांआरा और निसार थे। इसमें 42 गाने थे। इस तरह हमेशा के लिए मूक फिल्मों का अंत हो गया। 1920-1930 में प्यारी सी ऐंग्लो इंडियन लड़की सुलोचना (रूबी मेयर्स) का पारिश्रमिक बंबई के गवर्नर से भी अधिक था। लेकिन उन्हें भी फिल्मों से जाना पड़ा क्योंकि वह हिंदुस्तानी में ठीक से बातचीत नहीं कर पाती थी। ऐसी हीरोइनों को चुनना कठिन हो गया था जो हिंदुस्तानी बोल सके। जाहिर था कि ऐसी हीरोइनें केवल बंबई और कलकत्ता के वेश्या बाजार में ही मिल सकती थीं।

चूंकि सभ्य घरों की लड़कियां फिल्मों में आने का साहस नहीं करती थीं (जब तक दुर्गा खोटे तथा अन्य शिक्षित आधुनिक परिवारों ने इस क्षेत्र में प्रवेश नहीं किया) निर्माता-निर्देशक नायिकाओं की तलाश में वेश्या बाजारों के चक्कर लगाते थे। अक्सर वे अनिच्छुक कैमरामैनों को भी वहां घसीट ले जाते थे ताकि यह पता लगा सकें कि सामान्य गुणों वाली जिस महिला को उन्होंने चुना है, वह

फोटोजनिक है अथवा नहीं। बोलने का कामचलाऊ लहजा और अच्छी आवाज में गाना गानेवाली रात की कई रानियां वेश्यावृति के धंधे से निकल आईं और उन्हें सामाजिक स्वीकृति के साथ ख्याति भी मिली। इसी दौर में आसानी से धन कमाने के लिए फिल्मों में आने के लिए पेशेवर लोग भी नाटकों को छोड़ने लगे जिससे पेशेवर नाटक बहुत तेजी से मरने लगा। भारतीय सिनेमा में ध्वनि प्रणाली के अग्रणी व्यक्तियों में मुकुल बोस भी थे। वह ध्वनि विज्ञान के विद्यार्थी थे और न्यू थियेटर्स में इलेक्ट्रॉनिक्स का काम देखते थे। वह नितिन बोस के छोटे भाई थे। उन्होंने न्यू थियेटर्स की फिल्म 'भाग्यचक्र' में विश्व में पहली बार पार्श्व गायन का प्रयोग किया था। कलकत्ता का एक बहुत बड़ा स्टूडियो 'माडर्न पिक्चर्स' ध्वनि प्रणाली के आने के कारण बंद हो गया था क्योंकि इसके पास ऐसे अभिनेता-अभिनेत्रियां नहीं थे जो हिंदुस्तानी जबान में बात कर सकें।

फिल्मों की थीम का नाटकीय ढंग से बदलना उस दौर की उल्लेखनीय विशेषता थी। पहले पौराणिक अथवा हास्य फिल्में लोकप्रिय थीं जिन्हें बिना आवाज के भी आसानी से समझा जा सकता था। अब सामाजिक विषयवस्तु और उनमें अंतर्निहित संदेशों को सटीक संवादों के साथ पेश करने का सिलसिला शुरू हुआ। पहली बार बंकिम चंद्र चटर्जी, गुरूदेव टैगोर और शरतचंद्र चटर्जी की साहित्यिक कृतियों पर बांग्ला में फिल्में बनीं। इन्हें अन्य भारतीय भाषाओं में पुनः पेश किया गया। सोहराब मोदी (पुकार में) एम.जी. रामचंद्रन और एन.टी. रामाराव (दोनों बाद में लोकप्रिय मुख्यमंत्री बने), शिवाजी गणेशन और पृथ्वीराज कपूर की संवाद अदायगी के लोग दीवाने हो गए। घटिया यंत्रों के बावजूद फिल्म उद्योग के साउंड रिकार्डिस्टों ने बेहतरीन नतीजे दिये। फिल्म में आवाज के इस्तेमाल ने पहली बार दर्शकों को लुभाया। वस्तुतः सिनेमा टिकट की काला बाजारी की शुरुआत भी 'आलमआरा' के प्रदर्शन से शुरू हुई (रिकार्ड के लिए बता दें कि इसके टिकट सामान्य मूल्य से बीस गुणा मूल्यों पर मिले थे)। अतः हिंदी फिल्मों को अपनी जिस वित्तीय सफलता को साबित करना था, वह अब सुनिश्चित हो चुकी थी।

हिंदी फिल्म उद्योग में आधिक्य का नियम सबसे अधिक कामयाब है। 'इंद्र सभा' में 70 गाने थे। भारतीय सिनेमा की एक शताब्दी पूरी होने और इस दौरान हजारों गाने बनने के बाद भी फिल्म की सफलता का सबसे बड़ा मानदंड फिल्म संगीत की लोकप्रियता है। शुरू में संगीत को इतना महत्त्व नहीं दिया जाता था। इंपीरियल मूवी टोन के निर्माता आर्देशिर ईरानी अपनी ही धुन और अपने ही गीतों को लेते थे। लेकिन इसके बाद शीघ्र ही प्रतिभाशाली संगीतकार और गीतकार

पेशेवर रंगमंच से फिल्म उद्योग में आने लगे। कई प्रख्यात शास्त्रीय संगीतकारों को संगीत निर्देशन के लिए लाया गया। प्रभात स्टूडियो में केशवराव भोले और मास्टर कृष्णाराव, न्यू थियेटर्स के तिकमर बरन, सरोद उस्ताद अल्लाउद्दीन खान (मैहरबाबा वाले के वरिष्ठतम शिष्य) और रामचंद्र बोराल फिल्म उद्योग के कुछ प्रख्यात और स्थापित संगीतकार थे।

बांबे टॉकीज की संगीत निर्देशिका सरस्वती देवी लखनऊ के मौरिस कालेज की स्नातक थीं और 1930 में पारसी समुदाय के रूढ़िवादी वर्ग के कोप की चुनौती का सामना उन्होंने किया था। शुरुआती दौर में फिल्म संगीत की दो प्रमुख धाराएं थीं। प्रभात स्टूडियो के संगीत निर्देशक पारंपरिक लोक गीतों और महाराष्ट्र के नाट्य संगीत खासतौर से धार्मिक 'अंभग' में जाकर गहरी खोज करते थे। दूसरी महत्त्वपूर्ण धारा फिल्मों में तमाशा अथवा लावणी का प्रयोग था जो आज भी कई रूपों में विद्यमान है। बंगाल के पारंपरिक लोक संगीत में वैष्णवी प्रभाव का कुछ ज्यादा ही पुट देने का सिलसिला न्यू थियेटर्स ने शुरू किया।

फिल्म में आवाज की आगाज के बाद भारतीय सिनेमा में संगीत क्यों पूरी तरह से छाया रहा? इसका मुख्य कारण यह है कि पश्चिम के खामोश समाज के विपरीत भारत की सामाजिक और सांस्कृतिक व्यवस्था में शोरगुल, धुन और गीत महत्त्वपूर्ण भूमिका निभाते हैं। मां अपने बच्चों को लोरी सुनाकर सुलाती है। घर और मंदिर में सस्वर प्रार्थनाएं गाई जाती हैं। चाहे वह सभा हो, विवाह हो, मेला हो, पार्टी हो अथवा अंतिम संस्कार हो, हर मौके के अनुकूल उपयुक्त गाने हमें सुनने को मिलते हैं। पेशेवर रंगमंच तक में भी गानों का दबदबा बना रहता है।

संगीत केवल मनोरंजन का साधन ही नहीं है, बल्कि भारतीय ईथॉस अथवा जीने की शैली का एक अनिवार्य तत्व है। अनेक विद्वानों ने इसके मकसद को विश्लेषित करने की कोशिश की है। इसे भारतीय रंगमंच की सांगीतिक प्रकृति के एक सतत विकास के रूप में देखा जाता है जबकि कुछ आलोचक इसे परंपरा के विकास के रूप में व्याख्यायित करते हैं तथा पारंपरिक रूपों के माध्यम से दर्शकों के तैयार हो चुके रिस्पांसों का लाभ उठाने का साधन मानते हैं। दूसरा सिद्धांत यह है कि आवाज के आगाज के बाद दर्शक विभाजित हो गए थे, संगीत उन भाषिक दूरियों को पाटने का एक माध्यम है। हमारे देश के छः लाख गांवों के बाशिंदों की 15 भाषाएं हैं और लगभग हर 10 किमी. पर बदल जानेवाली हजारों बोलियां हैं। ऐसे परिदृश्य में फिल्म संगीत के लिए शास्त्रीय संगीत दिशावाहक रहा है और शास्त्रीय संगीत की कठोर परंपरा की तुलना में यह बहुत

अधिक प्रयोगशील रहा है। चीन की क्रांति के बारे में माओ का यह कथन हजारों फूलों को खिलने दें और हजारों फूलों को मुरझाने दें को हमारे फिल्म संगीतकारों ने बहुत गंभीरता से लिया है और इनकी सृजनात्मकता ने संपूर्ण विश्व की लोकप्रिय शास्त्रीय तथा लोक धुनों, कैलिप्सो, जैज, पश्चिमी शास्त्रीय संगीत, पॉप, रेगी सांबा, सोल, रैप आदि से लाभ उठाने में सफलता प्राप्त की है। विश्व के कोने-कोने से लोकप्रियता के मानदंडों पर सिद्ध संगीत के सभी स्रोतों से संगीत निर्देशकों द्वारा लाभ उठाने के कौशल के कारण संकर संगीत का जन्म हुआ है जिसको लेकर शुद्धतावादी नाक-भौंह सिकोड़ते हैं लेकिन इस संगीत को गुणी दर्शकों ने बहुत उत्साह से स्वीकार किया है। भारतीय संगीत का आधार यथावत् बना रहा। इनके विभिन्न रूपों पर प्रयोग होते रहे।

न्यू थियेटर्स के पास प्रतिभाशाली गायकों का खजाना था। इनके पास के.एल. सहगल, पंकज मलिक, के.सी.डे. पहाड़ी सन्याल, उमा शशि और कानन देवी जैसे महान गायक थे। न्यू थियेटर्स की तुलना में लाहौर और बंबई में संगीत की प्रतिभाएं कम थीं। दरअसल बांबे टॉकीज इस पर बल देता था कि उनके सितारे मसलन अशोक कुमार (लैब सहायक से जो हीरो बने), देविकारानी, स्नेह प्रभा प्रधान और लीला चिटणीस भी गाएं। निर्माताओं को धीरे-धीरे समझ में आने लगा कि यह जरूरी नहीं है कि अभिनय कला के साथ सितारों में गाने की भी योग्यता हो, इस तरह पार्श्व गायन की शुरुआत हुई।

यद्यपि न्यू थियेटर्स के पास महान संगीतकार थे जो अच्छे अभिनेता-अभिनेत्रियां भी थे। लेकिन सबसे पहले उन्होंने ही उत्पल सेन, राधा रानी, इला घोष, कमल दास गुप्ता और बीरेन बॉल जैसे पार्श्व गायकों और गायिकाओं को बड़ी संख्या में गाने का मौका दिया। इनके पास आर.सी. बोराल और पंकज मलिक जैसे सर्वश्रेष्ठ कंपोजर थे तथा केदार शर्मा, मधुर, पंडित भूषण, आरजू लखनवी तथा कुछ अन्य बहुत अच्छे कवि-गीतकार थे। प्रभात स्टूडियो में मास्टर कृष्णाराव, केशवराव भोले और गोविंद राव तांबे जैसे उस्ताद संगीत निर्देशकों ने नाट्य संगीत को लोकप्रिय बनाने के लिए शांता आप्टे और शांता हुबलीकर जैसे गायक सितारों की बहुमुखी प्रतिभाओं का अच्छा उपयोग किया। लाहौर के पांचोली स्टूडियो में गुलाम हैदर, श्याम सुंदर, पंडित अमरनाथ और पंडित गोविंद राव सरीखे निर्देशक थे जिन्होंने शमशाद बेगम, उमराजिया बेगम, जीनत बेगम तथा एस.डी. बातिश जैसे प्रतिभाशाली गायक गायिकाओं का उपयोग किया और भांगड़ा के जोश और उल्लास को ढोल के साथ पेश करके लोगों को दीवाना बना दिया।

मिली-जुली संस्कृति का शहर बंबई विशुद्ध रूप से वाणिज्यिक राजधानी है। इसके पास संगीत की गहराई जाननेवाली सच्ची नब्ज है जिसके कारण इस शहर में बड़ी संख्या में संगीत निर्देशक आने लगे। सरस्वती देवी के अलावा दो और संगीतकार बंबई आ गए। इनमें एक मीर साहब थे जिन्होंने 'पुकार' और 'झांसी की रानी' की संगीत रचना की थी, वहीं झंडे खान (नौशाद और अनेक संगीत निर्देशकों के गुरू भी) यहां आए जिन्होंने राग भैरवी पर आधारित 'चित्रलेखा' के अविस्मरणीय धुनों और संगीत कंपोजिशनों की रचना की थी। पारूल घोष और प्रख्यात बांसुरीवादक पन्नालाल घोष भी बंबई आ गए थे। 1940 में 21 वर्ष की उम्र में भावनानी की फिल्म 'प्रेम नगर' के सबसे युवतम संगीत निर्देशक नौशाद बन गए थे। 1940-60 के दौर को, सही अर्थों में, मीठे गीतों का स्वर्णयुग कहा जा सकता है। उन्हीं दिनों अनिल विश्वास भी थे जिन्होंने 'वतन', 'औरत' और 'एक ही रास्ता' फिल्मों की अच्छी संगीत रचना की थी।

इस बीच फिल्म की दुनिया में एक निश्चित परिवर्तन भीतर-भीतर ही घट रहा था। सिनेमा में गीतों का प्रयोग पहले संप्रेषण को बढ़ाने के लिए किया जाता था ताकि इसमें समग्रता के साथ बात को और स्पष्ट किया जा सके। लेकिन बाद में इसका प्रयोग दृश्य के मूड को और अधिक सघन बनाने के लिए किया जाने लगा और तदनुसार संगीत की रचना की जाने लगी। तमाम शुद्धतावादी फिल्म के संकर संगीत को नापसंद करते थे जिसे भारतीय और पश्चिमी धुनों को मिलाकर बनाया जाता था। कई लोग भारी-भरकम आर्केस्ट्रा का भी विरोध करते थे।

दरअसल कई वर्षों तक भारतीय फिल्म संगीत ऑल इंडिया रेडियो में प्रतिबंधित था क्योंकि इस संगीत में हारमोनियम का प्रयोग होता था। रेडियो सीलोन और अमीन सयानी के उदय का यही राज़ है। हिंदी फिल्म संगीत पर आधारित किसी कमर्शियल की यह पहली शुरुआत थी। यहां यह उल्लेख करना उपयुक्त होगा कि 1940 के दशक में अपनी पहली फिल्म से ही संगीत की कुछ विशिष्ट प्रतिभाएं उभर कर सामने आईं :

1939 नूरजहां-गुल बकावली (पंजाबी)

1941 मुकेश-निर्दोष

1942 हेमंत कुमार-मीनाक्षी

1943 मन्ना डे-रामराज्य

1944 मोहम्मद रफी-गुल बलोच (पंजाबी)

1945 तलत महमूद-राज लक्ष्मी

1945 गीता दत्त-सर्कस किंग
1946 लता मंगेशकर-सोना-चांदी
1948 आशा भोसले-चुनरिया
1948 किशोर कुमार-जिद्दी

किसी धूमधाम के बिना इन गायकों ने हिंदी फिल्म उद्योग में प्रवेश किया और इनकी वास्तविक लोकप्रियता को केवल 1947 के बाद ही आंका जा सका। हिंदी फिल्म उद्योग में लता मंगेशकर जैसा दबदबा किसी का नहीं था। कुछ हद तक मोहम्मद रफी ने भी अपना प्रभुत्व बनाया। दरअसल हर कंपोजर अपनी सर्वश्रेष्ठ रचना लेकर लता और रफी के पास जाता था। गुलाम हैदर ने सबसे पहले लता की खोज की थी। उन्होंने लता की आवाज की संभावनाएं, इसकी रेंज और मिठास को पहचानकर यह भविष्यवाणी की थी कि यह नूरजहां समेत सभी गायकों से आगे निकल जाएंगी।

उनकी यह भी भविष्यवाणी थी कि अपनी फिल्मों में गवाने के लिए निर्माता उनके पांवों पर गिर पड़ेंगे। लता को सच्ची सफलता तब मिली जब गुलाम हैदर की फिल्म 'मजबूर' के लिए उन्होंने गाना गाया और उन्हें सुनने के लिए नौशाद, खेमचंद प्रकाश, हुस्नलाल भगत राम और अनिल विश्वास आए थे। इन महान संगीत निर्देशकों की यह महान सदाशयता थी। उस दौर के अन्य लोकप्रिय संगीत निर्देशकों में मदन मोहन, मीर साहिब, सी. रामचंद्रन, ओ.पी. नैयर, एस.डी. बर्मन और शंकर-जयकिशन थे। मूक फिल्मों के दौर में सिनेमा हॉल के पेटी मास्टर से लेकर बेहतरीन मीठे गीतों के कंपोजरों तक की यह विकास यात्रा भारतीय फिल्म संगीत की सचमुच बहुत बड़ी उपलब्धि है।

जिन दिनों मीठे गीतों का युग था, रोशन, जयदेव, खय्याम, हेमंत कुमार जैसे उल्लेखनीय कंपोजरों के अलावा बी और सी ग्रेड के संगीत निर्देशक भी सुंदर मीठे गीतों की रचना करते थे। लेकिन छठे दशक में बीटल का बुखार सारे संसार में फैल गया और इसके बाद भारतीय फिल्म संगीत भी वैसा कभी नहीं रह पाया। मेलोडी को हमेशा के लिए बाहर करके लय ने कब्जा जमा लिया और इस प्रक्रिया में हिंदी फिल्म संगीत दरिद्र से दरिद्रतर होता गया।

आर.के. फिल्म्स के पहले प्रतिभाशाली संगीत निर्देशक राम गांगुली थे जो पृथ्वी थियेटर के मुख्य कंपोजर रह चुके थे। पृथ्वीराज कपूर ने अपने बेटे से उनके लिए सिफारिश की थी। 'आग' का संगीत काफी अच्छा था और इसकी कई धुनें आज भी लोकप्रिय हैं। वह उनकी अगली फिल्म में भी संगीत देनेवाले थे, लेकिन शंकर-जयकिशन की जोड़ी को राजकपूर पंसद करते थे और अंततः उन्हें सहायक

संगीत निर्देशक के रूप में नियुक्त कर लिया गया था। 'बरसात' फिल्म के आधे गीतों की संगीत रचना राम गांगुली ने तैयार की थी लेकिन शंकर-जयकिशन का 'हवा में उड़ता जाय' की संगीत रचना बहुत अच्छी थी, फिर भी इसे शामिल नहीं किया गया।

अपने सहायकों द्वारा नेपथ्य में भेजे जाने के कारण राम गांगुली बेहद आहत थे। उन्होंने उनके गाने को फिल्म में शामिल करने से मना कर दिया। लेकिन राजकपूर नहीं माने और गाने को रिकार्ड कर लिया। राम गांगुली ने फिल्म छोड़ दी। बाद में आर.के. बैनर को भी छोड़ दिया। जब मैं आर.के. से जुड़ा, शंकर-जयकिशन पूरी तरह स्थापित हो चुके थे। इसी प्रकार शैलेन्द्र-हसरत जयपुरी की जोड़ी लता मंगेशकर और मुकेश के साथ बन चुकी थी। इस प्रकार आर.के. की जबरदस्त हिट संगीत देनेवाली पूरी टीम तैयार हुई। आर.के. फिल्म्स के संगीत में राजकपूर का बहुत बड़ा योगदान है। वह ऊर्जा से लबालब भरे एक जीवंत प्रेरणा स्रोत थे। सृजनात्मकता के उस दौर में कई धुनें बनाई गईं और डिब्बे में ही बंद रह गईं। आर.के. की फिल्मों की व्यावसायिक सफलता में संगीत हमेशा एक महत्त्वपूर्ण तत्व रहा है। 'जागते रहो' में सलिल चौधरी को छोड़कर जिन्हें पार्श्व संगीत में कुशल होने के कारण लिया गया था (इन्होंने हिंदी सिनेमा में पहली बार 'भाई कोई न' जैसे अनोखे भांगड़ा की जबरदस्त रचना की थी), उन दिनों शंकर-जयकिशन का दबदबा था। इस संदर्भ में यह भी उल्लेखनीय है कि 'जिस देश में गंगा बहती है' की सफलता के पीछे भी बेहतरीन गाने थे जो बड़ी संख्या में फिल्म में पिरोये गए थे। उन सभी गानों का कंपोजिशन उत्कृष्ट था। आर.के. के बाद के दिनों का संगीत शंकर-जयकिशन की रचनाओं का मुकाबला नहीं कर पाया।

मुझे हमेशा यह आश्चर्य होता रहा है कि चाहे नृत्य हो अथवा गाने हो या पृष्ठभूमि की सादी ध्वनियां हो, हमारी फिल्मों में इतना अधिक संगीत क्यों होता है। इसका उत्तर शायद इस तथ्य में निहित है कि प्रत्येक सामाजिक अवसर पर हमारा समाज संगीत का अभ्यस्त है और गीत इसमें महत्त्वपूर्ण भूमिका निभाते हैं क्योंकि वे दृश्य के मूड को बहुत संवेदनशीलता से प्रेषित कर देते हैं। अतः, संगीत हमारी फिल्मों का एक अभिन्न अंग है।

जब कभी संसार के किसी भी कोने में आर.के. की हमारी फिल्में दिखायी जाती हैं, दर्शक इसके संगीत को बेहद पंसद करते हैं और इस बात से इंकार नहीं किया जा सकता है कि आज भी विश्व के सभी समाजवादी देशों में 'आवारा हूं' और 'मेरा जूता है जापानी' गाने बेहद लोकप्रिय हैं। दृश्यबंध में गानों को

जबरदस्ती न ठूंसा जाय और दृश्य के साथ उसे उचित ढंग से जोड़कर दृश्यबंध को अच्छी तरह उसी रूप में तैयार किया जाय कि वह बुरा न लगे। मुझसे अक्सर यह पूछा जाता है कि भारतीय सिनेमा में हीरो पेड़ के चारों ओर हीरोइन का पीछा क्यों करता है। सच तो यह है कि इस प्रवृत्ति की शुरुआत 'अछूत कन्या' से हुई। हमारी नैतिकता की रक्षा करनेवाले सतर्क सेंसरबोर्ड के चलते पेड़ की इसमें अपनी भूमिका थी कि वह हीरो और हीरोइनों को करीब नहीं आने देता है। हालीवुड की सफल फिल्मों की तरह गर्मागर्म कामोद्दीपक दृश्य यदि हमारी हिंदी फिल्मों में होते तो हमारे गीतों में इतने सुंदर भाव और मूड नहीं होते।

लेकिन इधर, माइकल जैक्सन की मसखरी हरकतों की नकल हमारी फिल्मों के हीरो और हीरोइनों ने शुरू की है और विचित्र रूप से सजे-धजे नाचनेवालों के झुंड (इसमें पुरुष-स्त्री दोनों शामिल हैं), अचानक कलाबाजी के करतब दिखाते हैं, (इनमें प्रभुदेवा अच्छा है) फिर स्टेज पर सेटो की तरह मुझे और संभवतः दूसरों को भी भौचक और हैरान करते हुए गायब हो जाते हैं।

यदि हीरो और हीरोइनें प्रेम और कोमल भावों को संप्रेषित करना चाहते हैं तो वे अपनी शारीरिक मुद्राओं को इस तरह क्यों रखते हैं जो सिनेमा के बजाय म्यूजिक स्टारों के लिए अधिक उपयुक्त हैं। इन सवालों का जवाब समकालीन नृत्य निर्देशक ही दे सकते हैं। इन दृश्यों की रचना में निर्देशकों का कोई हाथ नहीं होता है। जो नृत्य निर्देशक होते हैं, वे केवल नृत्य निर्देशन ही नहीं करते हैं बल्कि कैमरा के रखने की जगह और इसके संचालन के बारे में भी फैसला करते हैं। फाइट के दृश्यबंध में भी यही होता है। फाइट मास्टर न केवल इसके शॉट निर्देशन की कमान संभालता है बल्कि उस विशेषज्ञ कैमरामैन को भी लाता है जो आजकल ऐसे विशिष्ट दृश्यों को करने में माहिर होते हैं। मुझे हैरत होती है कि आज़कल की फिल्मों में निर्देशन के लिए क्या बचा है।

1940-1950 के दौर का भारतीय फिल्म संगीत और आज का भारतीय फिल्म संगीत दो अलग-अलग ध्रुव हैं। फिर भी, पुराने अच्छे दिनों की ही तरह संगीत का प्रभुत्व बना हुआ है और यह फिल्म की व्यावसायिक सफलता को तय करता है। एक ऐसा दौर भी था, जब शास्त्रीय संगीत के महान संगीतकारों ने फिल्म संगीत में कम योगदान नहीं दिया। सुरसाधक भीमसेन जोशी तथा लक्ष्मीशंकर एवं परवीन सुल्ताना ने फिल्मों में अपनी आवाज दी। वी. शांताराम के लिए 'गीत गाया पत्थरों' में किशोरी अमोनकर ने गाया जबकि सरोदवादक अली अकबर खान और उनके जीजा रविशंकर ने हिंदी और सत्यजित राय की फिल्मों के लिए कई धुनें दीं और संगीत दिया। इसी प्रकार सितारवादक विलायत खान की भूमिका

रही। 'मुगले आजम' और 'बैजू बावरा' में शास्त्रीय शुद्धता के बारे में नौशाद से संतुष्ट होने के बाद बड़े गुलाम अली खान, अमीर खान और डी.वी. पलुस्कर ने नौशाद की फिल्मों में गाया।

प्रख्यात सरोदवादक तिमिर बारन न्यू थियेटर्स के महान संगीत निर्देशक थे जिन्होंने 'देवदास' और 'अधिकार' आदि का संगीत दिया था। किराना घराना के फिरोज दस्तूर का गायन विस्मित करनेवाला था जिन्होंने वाडिया के 'लाल-ए-यमन' में एक बार छोटे राजकुमार का किरदार निभाया था और दुबारा फिल्म के करीब नहीं आए। कर्नाटक संगीत की महान हस्ती, अद्वितीय और प्रतिभाशाली एम.एस. सुब्बालक्ष्मी ने 'मीरा' और 'संथी' में भूमिका की लेकिन बहुत जल्दी फिल्मों से उनका संबंध टूट गया। मेरा विनम्र मत है कि लता मंगेशकर और मोहम्मद रफी की मीठी आवाज तथा बीते वर्षों के प्रतिभाशाली निर्देशकों एवं गीतकारों की महान रचनाओं ने समग्र रूप से हिंदी सिनेमा को आर्थिक रूप से सफल बनाने में योगदान किया है।

वर्तमान फिल्म संगीत के परिदृश्य में, शास्त्रीय संगीत अथवा भारत के विभिन्न क्षेत्रों के लोकसंगीत की विरासत के लिए कोई जगह नहीं है। इनकी अनुपस्थिति से फिल्म संगीत निश्चय ही दरिद्र हुआ है। मीठे सुरों का कम होते जाना दुःखद है और आज के गीत ऐसे हैं, जिन पर कोई टिप्पणी तक नहीं की जा सकती। शैलेन्द्र, साहिर लुधियानवी, मजरूह सुल्तानपुरी, राजेन्द्र किशन, प्रदीप और शकील बदायूंनी उस्ताद गीतकार थे जिन्होंने सुंदर गीतों की कल्पना की थी जो सुनहरे बीते वर्षों के मीठे सुरों के अनुरूप होते थे। यहां तक कि कुछ कम लोकप्रिय संगीतकार कैफी आजमी, राजा मेहंदी अली खान और एस.एच. बिहारी ने बेहतरीन गीत लिखे। आज के अर्थहीन गीत केवल उन्हीं को अपील कर सकते हैं जिनकी पसंद घटिया है। भारतीय संगीत की मल्लिका मेलोडी की मौत हो चुकी है।

धुंधला अर्थशास्त्र और सनकी लोग

प्रेस ने मुझे ऐसे सिनेमैटोग्राफर के रूप में वर्गीकृत कर रखा था जिसका बोझ केवल राजकपूर ही उठा सकते थे। यह जानना दिलचस्प होगा कि 1949 से 1973 के दौरान जब मैं आर.के. के कैमरा विभाग के प्रधान के रूप में काम कर रहा था, कारखाना अधिनियम लागू हो जाने के कारण वहां लंबे समय से काम कर रहे अधिकांश कर्मचारियों को इस्तीफा देना पड़ा। इस अधिनियम के अनुसार यदि किसी संस्थान में 20 से अधिक कर्मचारी हैं, तो उस संस्थान को कुछ लाभ और कल्याणार्थ सुविधाएं, जैसे—पेंशन, भविष्यनिधि आदि देने पड़ते हैं। इसके लागू होने से वर्षों से कार्यरत कर्मचारियों को वहां से जाना पड़ा। अनिश्चित भविष्य को देखकर मैंने भी इसे छोड़ा। स्टूडियो के प्रति वफादारी में आजीवन मेरा यकीन रहा। मैं इस पर टिका भी रहा। हालांकि कई अच्छे निर्माताओं से मुझे आर्थिक दृष्टि से कई आकर्षक प्रस्ताव मिले। 'अनाड़ी', 'गंगा जमुना', 'राम श्याम' और कई बड़ी फिल्मों के प्रस्ताव मुझे इसलिए ठुकराने पड़े क्योंकि राजकपूर नहीं चाहते थे कि मैं किन्हीं अन्य निर्माताओं और निर्देशकों के लिए काम करूं। वह मेरे बिना काम नहीं कर सकते थे, लिहाजा वह किसी और के साथ मुझे काम नहीं करने देते थे। उनकी एक बुरी आदत थी। जो निर्माता और निर्देशक मुझे साइन करते थे, उन्हें शराब के नशे में अथवा मिलने पर गालियां देते थे। इस कारण तमाम निर्माता अथवा निर्देशक मुझे साइन करने से दूर रहे।

वर्ष 1949 के दिसम्बर माह में 'आवारा' के साथ मैंने आर.के. स्टूडियो में अपने कैरियर की शुरुआत की और 1973 में 'बॉबी' फिल्म पूरी होने के बाद मैंने इसे छोड़ा। मैंने अपने जीवन के 24 बहुमूल्य वर्ष वेतन पर काटे जिसमें लगभग कोई वृद्धि नहीं हुई। हम महान स्टूडियो जैसे न्यू थियेटर्स, बांबे टाकीज आदि के जमाने में बड़े हुए थे और हमारे लिए स्टूडियो के प्रति वफादारी का बहुत बड़ा महत्त्व था। जो भी कहा जाय, मैं राजकपूर का कृतज्ञ हूं कि उन्होंने मुझे तब स्थायित्व प्रदान किया और नियमित आय का साधन दिया, जब न्यू थियेटर्स और

बांबे टॉकीज दोनों आर्थिक कारणों से बंद होने के कगार पर थे और प्रभात बंद हो चुका था। मेरे पास थोड़ी जमीन थी, विभाजन की विभीषिका में वह भी चली गई थी। जिस जमीन पर हमारा जन्म हुआ था और पीढ़ियों से जिस पर हम रह रहे थे, अचानक वह हमारी नहीं रह गई थी। विभाजन की पीड़ा, गरीबी, खून-खराबा, मार-काट-बलात्कार की त्रासदी बंगाल और पंजाब में अधिक हुई जिसमें हजारों घर तबाह हो गए।

उस अशांत समय में मैंने परिवार के मुखिया का दायित्व निभाया और पश्चिम बंगाल के बर्दवान जिले में अपने पारिवारिक मंदिर और घर के लिए अंबिका-कालाना में जमीन खरीदी। खरीदी गई दस एकड़ जमीन में दो एकड़ रहनवासी जमीन मंदिर के लिए और 8 एकड़ धान की खेती के लिए रखी गई ताकि मंदिर के सेवादारों के खाने का बंदोबस्त रहे। इसके अलावा, उन कई परिवारों को मुझे रुपये भेजने पड़ते थे जो भुखमरी की हालत में थे। इनमें कुछ रिश्तेदार थे और कुछ अपरिचित थे। 1947 में परिवार का नया घर बनना शुरू हुआ था और यह अभी भी अधूरा है जिसकी एक दीवार अभी भी बननी बाकी है।

वृंदावन, मथुरा में बसे छह साधुओं और साध्वियों को भी मुझे सहायता देनी होती थी। इन सब पर आनेवाले खर्च और हमारे साथ रहनेवाले तमाम नाते रिश्तेदारों और अपरिचितों पर आनेवाले खर्चों के कारण कई वर्ष मेरे लिए आर्थिक दुःस्वप्न से रहे। बामुश्किल कुछ बचा पाता था। जो कुछ थोड़ी बचत थी, 1936 में, कलकत्ता नेशनल बैंक डूब जाने के कारण वह भी चली गई। 1985 तक भयानक वित्तीय परेशानियों से मैं घिरा रहा। फिर कुछ हालत सुधरी। इसके लिए मैं बी. सुभाष को धन्यवाद देता हूं। वह अपेक्षाकृत कम समय में क्विकीज बनाते थे और इससे जो आर्थिक चिंता मुझे आजीवन खाती रही, वह दूर हो गई।

जीवन बीमा पॉलिसी परिपक्व होने पर, 1959 में जुहू में, मैंने एक जमीन का एक छोटा टुकड़ा 21,000 रुपये में (बी.आर. चोपड़ा के मकान और जुहू तट के करीब) खरीद लिया और 1965 में दो मंजिला मकान बनाना शुरू किया। धनाभाव के कारण इसका निर्माण आठ सालों तक ठप रहा। 1973 में, आखिरकार उधार लेकर मैंने इसे पूरा कराया। मैं कार खरीदने की हालत में नहीं था। लेकिन राजकपूर उदार थे। 'संगम' की वित्तीय सफलता के बाद उन्होंने 1963 में एम्बेसडर मार्क-II कार (15500 रुपये लागत की), साउंड रिकार्डिस्ट अल्लाउद्दीन और आर.के. के लेखाकार रमन और मुझे खरीदकर उपहार में दी। इस कार ने 30 वर्षों तक हमारी सेवा की। पत्नी की बचत से 1966 में मैंने कलकत्ता में एक

प्लॉट खरीदा था जिसे मैं आज तक डेवलप नहीं कर सका। कैमरामैन के रूप में की गई फिल्मों की सूची पीछे तालिका में दी गई है।

यह सब मैं इसलिए बता रहा हूं कि फिल्म उद्योग में तकनीशियनों की वित्तीय स्थिति की सही-सही और सच्ची तस्वीर सामने आ सके। मैं अपने पेशे के शिखर पर था। 28 वर्षों तक डब्ल्यू.आई.सी.ए. का अध्यक्ष रहा। विश्व के दस सर्वश्रेष्ठ सिनेमैटोग्राफरों में मेरी गिनती होती थी। यदि यह वित्तीय हालत उस व्यक्ति की है जिसे काम मांगने के लिए बाहर नहीं जाना पड़ता था, (चूंकि लोग मेरे पास काम का प्रस्ताव लेकर आते थे) तो सजग पाठकों को उन सैकड़ों फिल्म तकनीशियनों के बारे में जरा सोचना चाहिए जो फिल्म उद्योग में विभिन्न स्तरों पर काम करते हैं। उनकी आर्थिक हालत क्या है? इसके फलस्वरूप इनकी सामाजिक हैसियत क्या है? उन लोगों का क्या होता होगा जिन्हें मेरी तरह नियमित रूप से लगातार काम करने का सौभाग्य नहीं मिलता होगा?

वे खुद भूखे रहते हैं और उनके परिजनों को भी भूखा रहना पड़ता है। अपने पूरे कैरियर में अपने गरीब सहकर्मियों को उनके बुरे वक्त में अपनी छोटी आय से मैं उदारतापूर्वक दान देता रहा हूं। फिल्म उद्योग एक विचित्र उद्योग है जो केवल सफलता पर फलता-फूलता है और असफलताओं से घृणा करता है मानो वे अशुभ हैं। फिल्म उद्योग आशा पर जीवित रहता है और सफलता इसकी खुराक है। इस उद्योग में मैंने इतने उठा-पटक देखे हैं कि कोई सही दिमागवाला आदमी बागी बन जाएगा। महान अभिनेता-अभिनेत्रियां लगभग कंगाली की हालत में पहुंच गए और उन्हें जिंदगी जीने के लिए भीख मांगनी पड़ी। जिन भूतपूर्व महान तकनीशियनों ने अपना सक्रिय जीवन इसमें होम कर दिया, उन्हें बाद में पूछा तक नहीं गया। फिल्म उद्योग ने बुरी तरह उन्हें नकार दिया। स्टेज का काम करनेवाले 'लाइट ब्वाय' और 'कैंटीन ब्वाय' और तमाम गरीब लोग यहां रहते हैं और इस अद्‌भुत दुनिया के भ्रम को रचने के लिए सांस लेते रहते हैं। यह फिल्म उद्योग है, जहां आमदनी और अच्छी जिंदगी जीने की उम्मीद नहीं रहती है, इनके लिए कोई पेंशन, भविष्य निधि, ग्रेच्यूटी नहीं होती। यदि वे अपने अच्छे दिनों में कुछ बचत कर लेते थे तो उनकी यह शुद्ध बचत होती थी। जो इसे उड़ा देते थे, वह स्टूडियो में मित्रों से भीख मांगते थे। इस उद्योग ने तमाम दृष्टिवानों और स्वप्नदर्शियों को बरबाद किया। वे अत्यंत गरीबी में रहे और गरीबी में ही गुजर गए।

उत्साही और स्वप्नदर्शी युवाओं को ग्लैमर का संसार बहुत लुभाता है। भाग्य के बदौलत कुछ तो शिखर पर पहुंच जाते हैं और बाकी मसलकर फेंक दिये जाते

हैं। कइयों की जमापूंजी जब खत्म हो गई तो मैंने उन्हें अपने घर में खाना खिलाया और पनाह दी। कई नौजवानों के जब सपने टूट गए और परिवार के पास जाने के लिए उनके पास रकम तक नहीं बची तब उनकी जेब में रिटर्न टिकट रखकर मैंने उन्हें उनके परिवार के पास भेजा। इस भयानक बरबादी पर मैं सिर्फ अफसोस ही कर सकता हूं! मैं जानता हूं कि यह जिंदगी कठिन है और जंगल का कानून यही कहता है कि केवल शक्तिशाली ही इस दुनिया में बचेगा। वाह क्या जंगल है! और क्या जिंदगी है!

भगवान में आस्था के कारण मैं अशांत समय में भी अपना दिमागी संतुलन बचा सका। लेकिन आज की प्रणाली की एक कमी के बारे में मैं जरूर बताना चाहता हूं। फिल्म तकनीशियनों और चरित्र अभिनेताओं के कई संघों ने सुनील दत्त और दिलीप कुमार जैसे वरिष्ठ कलाकारों की सहायता से कल्याणार्थ निधि सृजित की है। आज जो ढलान पर हैं, उन हजारों असहाय पुराने फिल्म दिग्गजों के नाम पर मैं उन्हें सलाम करता हूं। मेरी सरकार से अपील है कि वह आगे आएं और सिनेमा कर्मचारियों को भविष्य निधि/पेंशन निधि विनियमों के तहत लाने की नीति घोषित करें और कर्मचारी राज्य बीमा निगम के तहत उन्हें चिकित्सा सुविधा उपलब्ध कराएं। दरअसल, यह संयुक्त उत्तरदायित्व उन पर होना चाहिए जो कमा रहे हैं, वे फिल्म वर्करों के लिए कल्याणार्थ निधि में दान करें। फिल्म वर्करों के भविष्य सुरक्षा के नाम पर बस यही है। ऐसी हालत में मुझे लगता है कि केवल सनकी लोग ही इस उद्योग में आने का जोखिम उठाएंगे।

इसके अलावा, फिल्म उद्योग में जिनका सीधा योगदान होता है, उनके पारिश्रमिकों में भयानक असमानता है। अतः, उनमें असंतोष बना रहता है। इसके प्रभाव के फलस्वरूप अनिवार्य रूप से फिल्म के मानकों में गिरावट आयी है। चाहे कितने बड़े सितारे क्यों न हों, चाहे कितनी सशक्त कहानी और पटकथा हो, चाहे कितना मंत्रमुग्ध करनेवाला संगीत हो लेकिन दर्शक जो देखता-सुनता है, वह फिल्म की एक छोटी पट्टी पर रिकार्ड होता है। आधुनिक चलचित्र के निर्माण में आज कार्यकर्ताओं की लगी कुल फौज का 90 प्रतिशत हिस्सा इस कार्य को करता है और इन 90 प्रतिशत लोगों को अदा की गई अधिकतम राशि सितारों को दी गई राशि का एक बटा हजारवें हिस्से से भी कम होती है।

स्टार प्रणाली आज इस विद्रूपमय स्थिति में पहुंच गई है कि 50-60 दिनों की शूटिंग के लिए स्टार करोड़ों मांगते हैं। अमिताभ बच्चन भी अपने अच्छे समय में इतना नहीं कमाते थे जबकि उनकी अधिकांश फिल्में जबरदस्त कमाई करती थीं। एक तरह से वह अपने कंधों पर पूरे फिल्म उद्योग को ढोते थे जो इतने चौड़े

भी न थे। इस तथ्य से कोई इंकार नहीं कर सकता कि उनका यह अकेले का जलवा था, पूरे विश्व में उनके जबरदस्त प्रशंसक थे जिनमें अधिकांशतः मुस्लिम देशों के थे। अमिताभ बच्चन की एक फिल्म के फ्लॉप होने का अर्थ दस फिल्मों का फ्लॉप होना है क्योंकि इनकी हर फिल्म में बेतहाशा रकम लगती है और अभिताभ बच्चन की फिल्म फ्लॉप होने पर इसके घाटे से उबरने में वितरकों/प्रदर्शकों को काफी समय लग जाता है। पूरा उद्योग फिल्म के फ्लॉप होने पर हताशा से भर जाता है क्योंकि इससे नई फिल्मों के बनने और रिलीज होने की गति धीमी हो जाती है।

फिल्म रिलीज होने के शुरुआती दिनों में लागत से कम दाम पर सिनेमा टिकटों को डंप करके फिल्म को फ्लॉप करने की कई कोशिशों के बारे में हमें आर.के. में रहते हुए पता चला था जिसकी शुरुआत 'संगम' से हुई थी। दरअसल ये अपराधी तत्व उद्योग के लिए अपने दिल में अच्छी भावनाएं नहीं रखते हैं और निजी लड़ाइयों को निपटाने में लगे रहते हैं। समय, धन और कार्यकर्ताओं की पूरी फौज के किये गए सृजनात्मक प्रयासों की दृष्टि से सभी फिल्में हिट होनी चाहिए ताकि उद्योग में धन का प्रवाह हो और आगे काम के लिए वित्तीय मदद मिलने की समस्या को कम किया जा सके। मेरी दृष्टि में फिल्म की अर्थव्यवस्था, वितरण और प्रदर्शन की सड़ी प्रणाली के कारण ही पूरी समस्या बनी हुई है। भारत में फिल्म निर्माण के अर्थशास्त्र पर नजर डालना शिक्षाप्रद होगा। मोटे अनुमान के अनुसार फिल्म उद्योग में लगभग 5,75,000 लोग सीधे अथवा परोक्ष रूप से काम करते हैं जिनमें अधिकांशतः वितरण के क्षेत्र और स्टूडियो में लगे होते हैं। इस उद्योग के बुनियादी ढांचे में अनुमानित निवेश निम्नानुसार हैं :

1. मनोरंजन और डाक्यूमेंट्री इकाइयां : 725 करोड़ रुपये
2. वितरण इकाइयां : 450 करोड़ रुपये
3. सिनेमा-स्थायी और घुमन्तू : 1300 करोड़ रुपये
4. प्रोसेसिंग लेबोरेट्रीज : 40 करोड़ रुपये
5. रिकार्डिंग स्टूडियो : 40 करोड़ रुपये
6. वितरण : 8 करोड़ रुपये
7. निर्यात/आयात पर व्यय : 5 करोड़ रुपये
8. उपकरण : 2 करोड़ रुपये

बाक्स ऑफिस पर अनुमानित टैक्स

सकल वसूली : 1100 करोड़ रुपये

शुद्ध वसूली : 598 करोड़ रुपये

राज्य सरकार का मनोरंजन कर : 520 करोड़ रुपये

अन्य टैक्स (सरचार्ज आदि) वसूली : 2 करोड़ रुपये

निर्माण में वार्षिक पूंजी निवेश : 300 करोड़ रुपये

फिल्म की औसत लागत : 1 करोड़ रुपये

हिंदी सिनेमा के 6 टेरीटेरी से मिलनेवाली राशि : 6 करोड़ रुपये

प्रति क्षेत्र में प्रति फिल्म से प्राप्त औसत शुद्ध आय : 15 लाख रुपये (15 सप्ताह चलने पर)

अतः फिल्म अच्छी न चलने पर निर्माता को बहुत कम लाभ बचता है। यदि फिल्म औसत रूप से 15 सप्ताह चलती है तो फिल्म लाभ-अलाभ की स्थिति में पहुंच जाती है। इसके बाद जितने सप्ताह फिल्म चलती है, उससे प्रदर्शक और वितरक लाभ कमाते हैं।

हमारे देश में लगभग 13000 सिनेमा हॉल हैं जिनमें 4000 भ्रमणशील घुमन्तू सिनेमा हॉल और फौजी थियेटर हैं। प्रति सप्ताह दर्शकों की संख्या औसतन 150 लाख है। हर वर्ष जमीन की बढ़ती ऊंची कीमत के चलते लगभग 150 सिनेमाघर प्रायः मेट्रो पॉलिटन/राजधानी के शहरों में बंद होते हैं और शॉपिंग कांप्लेक्सों में परिवर्तित किये जा रहे हैं। दर्शकों की अधिक संख्या के कारण नहीं, बल्कि बॉक्स ऑफिस की वसूली (टिकटों की कीमत अधिक होने के कारण) बढ़ रही है। मनोरंजन कर की वसूली से जुड़ी सूचना नीचे दी गई है :

वसूली : रुपये करोड़ में

वर्ष	बॉक्स आफिस	मनोरंजन कर
1980-81	335	225
1981-82	386	264
1982-83	401	297
1983-84	617	525
1984-85	652	593

1990 में फीचर फिल्मों, वृत्त चित्रों और विज्ञापन फिल्मों के निर्माण से 75 करोड़ की आय हुई। 1987 के बारे में किये गए एक दिलचस्प विश्लेषण से पता चला कि उस वर्ष 300 हिंदी फिल्में शुरू की गईं जिनमें केवल 150 फिल्में पूरी हुईं, 100 फिल्मों का प्रदर्शन किया गया और केवल 5 फिल्में मेगा हिट हुईं। 5 और फिल्में मामूली हिट रहीं जबकि 10 फिल्में लाभ-अलाभ की स्थिति में रहीं और 80 फिल्मों को घाटा उठाना पड़ा। 150 करोड़ रुपये की पूंजी निवेश की गई जिसमें अनुमानतः 50 करोड़ रुपये का पूंजी घाटा उठाना पड़ा। इसके बावजूद

200 फिल्में निर्माणाधीन थीं। प्रसंगवश यह उल्लेखनीय है कि भारत विश्व में सबसे अधिक फिल्म बनानेवाला देश है। 1992 में 755 फिल्में बनायी गईं जिसमें 174 फिल्में तेलुगु में, 156 हिंदी में, 153 फिल्म तमिल में थीं। फिल्म उद्योग में वित्तपोषण की प्रमुख समस्या यह है कि संपन्न निर्माताओं (निर्धन होने के बावजूद जिनका शोर नकदी से अधिक होता है) को भी फिल्म शुरू करने और पूरी करने के लिए दूसरे वित्तीय साधनों पर निर्भर रहना पड़ता है। फाइनेन्सर, फिल्म के लिए सितारों और बड़े नामों पर भरोसा करते हैं क्योंकि उन्हें पता नहीं होता है कि फिल्म का हाल क्या होगा और हर कोई बड़ी रकम के लिए सुरक्षित खेल खेलना चाहता है। इस तरह स्टार प्रणाली मजबूत होती जाती है क्योंकि फिल्म की एक छोटी पट्टी बनाने के लिए बेतहाशा रकम लगानी पड़ती है।

यदि निर्माता जोखिम उठाता है और अपनी तथा अपने मित्रों की रकम लगाता है तो कोई थियेटर उसे प्रदर्शन के लिए नहीं मिलता है क्योंकि वितरक इसकी बुकिंग अग्रिम करा लेते हैं और प्रदर्शक लाभ न देनेवाली फिल्मों के लिए एक सप्ताह का भी जोखिम उठाने के लिए तैयार नहीं होते हैं। ऐसे सितारों और संगीत निर्देशकों की संख्या सीमित होती है जिनके नाम झटपट बिकते हैं लेकिन मांग और आपूर्ति के नियमानुसार इन भाग्यशाली सितारों की पारिश्रमिक की मांग आकाश छूने लगती है। निर्माता आमतौर से यह प्रक्रिया अपनाता है कि वह धन का बंदोबस्त करता है, बिकनेवाले सितारों, संगीत निर्देशकों, तकनीशियनों और अन्य लोगों की टीम की व्यवस्था करता है, फिर 2-3 रीलों की शूटिंग कर लेता है।

अब वितरकों की बारी आती है जो निर्मित अंशों को देखते हैं और प्रति टेरीटेरी मूल्य तय किये जाते हैं। फिर फिल्म की आगे की शूटिंग के लिए निधियां उपलब्ध कराने के संबंध में करार किया जाता है। सामान्य नियमों के अनुसार फाइनेन्सर प्रत्येक शूटिंग के दिन पेशगी देता है जिसका सबसे बड़ा हिस्सा सितारों को चला जाता है। इसकी मात्र 10 प्रतिशत रकम स्टाफ के लिए बचती है। इनमें से तमाम लोगों का पिछली उस शूटिंग का वेतन लंबित रहता है जो शायद तीन महीने पहले हुई हो। शूटिंग के दिन धन बांटने में होनेवाले इतने बड़े असंतुलन के कारण असंतुष्ट कलाकारों/तकनीशियनों, सहायक स्टाफ की कार्यों की गुणवत्ता का अनुमान सहज लगाया जा सकता है। यह प्रक्रिया बार-बार फिल्म पूरी होने तक दुहरायी जाती है। अतः पहले से स्थापित स्टार प्रणाली की व्यवस्था को युक्तिसंगत बनाने का कोई आसान हल दिखायी नहीं देता है।

राष्ट्रीय फिल्म विकास निगम से यह आशा की गई थी कि संपूर्ण देश में छोटे थियेटरों (500 सीटों की) की एक श्रृंखला बनाएगी। यदि यह हो गया होता तो

वितरकों/प्रदर्शकों द्वारा बड़े सितारों को लेने की प्रणाली प्रतिस्पर्धा के कारण खत्म हो गई होती। लेकिन राष्ट्रीय फिल्म विकास निगम जहां फिल्मों को निधियां उपलब्ध कराने में असमर्थ रहा, वहीं देश के सिनेमा उद्योग में वितरकों/प्रदर्शकों के शिकंजों को तोड़ने में भी वह कामयाब नहीं रहा। राष्ट्रीय फिल्म विकास निगम को सिनेमा हॉलों के नेटवर्क को बनाना था (केरल के प्रख्यात वास्तुशिल्पी लारी बेकर की तरह स्थानीय सामग्री और डिजाइन पर आधारित कम लागत से निर्मित हॉल) और इन्हें वार्षिक आधार पर किराये पर देना चाहिए था ताकि राष्ट्रीय फिल्म विकास निगम के माध्यम से संभावनाशील फिल्मकारों को ऋण देने के लिए आमदनी हो सके। राष्ट्रीय फिल्म विकास निगम ऐसा क्यों नहीं कर पाया, इसे आज तक स्पष्ट नहीं किया गया है।

शायद राष्ट्रीय फिल्म विकास निगम का यही ढीला-ढाला रवैया बना रहेगा। गंभीर सिनेमा प्रेमियों के दिमाग में एक दूसरा मुद्दा यह परेशान करता रहता है कि कुकुरमुत्ता की तरह बढ़ती हुई निर्माताओं की संख्या को किस तरह रोका जाए जो संदेहास्पद वित्तपोषकों पर आश्रित होकर फल-फूल रहे हैं। तस्कर, कालाबाजारी, जमीन के दलाल, बड़े भवन निर्माता, आपराधिक दुनिया के सरताज और वे लोग जिनके पास बेहिसाब अलिखित धन-संपदा है, वे आजकल सिनेमा के फाइनेन्सर हैं। बौद्धिक गहराई की गिरावट के कारण का अनुमान आप इससे सहज ही लगा सकते हैं। वितरक यह कहते हैं कि मसाला फिल्में बनाओ और यही उनका सृजनात्मक अवदान होता है। फिल्म में कोई कहानी नहीं होती है, केवल मार-पीट तथा गाने-नृत्य दृश्यबंधों की एक श्रृंखला भर होती है।

नए फिल्मकार वर्ष दर वर्ष नीरस फिल्मों के दुष्चक्र को चलाए हुए हैं जिसके कारण इसका स्तर गिरा है। फिल्म उद्योग में अलिखित धनवाले फाइनेंसरों के प्रवेश से भुगतानों में 50:50 के आधार पर काला धन दिया जाता है। इस प्रक्रिया में फिल्म उद्योग एक दुष्चक्र के रूप में कालाधन को सफेद धन में परिवर्तित करने में मदद करता है। वीडियो के अधिकार बेचना आमदनी का एक नया साधन है। यदि राष्ट्रीय फिल्म विकास निगम अपेक्षानुसार कार्य करता तो उधार की यह संपूर्ण प्रणाली, काला-सफेद में 50:50 भुगतान की चिरस्थायी व्यवस्था, फिल्मों का गिरता हुआ स्तर, वितरकों और प्रदर्शकों के शिकंजों जैसी समस्याओं से निपटा जा सकता था। एक अच्छा उद्देश्य किस तरह गर्त में जाता है, यह इसका एक और उदाहरण है।

इस बिंदु पर फिल्मी हस्तियों पर आयकर के छापों तथा लोक सभा और राज्य सभा में नियमित रूप से रखी जानेवाली आयकर वंचकों की सूची के महत्त्वपूर्ण

पहलुओं को स्पष्ट करना आवश्यक है। भारतीय राजस्व सेवा द्वारा दिखायी गई राशि दरअसल विवादाधीन राशि होती है। कालाधन के भुगतान की गणना आमतौर से किसी अफवाह अथवा शिकायत के आधार पर की जाती है जो वास्तव में सही तस्वीर नहीं होती है। 1950 और 1960 के दशकों में जब फिल्मी हस्तियों पर छापे मारे गए, उन दिनों इतनी प्रतिस्पर्धा नहीं थी।

फिल्म उद्योग आज उद्योगपतियों और फाइनेंसरों के हाथ में आ गया है और अब इन पर छापे नहीं पड़ते हैं। 1957 में ऐसे छापों के दौरान एक बड़े सितारे को पूर्व संकेत मिल गए थे और जब तक छापों का दौर कम नहीं हो गया, दो बोरों में तमाम दस्तावेज और गहने हमारे घर में सुरक्षा की दृष्टि से दो सप्ताह तक रखे रहे। 1964 में 'संगम' की सफलता के बाद राजकपूर के बारे में कहा जाता था कि उन्होंने 12 करोड़ का मुनाफा कमाया है, उनके यहां एक और छापा पड़ा और इस बार उनके यहां कुछ काला धन मिला क्योंकि उन्हें कोई पूर्व संकेत नहीं मिला था। एक दूसरा किस्सा उस भाग्यशाली सितारे से जुड़ा है जिनकी कई फिल्मों की जुबलियां हुई थीं, उनके यहां 1966 में आयकर अधिकारियों का छापा पड़ा। यह कहा जाता है कि नोटों से भरा एक सूटकेस (लगभग दस लाख रुपये) छत से पड़ोस के बंगले में फेंक दिया गया ताकि आयकर अधिकारियों से बचा जा सके। आयकर अधिकारियों को उनके यहां कुछ अधिक नहीं मिला। सुबह नकदी से भरे सूटकेस खोजने की कोशिश की गई, पड़ोसियों ने अनभिज्ञता जतायी। वाह! कितने भाग्यशाली रहे पड़ोसी!

फेड आउट

श्री राधू करमाकर के निधन के पहले इस पुस्तक के पूर्व के अध्यायों को रिकार्ड कर लिया गया था और उनकी मृत्यु के बाद इन्हें पूरा किया गया। घर का चूल्हा जलाये रखने के लिए उन्होंने 15 साल की उम्र में मेहनत से काम करना शुरू कर दिया था और 1990 आते-आते वह मानसिक और शारीरिक रूप से थक चुके थे। जिस तरह की फिल्में वह बनाते थे, उसके विपरीत लाउड, निर्लज्ज, कुरुचिपूर्ण और शुद्ध कचरा फिल्में बनायी जा रही थीं। काम में चुनौती कम थी। अच्छे शॉट लेने के सरोकारों में उनके संहायक तक भी शामिल नहीं होते थे और वे कहते थे कि न तो दर्शक और न ही फिल्म के निर्माता/निर्देशक अच्छी गुणवत्ता का काम चाहते हैं। जिन मूल्यों को वह जीते थे, उसके विपरीत चालू काम के लिए जोर दिया जाता था। निर्देशकों के बारे में जितना कहा जाए, कम है, वे निरूत्साही हो गए थे।

देश जिस तरह गंदगी, भ्रष्टाचार और राजद्रोह की ओर जा रहा था, उसका गहरा असर उन पर पड़ता था। भारत और बाहर के देशों के सामाजिक, आर्थिक, राजनैतिक मामलों में वह गहरी रुचि लेते थे। फिल्म उद्योग का महत्त्व जिस तरह कम हो रहा था, उसे देखकर वह सेवानिवृत्त होना चाहते थे। उन्होंने बहुत गंभीरता से यह मन बना लिया था कि वह वृंदावन, मथुरा में जाकर बस जाएंगे और अपना बाकी समय सामाजिक सेवा और चिंतन-मनन में लगाएंगे। चूंकि वह अकेले नहीं जा सकते थे, इससे घर में काफी तनाव बन गया था, किंतु उनके इस प्रस्ताव पर रोक लगा दी गई।

यह फैसला किया गया कि वह फिल्मों में काम बंद कर देंगे और अपने पोते-पोतियों पर अपना ध्यान लगाएंगे। लेकिन नियति की कुछ और ही इच्छा थी आर.के. स्टूडियो के प्रोडक्शन मैनेजर मेजर अशोक कौल राष्ट्रीय रक्षा अकादमी और रक्षा सेवाओं पर आधारित अपनी पहली स्वतंत्र फिल्म 'परम वीरचक्र' बना रहे थे और चाहते थे कि वह इसकी शूटिंग करें। मित्र का प्रस्ताव होने के कारण

वह सहमत हो गए लेकिन फैसला किया कि यह फिल्म निश्चित रूप से उनकी अंतिम फिल्म होगी।

शारीरिक रूप से वह बिल्कुल स्वस्थ नहीं थे। उनकी दाहिनी (कैमरा देखने की) आंख पूरी तरह ज्योतिहीन हो गई थी और बायीं आंख में मोतियाबिंद हो गया था जिससे 1986 से केवल 50 प्रतिशत ही दिखायी देता था। 1936 से 1938 के बीच कलकत्ता स्थित हिंदुस्तान फिल्म लैब में हाथ से फिल्म निगेटिवों को धोते-धोते सिल्वर और नाइट्रस ऑक्साइड के धुएं से प्रभावित होकर उनके फेफड़े बुरी तरह नष्ट हो गए थे। कड़ी मेहनत की अपनी आदत के कारण उनका हार्निया बढ़ गया था। वह सेट पर बहुत कम बैठते थे और एक बेबी लाइट से दूसरी बेबी लाइट तक भागते रहते थे। शॉट के लिए प्रकाश व्यवस्था की जांच करते रहते थे और जैसे ही शॉट खत्म होता था, वह अगले शॉट की तैयारी शुरू कर देते थे। यद्यपि गुणवत्ता को लेकर वह बहुत संतुष्ट नहीं रहते थे। फिर भी आठ घंटे के हर शिड्यूल में वह 8-9 शॉट ले लेते थे।

इसमें उनका मन नहीं लगता था क्योंकि दर्शक की मांग के नाम पर घटिया काम से वह समझौता नहीं कर पाते थे। उनकी एक अतृप्त इच्छा अखबार के असमझौतावादी संवाददाता को लेकर फिल्म बनाने की थी जो अपने आदर्शों से समझौता किए बिना भ्रष्टाचार में आकंठ डूबी दुनिया का पर्दाफाश करता है। एक ऐसा चरित्र जिसमें 'साओरेनो ऑफ बर्जेरेक', 'सिटीजन केन' और 'हमराही' की छायाएं हों। इस परियोजना के लिए उन्हें कोई फाइनेंसर नहीं मिला। उन्होंने फिल्म बनाने की कोशिश की लेकिन उनका दिल कारोबारी नहीं था अर्थात् वह किसी को न नहीं कह सकते थे। लोगों ने उन्हें खूब ठगा। कई निर्माताओं ने उनकी देनदारी नहीं दी और सज्जनता के नाते अप्रिय स्थितियों से बचने के लिए उन्होंने कभी इसकी परवाह भी नहीं की और उन्हें अनदेखा कर दिया। यही नहीं, यथासमय उनके अपराधों को भुला दिया। वह व्यापार के लिए नहीं बने थे। 1960 में शुरू किये गए एक कारोबारी धंधे में उनके तीन सहयोगियों ने उन्हें ठग लिया था। उनकी पूरी रकम डूब गई थी।

एक व्यक्ति, एक पिता और पति के रूप में वह आत्मीय, प्रेरक और स्नेहिल थे। वह अपना आपा कभी नहीं खोते थे और कभी भी ऊंची आवाज में बात नहीं करते थे। वह अनुशासन संबंधी मामले अपनी पत्नी के लिए छोड़ देते थे। निष्ठा और अनुशासन पर वह कोरा प्रवचन देने में यकीन नहीं करते थे और कभी भी मानदंडों को आरोपित नहीं करते थे। वह उदाहरण प्रस्तुत करने में यकीन रखते थे। किताबें पढ़ना, रोज कसरत करके अपने को चुस्त-दुरूस्त रखना, वंचितों का

ध्यान रखना और उनकी चिंता करना, हैसियत का ध्यान न रखते हुए सभी के साथ समान बरताव करना, ध्यान और पूजा-अर्चना करना ताकि मष्तिष्क स्थिर और अंतर्दर्शी रहे, सभी कठिनाइयों में सफलता प्राप्त करना और अपने को हमेशा बेहतर बनाने की इच्छा शक्ति आदि उनकी अच्छी आदतें थीं।

हालांकि उनमें कुछ कमियां भी थीं। जब वह घर होते थे तो बाहर, यहां तक कि बाजार जाने के लिए भी तैयार नहीं होते थे। यदि शूटिंग हो तो वह नियत समय के बहुत पहले तैयार और सक्रिय हो जाते थे ताकि वह सेट पर लेट न हो जाएं। लेकिन यदि शूटिंग नहीं होती थी तो वह सिर्फ आराम करते थे और दोपहर का भोजन रोजाना तीन बजे करते थे। रात का भोजन रोजाना 11 बजे परिवार के सभी सदस्यों के साथ आराम से बातचीत करते हुए करते थे। लेकिन यदि शूटिंग नहीं होती थी तो कोई उनसे काम नहीं करा सकता था। उन्हें बात करने और मित्रों से मिलने में आनंद आता था।

काम नहीं होने पर 1973 तक, जब तक वेतन भोगी कर्मचारी रहे, रोजाना आर.के. स्टूडियो वह जाते थे। उनकी ड्यूटी का दूसरा महत्त्वपूर्ण कार्य वेस्टर्न इंडिया सिनेमैटोग्राफर एसोसिएशन (डब्ल्यू.आई.सी.ए.) जाना था। वह नियमित रूप से वहां आयोजित बैठकों और उनके कार्यों में हिस्सा लेते थे। सेहत अच्छी नहीं रहने पर भी यह उनके दैनिक जीवन का अंग था। अंतिम समय में डब्ल्यू.आई.सी.ए. की बैठकों की सूचनाओं के पोस्टकार्डों को सुविधानुसार गायब किया जाने लगा। वह धूम्रपान विरल ही करते थे।

अपने जीवन की जिन कुछ इनी-गिनी पार्टियों में उन्होंने शिरकत की थी, उसमें दबाव पड़ने पर ही उन्होंने मद्यपान किया था। फिल्मी दुनिया में आयोजित असंख्य पार्टियों में वह बहुत कम शरीक होते थे क्योंकि उन्हें पत्र-पत्रिकाएं पढ़ना, फिल्में-टीवी देखना ज्यादा अच्छा लगता था। वह कभी क्रोधित नहीं होते थे। वह तब भी क्रोधित नहीं होते थे, जब उनके काम के बारे में अयोग्य आलोचक लिखते थे अथवा वह पुरस्कार उन्हें नहीं मिलता था जिसके वह पात्र होते थे।

श्रेष्ठ सिनेमैटोग्राफी के लिए उन्हें चार बार फिल्म फेयर पुरस्कार और दो बार राष्ट्रीय पुरस्कार मिले। सिनेमैटोग्राफी के लिए उन्हें तीन बार और निर्देशन के लिए एक बार उन्हें पुरस्कार नहीं मिला, लेकिन उनका मानसिक संतुलन कभी नहीं बिगड़ा। उन्हें 'संगम' में कैमरे के श्रेष्ठ कार्य के लिए फिल्म फेयर पुरस्कार प्राप्त नहीं हुआ, यह पुरस्कार उनकी जगह 'गीत गाया पत्थरों के लिए' के. बशीर दे को मिला क्योंकि वह फिल्म लेबोरेट्री के ताकतवर मालिक थे और वह इस बात से नाराज थे कि 'संगम' की कलर प्रोसेसिंग ब्रिटेन में की गई। उन्हें

'बेईमान' और 'प्रेम रोग' के लिए भी पुरस्कार से वंचित किया गया। उनकी सफलता से ईर्ष्या करनेवाले डब्ल्यू.आई.सी.ए के सहयोगियों की गंदी राजनीति के चलते 'जिस देश में गंगा बहती है' के लिए भी उन्हें फिल्म फेयर के श्रेष्ठ निर्देशक का पुरस्कार नहीं दिया गया। लेकिन वह इन सबकी चिंता नहीं करते थे कि उन्हें कितने पुरस्कार मिले हैं अथवा कितने पुरस्कारों से उन्हें वंचित किया गया है। उनका तयशुदा जवाब होता था कि यदि मेरी नियति में इसे मिलना लिखा है तो कोई उसे छीन नहीं सकता और यदि मेरी नियति में मिलना नहीं लिखा है तो कोई मुझे इसे दे नहीं सकता।

वंचितों के लिए पूरी हमदर्दी के साथ वह आजीवन कांग्रेस के सर्मथक बने रहे और पार्टी पर लगे घोटालों, लोकापवादों, भयानक भ्रष्टाचार के आरोपों के वावजूद उसके विरुद्ध कभी नहीं गए। यह सच्ची निष्ठा कांग्रेस की पहली पीढ़ी के नेताओं के कारण थी जिन्होंने आजादी के लड़ाई में संघर्ष किया था। यद्यपि देश के विभाजन के चलते उनके पूरे परिवार को काफी क्षति उठानी पड़ी थी लेकिन वह सच्चे अर्थों में धर्मनिरपेक्ष थे। उनका हमेशा यह मानना था कि फौजों के बाद फिल्म उद्योग ही वास्तव में धर्मनिरपेक्ष संस्थान है। फिल्म उद्योग को लेकर उनके मन में सच्चा गर्व था और गलत साधनों द्वारा अर्जित धन से बन रही फिल्मों के घटिया स्तर और कूड़ा कर्कट को वह स्वयं भी स्वीकार नहीं करते थे, लेकिन वह दूसरों को इसकी आलोचना भी नहीं करने देते थे। वह अक्सर यह कहकर मजाक करते थे कि फिल्म उद्योग तुरत-फुरत धन कमाने का रास्ता तलाश कर रहा है और यह पता लगाने की कोशिश कर रहा है कि कौन भाग्यशाली है जिन्हें जाति, वर्ग, क्षेत्र अथवा धर्म के आधार पर भेद-भाव करने के लिए समय नहीं है। वह अपने हिंदू धर्म के परम अनुयायी थे। वह भारत की धर्मनिरपेक्षता में विश्वास करते थे जो सभी नागरिकों को बेहतर जीवन जीने में मदद करती है। वह जाति के आधार पर लोगों को वर्गीकृत नहीं करते थे। वह मानते थे कि फिल्म उद्योग में केवल व्यक्ति के आत्यंतिक मूल्य और कार्य कुशलता का ही महत्त्व है। मनुष्य की ईमानदारी और गरिमा में उनका अटल विश्वास था।

अपने बच्चों को अच्छी शिक्षा देने पर उनका बल था क्योंकि गरीबी के कारण उन्हें इससे वंचित रहना पड़ा था। उनकी सभी संतानें अच्छी तरह व्यवस्थित हो गई हैं और सभी स्नातकोत्तर तक शिक्षित हैं।

दहेज के खिलाफ उनके विचार आश्चर्यजनक ढंग से सख्त थे। 1930 में उनके पिताजी ने एक सामुदायिक मिलन कार्यक्रम आयोजित किया जिसमें 150 परिवारों ने दहेज न लेने-देने का प्रण लिया था। यह परम्परा उन्होंने आजीवन जारी

रखी। वह कहते थे कि उन्होंने अपनी बेटियों को यथासंभव सर्वोत्तम शिक्षा दी है, अतः जहां उनकी शादियां हुई हैं, उन परिवारों को उनकी पूजा करनी चाहिए। उनका मानना था कि लड़कियों की शादी उन परिवारों में करनी चाहिए जो चाहे गरीब हों लेकिन तरक्की की डगर पर हों और बेटों की शादियां उन परिवारों में करनी चाहिए जो पहले समृद्ध रहे हो लेकिन उस समय कुछ कम सुविधाजनक स्थिति में हों। उन्हें संपत्ति से घृणा थी, वह केवल एक अच्छी जिंदगी बिताना चाहते थे। वह बेहद मितव्ययी थे और तब भी बस से ही सफर करना पंसद करते थे जब वह टैक्सी या कार से सफर करने की स्थिति में थे।

अपने सहायकों जैसे शरद काडवे, लक्ष्मण, सखाराम और भोंसले के साथ उनका घनिष्ठ संबंध था। इन्हें वे अपने परिवार के सदस्य की तरह मानते थे। अन्य सहायक जैसे चूनी चटर्जी, चौधरी, सुशील रॉय उनसे बाद में जुड़े। उनका भी हमेशा स्वागत करते थे। हालांकि स्वयं अच्छी हालत में नहीं थे, फिर भी वह खुले दिल से सभी जरूरतमंदों की सहायता करते थे। फिल्म उद्योग की जिंदगी की कठोर हकीकतों से बाबस्त होने के कारण वह अपने सहयोगियों की हमेशा सहायता करने की कोशिश करते थे। बुरे दिनों से पीड़ितों को किसी न किसी प्रोडक्शन यूनिट में काम दिला देते थे। उनकी इस वित्तीय उदारता से कई बार घर में वित्तीय तनाव की स्थिति आ जाती थी। लेकिन वह अपने यकीनों के प्रति दृढ़ थे। हालांकि वह शांत रहते थे लेकिन बेहद जिद्दी थे। वह अपना घर सबके लिए खुला रखते थे। फिल्म उद्योग में तमाम लोग अपना भाग्य आजमाने के लिए आते थे। लेकिन यह बताना अनावश्यक न होगा कि जब उन्हें ख्याति मिल जाती थी तो इस घर की ओर मुड़कर देखना भी वे लोग भूल जाते थे। वहीं यह अपनी इस उदारता से प्रेरित होते थे कि वह हमेशा लेने के बजाय देने की स्थिति में रहे।

उनकी पूरी जिंदगी चिंताओं से घिरी रही। कंगाली और भूख से भरे शुरुआती दिनों ने उन्हें बुरी तरह हिला दिया था और इसका अमिट प्रभाव उन पर था। जरूरतमंदों को उन्होंने धन दिया और सहायता दी क्योंकि वह वंचितों की मदद के लिए हमेशा तैयार रहते थे। वह सुरक्षित जीवन को महत्त्व देते थे और आजीवन स्टूडियो प्रणाली से चिपके रहे जबकि स्टूडियो मालिकों ने स्वयं ही उन नियमों को त्याग दिया था जिसके आधार पर यह प्रणाली चलती थी। वह मृदुभाषी थे जिनके पास किसी को भी कहने के लिए कठोर शब्द नहीं होते थे। यदि उन्हें कोई गाली भी देता था, वह शांत रहते थे और अपना आपा नहीं खोते थे। मन्ना डे के अनुसार वह ईश्वर के अपने आदमी थे। वह एक ऐसे व्यक्ति थे जिनकी प्रशंसा फिल्म उद्योग के सभी लोग करते थे। दादा के प्रति यह सम्मान और आदर

सार्वदेशिक और सार्वकालिक था। लेकिन 1985 के बाद भी उनके भीतर बैठे असुरक्षा के द्वंद्वों ने उनका पीछा नहीं छोड़ा जबकि आर्थिक मोर्चे पर उनकी स्थिति बेहतर दिखनी लगी थी।

वह अच्छे ज्योतिषी थे। उन्होंने गणना की थी कि 77 वर्ष की उम्र के बाद वह जीवित नहीं रहेंगे। वह अपने विवाह की पचासवीं वर्षगांठ मनाने को लेकर उत्सुक थे। इस अवसर पर पूरे परिवार को एकत्र होना था (दो लड़कियों की शादियां हो गई थीं और वे अमेरिका में रहती हैं)। लेकिन ऐसा नहीं हुआ था। उनकी गणना के अनुसार 29 सितम्बर 1993 के बाद उनकी जीवन रेखा नहीं थी। निर्देशक हृषीकेश मुखर्जी तथा एक विशेषज्ञ ज्योतिषी ने भी भविष्यवाणी की थी कि उनके जीवन के अंतिम चरण में उन्हें और अधिक ख्याति मिलेगी और भविष्य पहले से अधिक अच्छा होगा। उन्होंने यह भी भविष्यवाणी की थी कि उनकी मृत्यु बिस्तर पर नहीं, काम करते हुए होगी।

लातूर में 1973 में आए भूकंप के दौरान वह राजबाग लोनी पुणे जिला में 'परमवीर चक्र' की शूटिंग कर रहे थे और उन्होंने यह पता लगाने के लिए घर फोन किया था कि भूकंप से उनके जुहू स्थित मकान को कोई क्षति तो नहीं पहुंची है। चार दिनों की शूटिंग थी। लेकिन सपने में राजकपूर ने उनसे कहा कि दृश्यबंध की शूटिंग सही ढंग से नहीं हुई है। इस घटना के कारण उन्हें गीत और नृत्य दृश्यबंध की दो दिनों की शूटिंग फिर से करनी पड़ी।

4 अक्टूबर 1993 को 7 बजे पैकअप की घोषणा हुई और यह निर्णय किया गया कि यूनिट आराम करेगी और 5 अक्टूबर को भोर बेला में बंबई के लिए रवाना होगी। लेकिन फिल्म बिरादरी ने लातूर भूकंप पीड़ितों की सहायता के लिए धन जुटाने का फैसला लिया और डब्ल्यू.आइ.सी.ए. के अध्यक्ष के नाते उसी रात उन्हें लौटना था। 4 तारीख को अचानक चलने के लिए भूकंप पीड़ितों के लिए धन जुटाने की बात पर यूनिट के सदस्य वहां से जाने के लिए हिलेंगे भी नहीं, यह सोचकर उन्होंने यह घोषणा की कि 5 अक्टूबर उनकी पत्नी का जन्मदिन है, (यह सही है, लेकिन इसे शायद ही कभी मनाया गया हो) अतः, वह 4 अक्टूबर को ही वापस लौटना चाहते हैं। यूनिट के वरिष्ठतम सदस्य होने के नाते यूनिट को उनकी इस इच्छा का सम्मान करना ही था। इस तरह सबकी देनदारी निपटाई गई, रात का खाना हुआ, यह सब करते-करते रात के दस बज गए। हीरोइन राजेश्वरी ने अपने साथ कार में चलने के लिए उनसे अनुरोध किया लेकिन उन्होंने एक सजग ड्राइवर मेजर अशोक कौल की मारूति वैन में सफर करने का फैसला किया।

इंदिरा गांधी की बुआ शीला कौल के पोते और फिल्म के खलनायक आशीष कौल भी इसी वैन में थे। पनवेल के थोड़ा पहले जुड़वां पुल था और इन दोनों पुलों के बीच खाली जगह थी। पूरा दिन काम करने के बाद ड्राइवर थका हुआ था, उसने व्हील पर झपकी ली और अपना नियंत्रण खो बैठा। मारूति वैन इन दोनों पुलों के बीच, खाली जगह में आ गई। वह पीछे बैठे हुए थे और ऐसा होने पर उनका सिर वैन की छत से टकरा गया और वह तुरंत अचेत हो गए। हालांकि उनके दिमाग पर जबरदस्त चोट आई, फिर भी उस समय तक उनकी सांस नहीं गई थी। कार 3-4 फीट पानी में गिर गई, आगे की सीट में बैठे हुए दोनों कौल बाहर आ गए लेकिन पीछे बैठे वृद्ध को बाहर निकालना वह भूल गए। बचाये न जाने और अचेत हो जाने के कारण वह कम पानी में ही डूब गए। यदि उन्हें बाहर निकालने की एक बार भी कोशिश की गई होती तो शायद वह बच जाते। लेकिन ऐसा नहीं होना था।

भारतीय फिल्म उद्योग का एक दिग्गज पनवेल की एक पटरी पर मृत पाया गया। काम करते हुए उनका निधन हुआ। यह उनके परिवार, फिल्म उद्योग और देश के उन सभी लोगों के लिए सदमा था जो उनका आदर करते थे। आजीवन उन्हें कई पुरस्कार मिले। जीवन की समग्र उपलब्धियों के लिए भी पुरस्कार मिला। नई से नई विदेशी तकनीकों को सीखकर वह हर फिल्म में कुछ नया प्रयोग करते थे। वह बहुत शर्मीले थे और अपनी उपलब्धियों पर बहुत कम बात करते थे और इसकी जगह वह नवीनतम राजनैतिक घटनाओं पर चर्चा करना ज्यादा पसंद करते थे। उनसे कम उपलब्धियांवालों ने उन्हें नेपथ्य में धकेलकर कई पुरस्कार झटक लिए जो उन्हें मिलने थे। लेकिन उन्होंने कभी शिकायत नहीं की। उनके अभूतपूर्व कौशल के लिए दादा साहब फाल्के पुरस्कार उपयुक्त श्रद्धांजलि होती। लेकिन यह सभी जानते हैं कि सिनेमा में पुरस्कार उत्कृष्ट कार्य करने के लिए नहीं, कुछ अन्य बातों पर ध्यान देकर दिया जाता है (जैसे ज्यादा उम्र, प्रायोजकों की राजनैतिक ताकत)। यह एक रिकार्ड है कि अभी तक किसी तकनीशियन को यह पुरस्कार नहीं मिला है। सच है, फाल्के पुरस्कार के लिए भी स्टार प्रणाली है।

लेकिन उनका काम जीवित रहेगा और जब भी आर.के. की जादुई फिल्में देखी जाएंगी, लोग याद करेंगे कि आर.के. का मतलब राजकपूर ही नहीं, राधू करमाकर भी होता है। राजकपूर ने प्रतिभाशालियों की जो टीम तैयार की थी, उसके आगे जाना तो दूर, उसकी बराबरी भी कभी नहीं की जा सकती है और आर.के. का मिथक विवेकवान दर्शकों की स्मृति में वर्षों तक बना रहेगा।

इस प्रतिभाशाली सिनेमैटोग्राफर की स्मृति में कोई स्मारक नहीं है। मुंबई महानगर निगम और भारतीय फिल्म तथा टेलीविजन संस्थान से उनके नाम पर उपयुक्त स्मारक बनाने/पीठ स्थापित करने के लिए संपर्क किया गया था, लेकिन इन दोनों की ओर से कोई उत्तर नहीं आया। भारत के महान सिनेमैटोग्राफर की मृत्यु वास्तव में हो गई और जन स्मृति से फेडआउट होने का चक्र शायद पूरा हो गया है। आर.के. की ड्रीम टीम अब नहीं है। यदि हिंदी सिनेमा को अपनी गरिमा फिर से प्राप्त करनी है और विदेशी/क्षेत्रीय सिनेमा पर आधारित नीरस सिनेमा की ओर ले जाने से बचाना है, तो फिल्म उद्योग को कई-कई राजकपूरों और कई-कई राधू करमाकरों की आवश्यकता होगी। ईश्वर उनकी आत्मा को शांति प्रदान करे!

●●●

परिशिष्ट

राधू करमाकर की फिल्मों की सूची

क्रमांक	पिक्चर	निर्माण इकाई	निर्देशक	से	तक
1.	किस्मत की धनी	लक्ष्मी मूवीज	रमनलाल देसाई	1945	1946
2.	मिलन/नौका डूबी (हिंदी/बांग्ला)	बांबे टॉकीज	नितिन बोस	1946	1946
3.	दृष्टि दान (बांग्ला)	न्यू थियेटर्स	नितिन बोस	1947	1947
4.	मशाल/समर (हिंदी/बांग्ला)	बांबे टॉकीज	नितिन बोस	1948	1948
5.	आवारा	आर.के. फिल्म्स	राजकपूर	1949	1952
6.	श्री 420	आर.के. फिल्म्स	राजकपूर	1953	1955
7.	जागते रहो/एक दिन रात्रे (हिंदी/बांग्ला)	आर.के. फिल्म्स	एस. मित्रा/ए. मैत्रा	1956	1957
8.	जिस देश में गंगा बहती है	आर.के. फिल्म्स	राधू करमाकर	1958	1961
9.	संगम	आर.के. फिल्म्स	राजकपूर	1962	1964
10.	मेरा नाम जोकर	आर.के. फिल्म्स	राजकपूर	1965	1971
11.	सपनों का सौदागर	स्क्रीन जेम्स	मोहन कौल	जुलाई 1965	अक्तूबर 1967
12.	अमन	इमके प्रोडक्शन	मोहन कुमार	जुलाई 1965	अक्तूबर 1968
13.	तू पायल मैं गीत	त्रिशूल प्रोडक्शन	कनक मिश्रा	फरवरी 1970	अपूर्ण
14.	धूप छांह	त्रिशूल प्रोडक्शन	कनक मिश्रा	अक्तूबर 1970	अक्तूबर 1979
15.	बेईमान	फिल्म नगर	एस. कंवर	अप्रैल 1971	फरवरी 1972

→

16.	बॉबी	आर.के. फिल्म्स	राजकपूर	1972	1973
17.	संन्यासी	फिल्म नगर	एस. कंवर	अप्रैल 1973	मई 1975
18.	बदला और बलिदान	स्वर्ण प्रोडक्शन	केवल शर्मा	अक्टूबर 1974	जुलाई 1980
19.	सत्यम् शिवम् सुंदरम्	आर.के. फिल्म्स	राजकपूर	मार्च 1976	जून 1978
20.	जालिम	किंग ऑफ किंग प्रोडक्शन	बी. सुभाष	जुलाई 1976	दिसम्बर 1976
21.	आत्माराम	फिल्म नगर	एस. कंवर	फरवरी 1977	नवम्बर 1975
22.	महानगर	एन के एस प्रोडक्शन	एम.जी. हशमत	सितम्बर 1977	अपूर्ण
23.	शक्तिशाली	मधूलिका फिल्म्स	एम.जी. हशमत	सितम्बर 1997	अपूर्ण
24.	लव स्टोरी	बी. सुभाष मूवीज	राहुल रवैल	नवम्बर 1978	जून 1981
25.	प्रेम रोग	आर.के. फिल्म्स	राजकपूर	जून 1980	जून 1982
26.	राम तेरी गंगा मैली	आर.के. फिल्म्स	राजकपूर	जुलाई 1983	जुलाई 1987
27.	टार्जन	बी. सुभाष मूवीज	बी. सुभाष	मई 1985	जून 1986
2[illegible]	डांस-डांस	बी. सुभाष मूवीज	बी. सुभाष	अप्रैल 1986	जनू 1987
29.	कमांडो	मुशीर नियाज इंडस्ट्रीज	बी. सुभाष	सितम्बर 1986	जून 1988
30.	प्यार के नाम कुर्बान	बी. सुभाष मूवीज	बी. सुभाष	अप्रैल 1988	फरवरी 1990
31.	हिना	आर.के. फिल्म्स	रणधीर कपूर	सितंबर 1989	अगस्त 1991
32.	नाचवाले गानेवाले	इंडियन फिल्म्स	बी. सुभाष	अक्तूबर 1990	अगस्त 1991
33.	परमवीर चक्र		ए. कौल	जून1992	फरवरी 1995